JN233271

# 生活民法入門

## 暮らしを支える法

大村敦志 [著]

東京大学出版会

Introduction to Civil Law
The Legal Foundation of Everyday Life
Atsushi OMURA
University of Tokyo Press, 2003
ISBN 978-4-13-032327-7

# はしがき

　民法は，企業取引の基本法であると同時に，日常生活の基本法でもある．従来，この二つの側面を区別せずに，民法の入門書は書かれてきた．民法が一つの法律であることを考えれば，このことは当然であると言える．しかし，企業取引から見た民法と日常生活から見た民法とでは，重点が置かれるべき点は同じではない．また，念頭に置くべき社会背景や考慮すべき要素もずいぶん異なる．さらに，入門書の読者層もかなり違ってくるだろう．そこで『生活民法入門』と題された本書においては，日常生活の基本法という観点に立って，民法上の諸制度を説明することにした．また，あわせてこの観点から，20世紀日本の社会と法の変貌についても，若干の考察を加えた．

　民法の概説書には，法学部生向けの教科書，研究者向けの体系書，実務家向けの注釈書というように，いろいろな目的で様々な読者に宛てて書かれたものが存在する．本書のような入門書に限っても，読書層としてどのような人々を想定するかによって，コンセプトも様々でありうる．

　本書の読者層としてまず想定されているのは，各種の人文学・社会科学あるいは建築や都市工学などを学ぶ人々である．法学に隣接する諸学を学ぶ多くの人々——学部の3・4年生ぐらいから大学院生などを含む研究者まで——に，それぞれの学問の観点から民法に関心を向けてもらいたい．そう考えて本書は書かれている．文系の1・2年生や短大生，理系の学生には，本書をひとりで読むのはやや難しいかもしれない．しかし，「法学入門」の講義に教科書として用いることは十分に考えられる．むしろ，生活科学系の学部や短大の「法学入門」には，ふさわしい内容だと思う．また，適切な指導者が得られれば，自治体職員の研修や市民グループの読書会などでも利用可能だろう．

　他方，次のような人々もまた，本書と無縁ではない．まず，法学部の学生諸君．法学部生は，一定の分量を備え，ある程度の詳しい説明のある教科書で勉

強する必要がある．しかし，民法の全体像をつかむためには，副読本として本書を読むとよかろう．次に，ビジネスマンの方々には，「取引民法」の入門書がふさわしい(道垣内弘人『ゼミナール民法入門』〔日本経済新聞社，2002〕は，そうした観点から読むことができる好著であるので，一読を勧めたい)．だが，ビジネスマンは同時に生活人でもあることを考えれば，「生活民法」も知っておいた方がよいに違いない．最後に，具体的なトラブルに直面した人々．本書には，ハウツー的な回答は書かれていない(『○○の法律相談』『○○の法律ガイド』といった本がいろいろある)．しかし，紛争を機会に「法って何だろう」と思った方は本書を繙いていただきたい．トラブルの原因や解決の方向について考え，具体的な法情報を賢く使いこなすためのヒントを見つけていただけるのでは，と期待している．

　紙幅の限られた本書では，細かな法律知識の解説には立ち入らず，法というものの見方に重点を置いている．繰り返しになるが，わたしたちの日常生活のあり方につき，民法学の観点から一つのビジョンを示し，隣接諸学を学ぶ人々との知的交流をはかること．また，広い範囲の方々に「暮らしの法」への関心を持ってもらうこと．これが本書の目的だからである．

　本書のもとになったのは，2001年度後期，2002年度前期に東京大学教養学部後期課程で開講した「法学I」「法学II」(3，4年生が主対象)の講義ノートである．この講義の世話をしていただき，本書の原型となった講義ノートを読んだ上でコメントをして下さった同学部の道垣内弘人教授に，まずお礼を申し上げる．また，東京大学大学院人文社会系研究科博士課程(国語国文学専攻)修了後に同大学法学部に学士入学した村西文博君，東京大学大学院工学系研究科修士課程(建築学専攻)所属後に同大学法学部に学士入学した尾崎聡一郎君の二人は，法学と法学以外の学問の双方を学んだ経験を活かして，お茶の水女子大学文教育学部人文科学科(比較歴史学コース)3年生の島田蓉子さんは，法学を専門に学んだことのない学生の新鮮な目で，やはりノートを読んで，それぞれの立場から有益なコメントをして下さった．これらの方々のご協力に対しても，この場を借りて謝意を表したい．

　本書の表紙は，美しい壁画によって飾られている．西洋起源の油絵でアジアの女たちを描くこの作品には，文化の融合のダイナミズムが感じられる．また，自然の中で暮らす人々に対して注がれる画家のまなざしは，暖かいがウェット

ではない．そして，描かれたのは「みのりのとき」──．法典をヨーロッパから輸入した私たちは，これを自分たちのものとすることができただろうか．法学者や法律家たちは，法を生きる人々にどのような視線を注いでいるのだろうか．これからの日本社会はどこへ向かうのだろうか．この絵は，こうした問いと響きあう．著者の意図を諒とされ，装画としての使用を快諾して下さった作者の田村能里子さんに，心よりお礼申し上げる．

　最後になるが，東京大学出版会編集部の角田光隆氏には，「生活民法研究」という副題を持つ2冊の論文集に引き続き，今回もまたお世話になった．図版の多い本書の編集に際しては，前著とは違ったご苦労もあったことだろう．著者としては，前著以来の懸案であった本書の出版により，ようやく肩の荷を下ろすことができたが，これも同氏のご助力の賜である．

　＊本書は，文部科学省科学研究費の助成を受けた「都市私法の研究」（平成13年度基盤研究（C））の成果の一部である．

2003年1月

大村敦志

# 略目次

生活民法へようこそ　1

## 序　章　生活基盤と民法　17
　序　「メトロ・ブロ・ドド」(1960年代まで)　19
　1　家産と民法　22
　2　労働と民法　27
　3　住居と民法　32
　4　安全と民法　45

## 第1章　消費生活と民法　63
　序　「豊かな社会」(1970年代)　65
　1　物品と民法　69
　2　役務と民法　116
　3　信用と民法　142
　4　貯蓄と民法　154

## 第2章　家族生活と民法　167
　序　「フェミニズムの時代」(1980年代)　169
　1　子どもと民法　178
　2　カップルと民法　202
　3　高齢者と民法　226

## 第3章　社交生活と民法　241
　序　「NPO元年」(1990年代)　243
　1　近隣と民法　247
　2　団体と民法　271
　3　好意と民法　284
　4　文化と民法　297

生活民法，これから　311

# 目 次

はしがき

対照表

## 生活民法へようこそ ……………………………………………… 1
 1. 生活民法への旅立ち[4]
  (1) 本書の編成[4]　(2) 参考文献[6]
 2. 法学から[8]
  (1) 民法とは？[8]　(2) 生活民法とは何か──取引民法と生活民法[11]
 3. 生活科学から[12]
  (1) 生活とは？[13]　(2) 生活民法とは何か──「生活科学」の中での法学[14]
 Pause café 1　三四郎の中の生活民法[15]

## 序　章　生活基盤と民法 …………………………………………… 17

### 序「メトロ・ブロ・ドド」(1960年代まで) ……………………… 19

### 1 家産と民法 ………………………………………………………… 22
 1. 土地所有権の保護[22]
  (1) 農村社会の法としての民法[22]　(2) 所有権の絶対性と利用権の脆弱性[23]
 2. 土地所有権の取得原因[25]
  (1) 相　続[25]　(2) 取得時効[26]

### 2 労働と民法 ………………………………………………………… 27
 1. 都市の場合[27]
  (1) 民法典の規定[27]　(2) 労働立法[27]

  2. 農村の場合[28]
    (1) 民法典の規定[28] (2) 小作立法[29]
  Pause café 2 有産階級の子弟たち[30]

## 3　住居と民法 ……………………………………………………………… 32

  1. 民法典と借地借家立法[32]
  2. 1960年代までの展開[34]
    (1) 民法典[34] (2) 特別法[36] (3) 判例法理[38]
  3. 1990年代の動向[41]
    (1) 新・借地借家法の制定——定期借地権[41]　(2) 新・借地借家法の改正——定期借家権[42]
  Pause café 3 借家に住む人々[43]

## 4　安全と民法 ……………………………………………………………… 45

  1. 産業化と危険[45]
  2. 不法行為法の中核[47]
    (1) 戦前の不法行為法[47] (2) 1960〜70年代の不法行為法[51]
  3. 不法行為法の周辺[55]
    (1) 適用領域の拡大[55] (2) 事故後の対応[57]
  Pause café 4 電車事故[59]
  序章・まとめ[61]

# 第1章　消費生活と民法 ……………………………………………… 63

## 序　「豊かな社会」(1970年代) ………………………………………… 65

## 1　物品と民法 ……………………………………………………………… 69

### A　物を買う ……………………………………………………………… 69

  1. 売買とは何か[69]
    (1) 取引としての売買[69] (2) 契約としての売買[72]
  2. 売買の成立[73]
    (1) 合意の存在[73] (2) 交渉の段階[74]
  3. 売買の効力[76]
    (1) 義務の発生[76] (2) 履行の態様[77]
  Pause café 5 リボンと香水[79]

### B　欠陥の責任を追及する ………………………………………………… 80

1. 問題の所在[80]
2. 民　法[81]
   　（1）売主の責任[82]　（2）メーカーの責任[82]　（3）保証書[84]
3. 特別法[85]
   　（1）製造物責任法[85]　（2）住宅品質確保促進法[88]

Pause café 6　ライスカレーと葡萄酒[91]

C　契約の無効・取消を求める ……………………………………………………… 91
1. 無効・取消とは？[92]
   　（1）契約（法律行為）の仕組み[92]　（2）様々な無効・取消原因[93]
2. 意思の完全性[94]
   　（1）民　法[94]　（2）特別法[96]
3. 内容の妥当性[99]
   　（1）形式的な分類[99]　（2）実質的な分類[100]

Pause café 7　三越の看板[102]

D　無効・取消の後始末をする ……………………………………………………… 103
1. 無効・取消の対比[103]
   　（1）制度の趣旨[103]　（2）制度の現状[104]
2. 無効・取消の帰結[106]
   　（1）相手方との関係[106]　（2）第三者との関係[109]

Pause café 8　様々な見せ物[113]
第1章第1節・まとめ[115]

## 2　役務と民法 …………………………………………………………………………… 116

A　仕事を頼む ………………………………………………………………………… 116
1. 役務提供契約の位置づけ[116]
   　（1）役務提供契約の社会的位置づけ[116]　（2）役務提供契約の法的位置づけ[118]
2. 役務提供契約の内容[120]
   　（1）役務提供契約の種類[120]　（2）役務提供契約の特徴[124]

Pause café 9　様々な習い事[128]

B　債務を履行する …………………………………………………………………… 129
1. 履行の仕組み[129]
   　（1）債務の履行[129]　（2）債務の不履行[132]
2. 履行過程のコントロール[134]
   　（1）付随条項の存在[134]　（2）付随条項の規制[137]

Pause café 10　大学病院[140]

## 3 信用と民法 .................................................. 142

 1. 企業金融から消費者金融へ［142］

 2. 伝統的な信用供与［143］

  (1) 貸付型［143］ (2) 支払猶予型［145］

 3. 現代的な信用供与［147］

  (1) サラ金問題［147］ (2) クレジット問題［149］ (3) 過剰与信問題［150］

 Pause café 11　預金［153］

## 4 貯蓄と民法 .................................................. 154

 1. 借金から貯蓄・投資へ［154］

 2. 貯蓄・投資の諸形態［156］

  (1) 預貯金［156］ (2) 生命保険［157］ (3) 証券取引・商品取引［159］ (4) ゴルフ会員権［160］

 3. 貯蓄者・投資者の保護［161］

  (1) 情報提供義務［161］ (2) 倒産からの隔離［162］

 4. 補論──現金からキャッシュレス化へ［164］

 Pause café 12　為替［165］

 第1章第2節～第4節・まとめ［166］

# 第2章　家族生活と民法 .................................................. 167

## 序「フェミニズムの時代」(1980年代) .................................................. 169

 Pause café 13　この欄の参考文献［176］

## 1 子どもと民法 .................................................. 178

### A 子どもを育てる .................................................. 178

 1. 親の責任［179］

  (1) 親権の内容［179］ (2) 親権の行使［182］

 2. 社会の責任［183］

  (1) 親子に代わる関係［183］ (2) 親子に準ずる関係［185］

 Pause café 14　兄と弟（坊っちやん）［189］

### B 子どもの親になる .................................................. 190

 1. 婚姻家族の場合［190］

  (1) 制　度［190］ (2) 思　想［193］

 2. 非婚姻家族の場合［196］

　　　　(1) 制　度[196]　(2) 思　想[198]
　　Pause café 15　車中の女・郷里の女[201]

## 2　カップルと民法 ... 202

### A　パートナーと暮らす ... 202
　1. 婚　姻[202]
　　　(1) 婚姻の効果[202]　(2) 婚姻の要件[206]
　2. 婚姻以外の関係[208]
　　　(1) 届出を出せる場合[208]　(2) 届出を出せない場合[210]
　Pause café 16　美禰子の自由[213]

### B　パートナーと別れる ... 213
　1. 離　婚[214]
　　　(1) 離婚の種類[214]　(2) 離婚の効果[217]
　2. 死　別[219]
　　　(1) 相　続[219]　(2) 失　踪[222]
　3. 自由結合の解消[224]
　Pause café 17　自分のもの・家のもの(猫)[225]

## 3　高齢者と民法 ... 226
　1. 高齢者支援の必要性[226]
　2. 財産面での支援[228]
　　　(1) 扶　養[228]　(2) 成年後見など[229]
　3. 身上面での支援[231]
　　　(1) 日常の面倒見[231]　(2) 家族との交流[232]　(3) 人身・人格に関する決定[232]
　4. 関連する諸制度[234]
　　　(1) 契約法：高齢者の自己防衛[234]　(2) 相続法：遺言自由とその限界[235]
　Pause café 18　国の母親[238]
　第2章・まとめ[240]

# 第3章　社交生活と民法 ... 241

## 序　「NPO 元年」(1990年代) ... 243

## 1　近隣と民法 ... 247
### A　〈私〉をまもる ... 247

1. 物質的な領域［248］
    (1) 住居への侵入［248］ (2) 生活の妨害［250］
2. 精神的な領域［252］
    (1) プライヴァシーの侵害［252］ (2) 名誉の毀損［254］
Pause café 19　監視する人々（坊っちやん）［256］

### B 〈共〉をつくる ………………………………………………………… 257
1. 「強いられた共住」としての区分所有［257］
2. 区分所有法の仕組み［259］
    (1) 所有権としての側面［260］ (2) 団体としての側面［261］
3. 区分所有の問題点［264］
    (1) 修繕・建て替え［264］ (2) 「選ばれた共住」へ?［267］
Pause café 20　隣の学校（猫）［270］

## 2 団体と民法 …………………………………………………………… 271
1. 民法における団体［272］
    (1) 団体性の諸相［272］ (2) 参照対象としての株式会社［273］
2. 法　人［275］
    (1) 民法の法人［275］ (2) 特別法の法人［277］
3. 組　合［280］
    (1) 民法の組合［280］ (2) 特別法の組合［281］
Pause café 21　会合する人々［283］

## 3 好意と民法 …………………………………………………………… 284
1. 好意と無償［285］
    (1) 好意の諸相［285］ (2) 法概念としての無償契約［286］
2. 無償契約の意義［288］
    (1) 無償契約の諸類型［288］ (2) 無償契約の法理［290］
3. 無償契約の将来［292］
    (1) 適度の拘束［292］ (2) 責任の確保［294］
Pause café 22　乞食と迷子［295］

## 4 文化と民法 …………………………………………………………… 297
1. 文化とは何か［297］
2. 創作活動の保護［299］
    (1) 著作権の制度［299］ (2) 著作権の現状［302］
3. 文化財の保護［303］
    (1) 喪失の回避［303］ (2) 保存の手法［307］ (3) 公開の促進［307］

Pause café 23　運動会と展覧会[309]
　　　第3章・まとめ[310]

## 生活民法，これから ……………………………………………… 311

　1. 生活民法はなぜ？[313]
　　　(1) 物質的な条件——都市化によって[313]　(2) 精神的な条件——市民化によって[315]
　2. 生活民法は何のため？[317]
　　　(1) 法律問題の解決・予防のために[317]　(2) 自己＝社会の発見・変革のために[318]
　3. 生活民法を超えて[319]
　　　(1) 民法を超えて——市場・社会保障・自治へ[319]　(2) 日常生活を超えて——社会構成原理へ[320]
　Pause café 24　三四郎のその後は……[321]


　一般用語索引 …………………………………………………………… 323
　法律用語索引 …………………………………………………………… 325

## 【対照表 I：本　書⇒民法典】

| 本　書　目　次 | 民　法　典（カッコ内は条文） |
|---|---|
| 生活民法へようこそ | ― |
| 序　章　生活基盤と民法<br>　序「メトロ・プロ・ドド」<br>　1　家産と民法<br>　2　労働と民法<br>　3　住居と民法<br>　4　安全と民法 | <br>―<br>**所有権**（206条）・**相続**（882条）<br>雇用・永小作<br>**賃貸借**（612条）・**物権変動**（177条）<br>**不法行為**（709条） |
| 第1章　消費生活と民法<br>　序「豊かな社会」<br>　1　物品と民法<br>　　A　物を買う<br>　　B　欠陥の責任を追及する<br>　　C　契約の無効・取消を求める<br>　　D　無効・取消の後始末をする<br>　2　役務と民法<br>　　A　仕事を頼む<br>　　B　債務を履行する<br>　3　信用と民法<br>　4　貯蓄と民法 | <br>―<br><br>**売買**（555条）・**瑕疵担保**（570条）<br>製造物責任<br>**法律行為**（90条，95-96条）<br>**不当利得**（703条）<br><br>**委任**（643条）<br>**債務不履行**（415条）・**解除**（541条）<br>**債権譲渡**（467条）<br>消費寄託・保険 |
| 第2章　家族生活と民法<br>　序「フェミニズムの時代」<br>　1　子どもと民法<br>　　A　子どもを育てる<br>　　B　子どもの親になる<br>　2　カップルと民法<br>　　A　パートナーと暮らす<br>　　B　パートナーと別れる<br>　3　高齢者と民法 | <br>―<br><br>**親権**（818条，820条）<br>**嫡出推定**（772条）・**認知**（779条）<br><br>**同居**（752条）<br>**離婚**（770条）・**財産分与**（768条）<br>**扶養義務**（887条）・**相続分**（900条） |
| 第3章　社交生活と民法<br>　序「NPO元年」<br>　1　近隣と民法<br>　　A　〈私〉をまもる<br>　　B　〈共〉をつくる<br>　2　団体と民法<br>　3　好意と民法<br>　4　文化と民法 | <br>―<br><br>**名誉**（710条）<br>区分所有<br>**公益法人**（34条）・NPO<br>**贈与**（549条）<br>著作権・**即時取得**（192条） |
| 生活民法，これから | |

注）右側の欄のうち，太字は，中心的に扱われている事項であり，細字は，付随的に扱われている事項または特別法に関わる事項である．

## 【対照表 II：民法典⇒本 書】

| 民 法 典 目 次 | 本　書（数字は章・節） |
|---|---|
| 第1編 総則 第1章 人 | 2—1 子どもB　2—3 高齢者 |
| 　　　　　第2章 法人 | **3—2 団体** |
| 　　　　　第3章 物 | 序—1 家産 |
| 　　　　　第4章 法律行為 | **1—1 物品C・D** |
| 　　　　　第5章 期間 | —— |
| 　　　　　第6章 時効 | 序—1 家産　1—1 物品 |
| 第2編 物権 第1章 総則 | 序—3 住居 |
| 　　　　　第2章 占有権 | **3—4 文化** |
| 　　　　　第3章 所有権 | **序—1 家産　3—1 近隣A** |
| 　　　　　第4章 地上権 | 序—3 住居 |
| 　　　　　第5章 永小作権 | 序—2 労働 |
| 　　　　　第6章 地役権 | —— |
| 　　　　　第7章 留置権 | —— |
| 　　　　　第8章 先取特権 | —— |
| 　　　　　第9章 質権 | —— |
| 　　　　　第10章 抵当権 | —— |
| 第3編 債権 第1章 総則 | |
| 　　　　　　第1節 債権の目的 | —— |
| 　　　　　　第2節 債権の効力 | **1—2 役務B** |
| 　　　　　　第3節 多数当事者の債権 | —— |
| 　　　　　　第4節 債権の譲渡 | 1—3 信用 |
| 　　　　　　第5節 債権の消滅 | —— |
| 　　　　　第2章 契約 | |
| 　　　　　　第1節 総則 | **1—2 役務B** |
| 　　　　　　第2節 贈与 | **3—3 好意** |
| 　　　　　　第3節 売買 | **1—1 物品A** |
| 　　　　　　第4節 交換 | **1—1 物品A** |
| 　　　　　　第5節 消費貸借 | **1—3 信用** |
| 　　　　　　第6節 使用貸借 | **3—3 好意** |
| 　　　　　　第7節 賃貸借 | **序—3 住居** |
| 　　　　　　第8節 雇傭 | 序—2 労働 |
| 　　　　　　第9節 請負 | **1—2 役務A** |
| 　　　　　　第10節 委任 | **1—2 役務A** |
| 　　　　　　第11節 寄託 | **1—4 貯蓄** |
| 　　　　　　第12節 組合 | **3—2 団体** |
| 　　　　　　第13節 終身定期金 | 2—3 高齢者 |
| 　　　　　　第14節 和解 | 序—4 安全 |
| 　　　　　第3章 事務管理 | —— |
| 　　　　　第4章 不当利得 | **1—1 物品D** |
| 　　　　　第5章 不法行為 | 序—4 安全　3—1 近隣A |
| 第4編 親族 第1章 総則 | |
| 　　　　　第2章 婚姻 | **2—2 カップルA・B** |
| 　　　　　第3章 親子 | **2—1 子どもB** |
| 　　　　　第4章 親権 | **2—1 子どもA** |
| 　　　　　第5章 後見 | **2—3 高齢者** |
| 　　　　　第5章の2 保佐及び補助 | **2—3 高齢者** |
| 　　　　　第6章 扶養 | **2—3 高齢者** |
| 第5編 相続 第1章 総則 | —— |
| 　　　　　第2章 相続人 | 2—3 高齢者 |
| 　　　　　第3章 相続の効力 | 2—3 高齢者 |
| 　　　　　第4章 相続の承認及び放棄 | —— |
| 　　　　　第5章 財産の分離 | —— |
| 　　　　　第6章 相続人の不存在 | —— |
| 　　　　　第7章 遺言 | 2—3 高齢者 |
| 　　　　　第8章 遺留分 | —— |

注）　右側の欄のうち，太字は中心的に扱われている箇所，細字は付随的に扱われている箇所を示す．

# 生活民法入門
暮らしを支える法

大村敦志

「……人間生活の諸点を，人および人類としての生活のいわばぎりぎりの部分と，すぐには生存に直結しないいくらか余裕のある部分とに分けてみよう．ぎりぎりの部分とは，(1)生存の維持と，(2)人類の存続を目的とする諸活動である．それらに対応する制度としては，「経済」と「家族」とがある．そして，両者を通ずる基礎でもあるのが，(3)安全な生活の維持・確保である．後者のいくらか余裕のある部分には，(4)芸術，学問などがある．……」

「……人々が民法に関心を持つ社会的背景は，彼らがある程度の財産を有し，教養を備えるに至ることだとする見方が可能である．……かつて「労働者，農民」と並び称された社会の貧困層は次第に消滅し，多くの国民はいわば「プチブル」になった．これこそまさに民法の担い手である．大学進学率の飛躍的拡大……は，とにかく教養ある国民の増加につながっているといってよかろう．……また，都市化に伴う，いわゆる「法化」の現象も，いやおうなしに人々の関心を民法に向けさせる．……」

——星野英一『民法のすすめ』(1998年)

# 生活民法へようこそ

鏑木清方「朝夕安居」（部分，日本画 1948 年作，個人蔵，『鏑木清方展』展覧会図録，朝日新聞社，1992，124 頁より）

「我々の生活方法は，昔も今も絶えず変わっていたもので，また我々の力で変えられぬものはほとんど一つもないと言ってよい．老人のしきりに哀惜する昔風は，言わば彼等自身の当世風であって，真正の昔風すなわち千年にわたってなお保たるべきものは，むしろ生活の合理化単純化を説くところの，今後の人々の提案の中に含まれているかも知れぬ．……ここに再び繰り返して，女性の向かうべき学問の，冷静なる生活観照にあることを言っておきたい．もし幸いにして多くの婦人方に，この親切なる向学心さえあれば，短い年月の間に日本の女学校における，家政科の教え方は一変することと信ずる．多くの家の子女はおいおいに人生幸福の真の意味を理解するであろうと思う．願うところは生活技術の今後の攻究によって，国の病の在り処がよくわかり，従って皆様のやさしい心配が，結局政治の上に現れて来ることである．」

——柳田国男『木綿以前の事』（1939 年）

本書『生活民法入門』で扱われるのは，どのようなことがらだろう．まず，いくつかの具体例を標語風に示してみよう．

たとえば，若い学生諸君の生活に即して言えば……

家賃を忘れた！／交通事故／語学学校でトラブル／学生用クレジットカードを作って／学費は誰が払う／彼・彼女と同棲／おじいちゃん・おばあちゃん……／管理組合って何のこと／同好会・体育会・学生自治会／街頭募金／何でもコピー？

あるいは，より一般的な市民の生活に即して言えば……

借家で猫は？／食中毒になった／団体旅行でトラブル／家族用クレジットカードを作って／子どもに仕送り／私は「内妻」／老後の生活は／町内会は大変だ／生協の共同購入／お隣の宅配便をあずかる／骨董市で掘出物

日常の生活の中で私たちが経験する出来事は様々である．民法は，こうした出来事を規律する（私たちがとるべき行動を方向づけ，トラブルが生じればそれを解決する）ルールを含んでいる．その形成・発展の様子をたどりつつ，基本的な考え方や規律の概略を説明し，あわせて将来のあり方を展望すること．これが本書の内容である．おおよそのイメージを持つことができただろうか．

より概念的に言うと，本書では，「生活民法」という視点に立って，民法を解説する．では，その「生活民法」とはいったい何か．本書においては，何が，どのように述べられるのか．以下では，これらの点について一応の見通しを示して，序論に代えたい．

「生活民法」は「(民)法学」と「生活科学」の交わるところに成立すると，ひとまずは言うことができる．そこでまず，「(民)法学」「生活科学」のそれぞれから，「生活民法」とは何かについて少し考えてみたい (2., 3.)．しかし，その前にまず，本書の編成を示し，あわせて参考文献にも触れておこう (1.)．

## 1. 生活民法への旅立ち

### (1) 本書の編成

**対象による編成**　本書は，基本的には，対象領域別の編成をとっている．具体的には，人々の生活のうち「消費生活」「家族生活」「社交生活」という三つの対象領域を切り出して（第1章〜第3章），背景となる社会現象とあわせて関連の民法上の諸制度・諸規範を提示し，説明・検討していく．それぞれの対象領域については，改めて各章冒頭の「序」で問題状況を説明するが，生産＝職場＝仕事というのが，人々の活動領域のうちでも「取引」の領域に接続する領域であるのに対して，消費＝家庭＝社交は「生活」の領域と呼ぶのにふさわしいことは，直感的にも理解可能であろう（「社交」という言葉には説明が必要かもしれない．ここでは，広く「人と人との社会的きずな」のことを指している）．

ところで，中核をなす三つの領域に入る前に，これらの生活のいわば基盤となる問題について触れておく必要がある．**住居**と**安全**の問題がそれであるが，あわせて**家産**と**労働**の問題にも触れておきたい（序章）．

**歴史の考慮**　本書の編成に際しては，付随的に，歴史的な展開を考慮に入れている．「生活民法」の独自性が目立つようになったのは，**20世紀の最後の30年**のことである．1970年代に，まず「消費生活」にかかわる法の発展が始まり（第1章），80年代には「家族生活」に関する法の再検討の動向がこれに加わる（第2章）．そして，90年代には「社交生活」に関する法が徐々に凝集を始める（第3章）．こうした図式で，過去30年を回顧し，同時に将来の展望を求めたい．その前提として1970年代以前の状況も簡単に検討する（序章）．

**法律との関係**　本書では，日常生活のルールとして，民法とこれに関連する法律のうちのある部分を説明する．どの部分を扱うかを予め示しておこう（目次の後〔xiv〜xv頁〕に掲げた二つの「対照表」も参照）．

---

資料1　民法の編成および関連法律

民法第1編第2編第3編
　第1編　総則（1条〜174条の2）
　第2編　物権
　　総論（175条〜264条）／用益物権（265条〜294条）
　　担保物権（295条〜398条の22）

> 第3編　債権
> 　　総論（399条〜520条）
> 　　契約総論（521条〜548条）／契約各論（549条〜696条）
> 　　事務管理・不当利得・不法行為（697条〜724条）
> 民法第4編第5編
> 　　第4編　親族（725条〜881条）
> 　　第5編　相続（882条〜1044条）
>
> 電子署名法／中間法人法／不動産登記法／逸失物法／建物区分所有法／仮登記担保法／**著作権法**／**利息制限法**／身元保証法／債権譲渡特例法／供託法／**借地借家法**／**住宅品質確保促進法**／**消費者契約法**／**割賦販売法**／**特定商取引法**／信託法／失火責任法／自動車損害賠償保障法／**製造物責任法**／**金融商品販売法**／戸籍法／**任意後見契約法**／後見登記法……

　民法という名の法律は総則・物権・債権・親族・相続の5編から構成されている（資料1）．研究教育上はさらに，物権は総論・用益物権・担保物権に（担保物権を除いた前二者だけを「物権」と呼ぶこともある．ここでの「総論」には，総則のほか，占有権と所有権が含まれる），債権は総論と契約（さらに総論・各論に分かれる．ここでの総論・各論は，総則・各則とほぼ等しい）および事務管理・不当利得・不法行為に分けられる．本書では，このうち担保物権と相続については，ごく簡単に触れるが，立ち入った説明はしない．また，債権総論についてもあまり触れることはない．一方で，担保物権と債権総論は「金融取引法」の基礎をなす部分として，後に述べる「取引民法」で扱われるべきであること，他方，担保物権と相続にはかなり細かな手続問題が多いことが，その理由である．民法典の残りの部分，すなわち，総則・契約総論・契約各論・事務管理・不当利得・不法行為・親族には，多少とも言及することになる（資料1の太字部分）．

　また，民法に関連する法律についても必要に応じて言及する．何が関連の法律であるかは法律自体によって決められているわけではないが，本書では，中間法人法・建物区分所有法（マンション法）・著作権法・利息制限法・借地借家法・住宅品質確保促進法・消費者契約法・割賦販売法・特定商取引法・製造物責任法（PL法）・金融商品販売法・任意後見契約法などにつき説明する（資料1の太字部分）ほか，不動産登記法や戸籍法，電子署名法や自動車損害賠償保障法などにも簡単に触れる．これらは民法という名の法律とは別の法律ではあるが，民法と密接に関連する法律なので，多くの「六法」（日本では法令集のことを「六法」と呼ん

生活民法へようこそ　｜　5

でいる）において「民法」という項目に収録されている．さらに，小さな六法には収録されていないことが多いが，特定非営利活動促進法（NPO法）もとりあげる．

なお，「生活民法」で扱われない民法典の部分や関連法律に関しては，その意義につき，本書の最後のところで一言する予定である（「生活民法，これから」）．

## (2) 参考文献

---

資料2　関連の参考文献

① 大村『消費者法』（有斐閣，1998），『家族法』（有斐閣，第2版，2002）
② 大村『契約法から消費者法へ』，『消費者・家族と法』（東京大学出版会，1999）
③ 大村『フランスの社交と法』（有斐閣，2002）
④ 大村『民法総論』（岩波書店，2001）
⑤ 大村＝道垣内＝森田＝山本『民法研究ハンドブック』（有斐閣，2000）
⑥ 大村『基本民法I』（有斐閣，2001）
⑦ 内田貴『民法I〜IV』（東京大学出版会，1994〜2002）
⑧ 山本敬三『民法講義I』（有斐閣，2001）
⑨ 星野英一『民法のすすめ』（岩波新書，1998）
⑩ 我妻栄『法学概論』（有斐閣，1974）
　　　　　＊＊＊
⑪ 中川善之助＝深谷松男『民法入門』（青林書院，新版第3版，1998）
⑫ 川井健『民法入門』（有斐閣，第3版，1999）
⑬ 星野英一『民法：財産法』（放送大学教育振興会，1994）
⑭ 奥田昌道『民法：財産法』（放送大学教育振興会，1998）
⑮ 淡路剛久『紛争と民法：財産法』（放送大学教育振興会，2002）
⑯ 池田真朗『民法への招待』（税務経理協会，改訂版，2000）
⑰ 田山輝明『民法：市民・財産と法』（岩波書店，1990）
⑱ 松尾弘『民法の体系』（慶応義塾大学出版会，第2版，2001）
⑲ 北川善太郎『レクチャー民法入門』（有斐閣，1988）
⑳ 米倉明『プレップ民法』（弘文堂，第3版増補版，2000）
㉑ 成田博『民法学習の基礎』（有斐閣，1996）
㉒ 平野裕之『民法入門』（新世社，2001）
㉓ 手塚宣夫『やさしく学ぶ民法』（文眞堂，第2版，2002）
㉔ 野村豊弘『民事法入門』（有斐閣，第2版補訂版，2002）
㉕ 道垣内弘人『ゼミナール民法入門』（日本経済新聞社，2002）
　　　　　＊＊＊
㉖ 矢崎光圀『日常世界の法構造』（みすず書房，1987）
㉗ 山田卓生『日常生活のなかの法』（日本評論社，1990）
㉘ 長尾治助＝中坊公平編『セミナー生活者と民法』（悠々社，1995）
㉙ 川口由彦『日本近代法制史』（新世社，1998）

> ㉚ 吉田克己『現代市民社会と民法学』（日本評論社，1999）

　参考文献についても，少し説明しておこう（資料2）．第1章で扱う「消費生活と民法」，第2章で扱う「家族生活と民法」に関しては，それぞれ大村『消費者法』『家族法』（①）を参照していただきたい（関連の論文集やモノグラフィーとして②③もある．なお，本書では①は大村・消費者法，大村・家族法と略称して引用する）．また，民法についてのトータルな見方や研究の方法・動向などについては，大村『民法総論』がある（④．より広い読者を想定した⑨や若手研究者向けの⑤も参照）．民法自体の内容については，内田『民法Ⅰ～Ⅳ』（⑦）が最近の標準的な教科書だが，大村『基本民法』（⑥），山本『民法講義』（⑧）のシリーズの刊行も始まった（梅・富井，鳩山・我妻，星野・鈴木・北川など，それ以前の著者による代表的教科書は，⑥～⑧から検索できる．なお，本書では⑥～⑧は著者名と巻数だけで引用する）．さらに，我妻『法学概論』（⑩）をあげておきたい．同書の第5章は「生活民法」の先駆的形態であると思うからである（この本は我妻——20世紀の日本を代表する民法学者——の遺著だが，未完の第6章は「取引民法」に対応するものとなるはずだった）．

　本書以外にも1巻本の民法入門書は数多いが，参考までにそのうちのいくつかを掲げておく（⑪⑫は民法全体を圧縮．⑬は制度趣旨の説明に，⑭は理論的検討に，⑮は紛争という観点に，それぞれ特色を持つ．⑯は親切．⑰⑱も興味深い視点を含む．⑲⑳は小著ながら個性的で，⑲は体系思考，⑳は問題思考に重点．㉑㉒は学習者の盲点を中心に解説，㉓は平易，㉔はコンパクト．㉕は企業取引を念頭に置きつつ制度趣旨を丁寧に説明している）．なお，本書と共通の指向を持つものも，すでにいくつか現れている（㉖～㉘は「日常」「生活」の観点に立っている．㉙㉚はマクロの視点から民法にアプローチしているが，前者は歴史に，後者は理論に重点が置かれている）．

　こうした参考文献も大事だが，まず，何でもよいから小さな六法を一冊買って手元に置いてほしい．また，余力のある読者は，ぜひ判例教材（たとえば『民法判例百選Ⅰ・Ⅱ』『家族法判例百選』など）を手にとってみてほしい．（民）法を学ぶにあたっては，法律とともに**判例**（裁判によって形成されるルール）が大きな意味を持っているからである．

> 　続く2. と3. の説明は，「生活民法」とは何かに関する総論的な説明であるが，抽象

的でややわかりにくいかもしれない．そう感じた読者は，2. と 3. はスキップして序章に進めばよい．そして，2. と 3. は，「生活民法，これから」とあわせて読んでみてほしい．とりあえず 2. と 3. を読んでみた読者も，通読後に，改めてこの部分を読み直すとよいだろう．

　「生活民法」は，「民法」と「生活」が出会うところに成立すると，ひとまずは言うことができる．そこで，2. と 3. では，これらを対象とする学問，すなわち「法学」と「生活科学」のそれぞれから，「生活民法」とは何かについて少し考えてみることにしたい．

## 2. 法学から

　「生活民法」に法学からアプローチするには，まず，「民法」とは何かについて述べた上で（(1)），「民法」の中で「生活民法」が占める位置について検討する必要がある（(2)）．

---

資料 3　国語辞典に見る「民法」と「生活」

民法とは…
　「実質上は広く公法に対し私法一般を，あるいは狭く特別私法を除いた普通私法を意味し，形式上は民法典を指す」（『広辞苑』第 4 版，1991）
　「人の財産や身分に関する一般的な事項を規律する法．『民法』と題する法律のほか，不動産登記法・借地借家法・戸籍法など多数の補充法や特別法が含まれる」（『広辞苑』第 5 版，1998）
生活とは…
　「生存して活動すること．生きながらえること．世の中で暮してゆくこと．また，そのてだて．くちすぎ．すぎわい．生計」（『広辞苑』第 5 版）

---

### (1) 民法とは？

　日常用語で，「民法」とは何を意味するのだろうか．各種の国語辞典の与える定義は必ずしも一致しないが，ここでは『広辞苑』第 4 版の定義を参考にして考えてみたい（資料 3）．そこには，①法律の名称にかかわる定義と②法律の位置づけにかかわる定義が含まれているので，順に見てみることにしよう．

　**法典と民法**　『広辞苑』第 4 版は，民法とは「形式上は民法典を指す」と述べているが，第 5 版では，民法典ではなく「『民法』と題する法律」という表現に代えられている．そこでまず，「法典」「法律」そして「法」といった

言葉との関係で,「民法」とは何かを明らかにしよう.

「**法律**」(law/loi)とは,国会が一定のルールに従って定めるルールで国民一般に対する拘束力を有するものであり,官報で公布されるほか,各種の法令集にも収録されている.「民法」というのも,道路交通法や健康保険法,あるいは,ハイジャック防止法や自衛隊法などと同様,このような法律の一つである.では,「法典」とは何か.「**法典**」(code)とは,重要な事項を規律する規模の大きな法律で一定の原理・体系を備えたものをいう.具体的には,民法・商法・刑法・民事訴訟法・刑事訴訟法あるいは憲法(以上の六つが「六法」)などを「法典」と呼ぶ.法律にせよ法典にせよ,それらは書かれた・一般的なルールである.これに対して,「**法**」(law/droit/Recht)という言葉は,必ずしも書かれていないルール(慣習,さらには判例や自然法),あるいは,個別の事件の解決(判決など)のことも含めて,より広く用いられる.

以上の用語法によれば,「**民法**」とは,「**民法**」という名の法律(「**民法典**」)とこれに関連する法律(『広辞苑』/第5版がいくつかを例示している),さらには,慣習などを含む「**法**」の一分野であるということになる.

このような広い意味での民法の中心をなすのは,もちろん「民法典」である.ここで「民法典」の来歴について一言しておきたい.近代における最初の民法典は1804年のフランス民法典(Code civil/Code Napoléon)であり,その後,世界各国に影響を与えた.同様の影響力を持ったものとして,もう一つ,1900年のドイツ民法典(BGB)をあげる必要がある.民法典の成立は国民国家の成立と密接な関連を有するが,日本でも,明治期に仏独の民法典を模倣・折衷する形で,民法典が制定された.1870年代初頭にすでにスタートしていた民法典の編纂作業は,まず,1890年にフランス式の民法典(現行民法典と対比して旧民法典と呼ばれる)として結実したが,これは法典論争と呼ばれる論争において延期派が断行派を制したことにより葬られた.そこで,ドイツ民法草案などを参考にこれに修正を加える作業が行われ,1898年に現行民法典が施行された.厳密には,現行民法典は第1編第2編第3編と第4編第5編の二つの法律からなるが,後者は,第二次大戦後の1947年に,新憲法との調和をはかるための大改正を受けており(当時は「新民法」と呼ばれた),仮名遣いや文体もカタカナ文語文の前者とは異なり,ひらがな口語文となっている(本書では,現行法については,カタカナ書きの法律も句読点を補いひらがなで表示している).

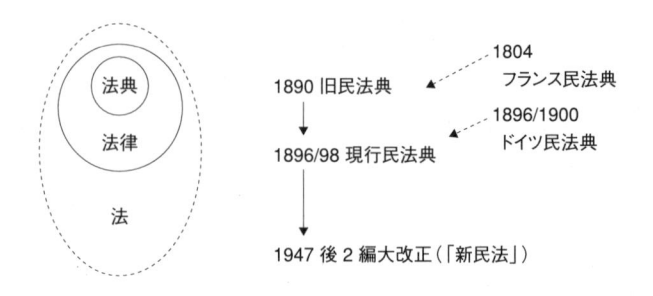

```
        法典
         法律
          法         1890 旧民法典 ←--- 1804
                                      フランス民法典
                     ↓           ←--- 1896/1900
                     1896/98 現行民法典   ドイツ民法典
                     ↓
                     1947 後2編大改正（「新民法」）
```

**法体系の中の民法** 『広辞苑』第4版は，民法とは「実質上は……私法一般……普通私法を意味する」とも述べている．そこでいう「普通私法」（あるいはより一般的な表現では「私法の一般法」）とは何を意味するのか．次にこの点を明らかにしておこう．

まず，「私法」であるが，これは「公法」に対立する概念である．「私法」とは個人と個人の関係を規律する法であるのに対して，「公法」とは個人と国家との関係を規律する法である．たとえば，民法や商法は私法に属し，憲法や行政法は公法に属する．次に，「**一般法**（普通法）」であるが，これに対立するのは「**特別法**」である．一般法がより広い適用範囲を持つのに対して，特別法はより限定された適用範囲を持つが，両者の区別は相対的なものである．たとえば，民法は人一般・取引一般に適用されるのに対して，商法は商人（商事会社）や商取引に適用されるので，民法が一般法であるのに対して，商法は特別法であることになる．しかし，一定の規模以上の会社の監査に関する商法特例法との関係では，商法は一般法で，この法律が特別法ということになる．法の適用にあたっては，**特別法は一般法に優先して適用される**ので，たとえば大規模会社には，商法特例法・商法・民法という順で（特別法に規定がなければ一般法の規定が）適用される（商法1条参照）．

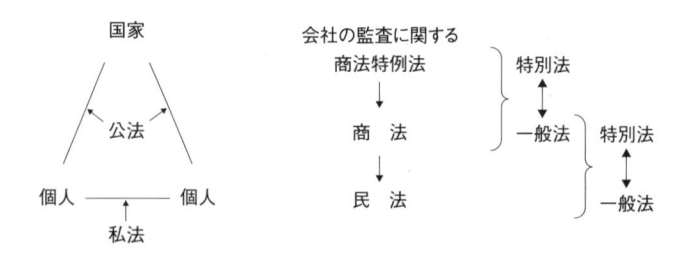

```
        国家                会社の監査に関する
        / \                商法特例法       ｝特別法
      公法                  ↓            ↕
      /   \                商  法         ｝一般法／特別法
   個人 ─── 個人            ↓            ↕
        |                  民  法         ｝一般法
       私法
```

以上の用語法によると，個人と個人の法律関係につき一般的に規律する民法は，「私法の一般法」であるということになる．

## (2) 生活民法とは何か──取引民法と生活民法
　『広辞苑』第4版は，先に述べた① 法律の名称にかかわる定義，② 法律の位置づけにかかわる定義を「形式上」「実質上」と区別し対置していたが，広い意味ではいずれも形式的な定義であると言える．というのは，どちらも，③ 法律の内容にかかわる定義をしているわけではないからである．おそらくはこの点を補うために，第5版では説明が改められたのだろう (資料1)．そして，第5版で付け加えられた内容にかかわる定義は，「生活民法」とは何かを明らかにするための出発点とすることができる．

　<u>民法の規律対象</u>　『広辞苑』第5版は，民法とは「人の財産や身分に関する……法」であるという定義を与えている．より平易に，『三省堂国語辞典』は「家族や財産」と言い，『新明解』は「親子・親族などの身分や財産の相続・処分」と言っている．また，『三省堂国語辞典』は「人が市民生活をする上で」という説明も加えている．

　確かに，民法は，市民生活の根幹である財産や家族を規律対象としている．民法典の前3編は「財産法」，後2編は「家族法」と呼ばれることがあるし，「民法 (droit civil/bürgerliches Recht)」とは，「市民の法」を意味する．これをもう少し詳しく見ると，**民法には，所有権・相続・時効・契約・不法行為・家族・団体・人格権などに関するルールが集められている**（以上に列挙したのは本書で扱うことがら．なお，後に説明するが，不法行為とは交通事故や公害など，人格権とは氏名・肖像やプライヴァシーなどにかかわるものである）．

　<u>民法の多元化</u>　ところで，「財産や家族」に関する法典として民法典が制定されているのは，なぜだろうか．問いの意味がわかりにくいかもしれないが，たとえば，別々の法典で「財産」と「家族」を規律することも考えられるのではないか．それにもかかわらず，一つの法典で「財産」と「家族」の双方を規律しているのは，なぜか．実は，世界には，民事・商事を問わず「取引」について法典をまとめ，「家族」はこれとは別にする（「取引」と同じ法典に含める場合とそうでない場合がある）という考え方に立った立法例もある．20世紀の立法例にはこのようなものが見られ，スイス (1911年) やイタリア (1942年) などがそ

生活民法へようこそ　11

の例であり，民商統一法典などと呼ばれる．

歴史的に見ると，個人の「財産と家族」が一括して民法典の規律対象とされたのは，個人経営が支配的であり「財産と家族」とが密接に結びついていた時代を反映しているが，その後，法人企業の隆盛によって，両者の分離が進んだために，民商統一がはかられるようになった．また，統一法典が実現されていない国においても，民法の財産法は法人による商取引に適用されることが多くなり，そのような状況を念頭において運用されるようになっている．この現象をかつては「民法の商化」などと呼んでいた．他方，一言で「取引」と言っても，企業間取引と企業＝消費者間の取引を同様に考えることはできないことは，1970年代以降に現れた消費者問題によって人々の常識となりつつある．今日では「消費者法」という法領域が形成されつつあるが，民法の財産法部分の一部は消費者法の影響を強く受けつつある（というより，消費者法の一部をなしている）．

以上のように，今日でも，形式的には民法典は統一体として存在し続けているが，機能的には，それは「企業間の取引」に関連する部分と「個人＝消費者の生活」に関連する部分とに，分化（もっと細かく分けるならば，多元化）しつつあると言える．具体的には，前者には契約・不法行為・債権・担保・所有権・消滅時効などに関する諸規定が，後者には，契約・不法行為・家族・団体・人格権などに関する諸規定が，それぞれ含まれる．本書で「**生活民法**」と呼ぶのは後者であるが，前者は「**取引民法**」と呼ぶことができる[1]．

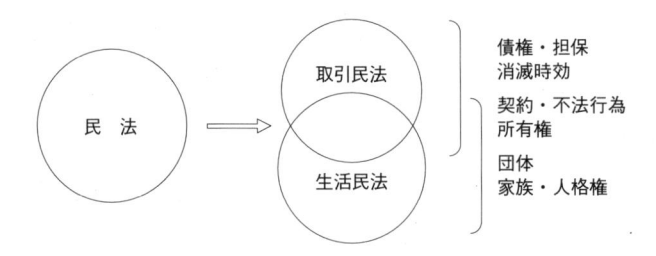

民　法　→　取引民法／生活民法
　債権・担保　消滅時効
　契約・不法行為　所有権
　団体　家族・人格権

## 3. 生活科学から

法学をひとまず離れて，生活科学からのアプローチに転じるならば，まず，「生活」とは何かが問題になる（(1)）．その上で「生活」に対する「民法」から

---

1) この区別につき，大村『法源・解釈・民法学』（有斐閣，1999）第2編結章を参照．

のアプローチの意義について考えることになる ((2)).

## (1) 生活とは？

**生活の属性**　「生活」とは何かを定義するのは困難であるが，ここではフランスの社会学者の研究などを参照しつつ，次のように定義しておきたい．「生活」とは，「個人が，物的＝人的な環境との間で，その生命＝人生を維持・展開するために，積極・消極の相互関係を反復・継続的に持つこと」である．

ちなみに，『広辞苑』第5版 (第4版でも同じ) では，「生活」は「生存して活動すること」「世の中で暮していくこと」と説明されているが (資料3)，そこには，① 主体が個人であること (「生存」)，② 対象が物的＝人的環境であること (「活動」「世の中で」)，③ 目的が生命＝人生の維持展開であること (「生存」「暮していく」) が内包されていると言ってもよいだろう．また，④ 行為特性が相互関係の反復・継続性にある点も暗示されていないわけではない (「暮す」＝「日が暮れる」「時間を経過させる」の意).

**「生活科学」の目標**　「生活科学 (「生活学」)」という学問領域が成り立つとするならば，その目標は，以上に述べた「生活」の特性に着目しつつ措定されることになろう．とりわけ，生活の対象・目的との関連が重要であろう．具体的には，「物」との関係，「人」との関係のそれぞれにつき，次のような課題が導けるだろう．

①　生存の最低条件から「生活の質」へ　　＝新しい物質生活の探求
②　かつての家父長制から「個と共同性」へ　＝新しい人間関係の探求

また，研究に際しては，③ 主体が組織ではなく個人であること，④ 行為特性が継続性にあること，に着目すべきだろう．

以上のような「生活」の定義や「生活科学」の目標は，かならずしも一般的なものではない．すでに示唆したように，そもそも「生活科学 (生活学)」なるものが成立しているのかどうか，必ずしも明瞭ではないというのが現状である．その意味では，以上の説明は，さしあたりの作業仮設にとどまるが，本書を通じて，このような「生活」像や「生活科学」観の当否を検討する手がかりが得

られればと思う．

## (2) 生活民法とは何か——「生活科学」の中での法学

---
資料4　生活学(科学)に関する概説書の構成

大久保孝治『生活学入門』(放送大学教育振興会, 1994)
　1 生活学とはどういう学問か／2 日常生活の構造／3 着る／4 食べる／5 住まう／6 働く／7 遊ぶ／8 寝る／9 知る／10 愛する／11 育てる／12 老いる／13 死ぬ／14 生活史を書く／15 生活設計を立てる
NHK 教育セミナー『おとことおんなの生活学』(日本放送協会, 1994)
　序論(1-2)・家族育児(3-14)・食(15-22)・衣(23-29)・住(30-34)・まちづくり(35)・家計消費(36-39)・環境(40)・結語(41-42)
『AERA Mook 生活科学がわかる』(朝日新聞社, 1998)
「生活を科学する29の方法」
　食と健康を科学する／人間をとりまく環境を科学する／人間の発達とコミュニケーションを科学する／社会システムとの関わりを科学する／文化としての生活を探究する

---

**関連する諸学**　「生活科学(生活学)」が学問として確立されているかどうかは別にして，その萌芽が存在することは確かである．「生活科学(生活学)」と呼ばれているもの・呼ばれていないものを含めて，「生活」に焦点をあわせた学問研究は，様々な形で存在している．いくつかの例をあげてみよう．

まず「総論」のレベルでは，(一部の)**社会学**や**家政学**に，「生活科学」と性格づけられる側面を見出すことができる．たとえば，「生活世界」の社会学と呼ばれるものなどがその例である(資料4の『生活学入門』はその一例)．もちろん，社会学には「生活科学」の枠を超えるものも存在するが，家政学に目を転ずると，それは「生活科学」とより大きく重なりあう．というよりも，「生活科学」という表現は，1990年代に家政学のリニューアルのために導入されたという事情があるとも言われている(資料4の『生活科学がわかる』参照．『おとことおんなの生活学』はその高校家庭科レベルへの反映である)．次に「各論」レベルで見てみると，「生活科学」の一部として位置づけ可能な学問分野は少なくない．たとえば，**家族論・社会福祉論・消費社会論・地域社会論・環境論**……．しかし，それぞれの分野では，必ずしも「生活科学」という意識が共有されているわけではなさそうである．

このように，「生活科学」はその萌芽は現れているものの，未だ生成途上の学問領域である．

**「生活科学」の諸領域**　では，ありうる「生活科学」は，どのような領域をカバーするだろうか．既存の諸学を分類することによって，この点について少し考えてみよう．第一に，「工学系」のアプローチによるものとしては，**食物学・住居工学・環境学**などをあげることができる．次に，「社会科学系」のアプローチとしては，社会学や社会福祉論のほかに，**経済学・法学・政治学**など，さらに，「人文学系」のアプローチとして，**歴史学や美学・装飾工芸デザイン**などをあげることができるだろう．「家政学」から脱皮した広い意味・新しい意味での「生活科学」は，このような諸領域を持つことになろう．

　以上のリストには法学も加えたが，法学は，日常生活の法的な側面を扱うものとして，生活科学の一分野たりうるだろう．もちろん，その場合の「法的な側面」は民法にかかわるものに限られるわけではない．その意味では，「生活民法」＝「生活法」ではないことは確かである．しかし，「民法」が「生活法」において重要な位置を占めることは，すでに述べたように，「民法」が「財産と家族」の法／「市民生活」の法であることからも想像されるだろう．このことはより具体的には，本書の全体を通じて明らかになるはずである．

## Pause café 1 ●三四郎の中の生活民法

　漱石の『三四郎』は，1908 年（明治 41 年）の 9 月 1 日から 12 月 29 日まで 117 回にわたって『朝日新聞』に連載されている．物語の内容はよく知られている通りであるが，漱石自身の紹介によれば，次のようになる．

　　「田舎の高等学校を卒業して東京の大学に這入つた三四郎が新しい空気に触れる，さうして同輩だの先輩だの若い女だのに接触して色々に動いて来る，手間は此空気のうちに是等の人間を放す丈である，あとは人間が勝手に泳いで，自ずから波瀾が出来るだらうと思ふ，さうかうしているうちに読者も作者も此空気にかぶれて是等の人間を知るようになる事と信ずる，もしかぶれ甲斐のしない空気で，知り栄のしない人間であつたら御互に不運を諦めるより仕方ない……」(『三四郎』予告)．

　確かに，この小説は「新しい空気」をよく表している．三四郎は，明治の東京で，最先端の消費生活を送る．彼は，ライスカレーを食べて，菊人形を見物し，リボンや香水が売られている洋品店に出入りする．そして，電車に乗って市内を徘徊する．また，彼は，郷

里の母の勧める縁談を気にしながら，ヒロインの美禰子に心引かれる．彼女は，自由に振る舞い，結婚相手も自分で決めるだろうと思われている．そこには「新しい女」の肖像が描かれている．さらに，三四郎は，与次郎や広田先生とつきあい，様々な会合に顔を出す．学生や文士たちの交友の描写も，この小説の特徴だろう．

ところで，現在の民法典は1898年に施行されているので，『三四郎』が書かれたのは，そのちょうど10年後のことである．明治の社会は日進月歩であったろうが，それでも，『三四郎』に現れている「新しい空気」は，民法施行当時の習俗であると言って，それほどおかしくない．そして，上に見たように，そこには，当時の消費・家族・社交の様子がいきいきと描かれている．

本文で述べたように，本書は，現代に生きる私たちの消費・家族・社交の様子を，「生活民法」という観点から叙述し検討しようという試みである．私たちの日常生活は，民法典の作られた時代とはかなり異なったものとなっているが，同時に，『三四郎』の時代の「新しい空気」にその端緒を求めうるものも少なくない．そこで，以下では折に触れ，本論と関連する題材を選んで，『三四郎』(あるいは同じ時期に書かれた『吾輩は猫である』や『坊つちやん』)の中から生活民法の一端を抽出する試みをしてみたい．講義で言えば雑談にあたる部分なので，一息入れて，気楽に読んでいただければ幸いである．たとえば，1杯の珈琲か葡萄酒とともに——．

# 序章

## 生活基盤と民法

一曜斎国輝「上州富岡製絲場之図」（1873年作，味燈書屋蔵，『秘蔵樋口弘コレクション江戸・東京モダン——浮世絵に見る幕末明治期の世相』展覧会図録，財団法人東日本鉄道文化財団，1998, 60頁より）

「君は昨年の夏，お母さんや僕と一緒に房州にいったとき，両国の停車場を出てからしばらくの間，高架線の上から見おろす，本所区，城東区一帯の土地に，大小さまざまな煙突が林のように立ちならんで，もうもうと煙を吐き出していた光景を覚えているかしら．……東京の暑さがたまらなくなって，僕たちが房州に出かけて行ったあのとき，あの数知れない煙突の一本，一本の下に，それぞれ何十人，何百人という労働者が，汗を流し埃にまみれて働いていたんだ．──それから，東京の街を出て，ひろびろとした青田を見渡すようになって，僕たちはやっと涼しい風を感じ，ホッと一息ついた．しかし，考えて見れば，あの青々とした田んぼだって，避暑になんか行けないお百姓たちが，骨を折って作ったものなんだ．……ああいう人たちが，日本中どこに行っても，──いや，世界中どこにいっても，人口の大部分を占めているのだ．……」

──吉野源三郎『君たちはどう生きるか』（1937年）

# 序
# 「メトロ・ブロ・ドド」
## （1960年代まで）

　ひところ，企業戦士として24時間戦う日本のサラリーマンたちは，家庭では「めし・ふろ・ねる」の3語しか発しないなどと言われた．同じように，働く人々の生活の質の貧しさを示す（告発する）表現として，フランス語には「メトロ・ブロ・ドド（Métro, boulot, dodo）」というのがある．これはかなり定着した表現で，辞書などにも載っている．

「メトロ，仕事，おねんね（パリの労働者の毎日の単調さを表す表現）」
　　　　　　　　　　　　——『クラウン仏和辞典』"métro"の項
「メトロでもまれて仕事に疲れ帰っておねんねの繰り返し（パリの勤め人の味気ない生活を示す言葉）」
　　　　　　　　　　　　——『スタンダード仏和辞典』"métro"の項

　この表現で興味深いのは，労働者たちの生活圏を的確に把握している点である．労働者にとって存在するのは，きつい仕事と貧しいねぐら，そして，その間を往復する長い通勤時間だけだというのである．
　しかし，きつくても仕事があり貧しくともねぐらがあること，そして，その間を安全に行き帰りできるということは，働く人々にとっては最低限の望みであるとも言える．フランスでも日本でも，これらの望みがかなえられたのはそれほど昔のことではない．30年ほど前までは，「メトロ・ブロ・ドド」は，労働者の基本的な要求であったとも言えるのである．別の言い方をすると，1960年代の終わり頃までは，働く人々の「労働」の環境を整えること，そして，彼らの「住居」を確保し，「安全」を確保することは，民法（より広く民事法や法一般）の大きな課題であった．

フランスのことは別にして，日本に限って見ると，次のような立法・判例の動向を見て取ることができる（より詳しくは，第2節〜第4節で述べる）．

**労働**——20世紀の初めから都市では労働者たちの運動，農村では小作人たちの運動が活発になりはじめた．とりわけ大正デモクラシーの時代にこれらは高揚し，政府側も労働立法・小作立法の準備を進めた．しかし，1930年代初頭にこれらはいずれも挫折し，結局，第二次大戦後になってようやく，一方で労働基本権が宣言されるとともに，他方で農地改革が実行された．具体的な法律としては，前者に関して労働基準法・労働組合法・労働関係調整法のいわゆる労働3法，後者に関しては自作農創設特別措置法が制定された．

**住居**——大正期にすでに借地法・借家法（1921年）は成立していた．これらによって，借主の地位は確かにずいぶん改善された．しかし，この領域でも，法の飛躍的な発展があったのはやはり第二次大戦後であった．空前絶後の住宅難の中で人々の居住を安定させるために，様々な対応策が講じられた．ここでも立法は一定の役割をはたしたが（たとえば，1946年の罹災都市借地借家臨時措置法．阪神大震災の際にも適用），むしろ，判例による法理（信頼関係破壊理論）の展開が重要な意味を持った．

**安全**——問題自体の出現が第二次大戦後のことであった．すなわち，一方で，自動車の普及（モータリゼーション）によって交通事故が激増し，1960年代には「交通戦争」という言葉が生まれるまでになった．他方，同じく60年代には，水質汚染（水俣病やイタイイタイ病）や大気汚染（四日市ぜんそく）など産業公害が深刻な社会問題となり，空気の汚れた東京では人々はみなマスクをしているといった戯画的な映像が，世界中に配信された．高度経済成長の過程で生じたこれらの問題に関しては，立法による対応もなされたが（いち早く1955年にはモータリゼーションを先取りした形で自動車損害賠償保障法が制定された），やはり判例による対応に負うところが大きかった．

このようにして，1960年代の終わり頃までに，**労働・住居・安全**に関しては，一定の法制度が整えられた．このプロセスを通じて，民法は，**一般の人々の生活にかかわる法**としての色彩を濃くした．では，それ以前は，民法は一般の人々の生活にかかわる法ではなかったのか．民法＝市民生活の法ではなかったのか．答えは「イエスともノーともいえる」である．確かに，民法は昔から市民生活の法であった．しかし，そこでいう「市民」とは，これまでに述べてきたような「一般の人々」のことではなかった．「市民」とは，財産を持つ人々のことであったのである．日本民法典が制定された19世紀末の日本は農村社会であった（1900年時点での日本の農業人口は総人口4500万人の約70％，同じ年の工場労働者数は40万人ほどである）．そこでは土地が重要な財産であり，その土地は一部の人々に帰属し

ビゴーの「富裕と貧困」（芳賀徹・清水勲・酒井忠康・川本皓嗣編『ビゴー素描コレクション1―明治の風俗―』岩波書店，1989, 44頁）

ていた（1890年に直接税15円以上を支払って参政権を行使できた人々は約45万人，総人口のわずか1％にすぎなかったというが，この「有産階級」こそが「市民」であった）．彼らの土地所有権を保護し，円滑に相続をさせる法システム．極言すれば，それが民法であった．言いかえれば，少なくとも出発点においては，民法は無産階級には無縁な法であったのである．

　「有産階級」の法からスタートして，一般の人々の生活の基盤を確保する法へと変化するプロセス．1960年代末までの「生活民法」の前史は，このように特徴づけることができるだろう．以下では，「家産と民法」（第1節）を出発点として，「労働と民法」，「住居と民法」，「安全と民法」（第2節〜第4節）のそれぞれにつき，もう少し立ち入って見てみることにしよう．

# 1 家産と民法

## 1. 土地所有権の保護

### (1) 農村社会の法としての民法

　民法典が制定された当時の日本社会が，農村社会であったことは先ほど述べた通りである（ちなみに，フランス民法典についても同様の事情がある）．このことを示す徴表は民法典の中にも散見される．いくつかの例をあげてみよう．
　たとえば，民法典の中の所有権の章には，隣接土地間の法律関係（相隣関係）に関する規定が置かれているが，その中で興味深いのは「流水」に関する一群の規定である（民法214～222条）．全体として簡素な日本民法典の中では異例なほど詳しい規定であるが，農村社会における「水利」の重要性を反映したものであると言えるだろう[1]．また，慣習的な権利としての「入会」に関する規定が置かれているのも注目される（民法263条，294条）[2]．入会権とは村人が村の山に入って薪を集め下草を刈る権利である．今日ではその重要度が下がっているものの，かつては生活上重要な慣行であった．あるいは，動産先取特権（他の債権者に優先して支払を受ける権利）の規定を見ても，「種苗又は肥料の供給」が特にあげられている（民法311条7号）．なお，利息などを「法定果実」と称して本来の果実など（「天然果実」と呼ばれる）とのアナロジー（類推）で処理しているのを，別の例として付け加えることもできよう（民法88条）．
　何よりも重要なのは，民法典を貫く基本的な分類として，不動産・動産という区別がされている点である（民法86条）．**不動産**（immeuble）とは文字通り動か

---

1) 渡辺洋三『農業水利権の研究』（東京大学出版会，増補版，1963）．
2) 戒能通孝『入会の研究』（日本評論社，1943），川島武宜ほか『入会権の解体Ⅰ～Ⅲ』（岩波書店，1959–68）．

ないものであり，具体的には土地・建物を指す（土地と建物は別個の不動産である．民法370条参照）．**動産**(meuble)とは動くものであり，不動産以外の物（有体物に限る．民法85条）がこれにあたる．不動産と動産とでは，権利変動のシステムが異なっている．すなわち，不動産の場合には，権利の変動の対抗要件は**登記**であるが（民法177条），動産の場合には，権利の変動の対抗要件は**引渡**（占有）である（民法178条）．たとえば，売買などにより権利の所在が変動しても（売主から買主に所有権が移転する），登記や引渡がないと，新たな権利者は，自己の取得した権利を権利取得の相手方以外の者（「**第三者**」という）に対して主張する（対抗する）ことができない．たとえば，不動産の買主は登記をしないと，売主以外の第三者に対して，自己の所有権取得を主張することができない．この場合，登記は不動産物権変動の**対抗要件**であるという（同様に，動産物権変動については，占有が対抗要件であることになる）．また，取得時効についても，民法典自体は不動産と動産で相違を設けている（民法162条2項．民法192条参照）．以上のような不動産・動産の法的取扱いの差異は，不動産（特に土地）が重要な財産であるという観念によって支えられていたと言えるだろう（フランスでは明らかにそうだった）．

### (2) 所有権の絶対性と利用権の脆弱性

　農村社会においては，土地（とりわけ農地）の所有権を保護することが何よりも重要である．この点につき，日本民法典は次のような規定を置いている．「所有者は法令の制限内に於て自由に其所有物の使用，収益及び処分を為す権利を有す」（民法206条）．この規定は，いわゆる「**所有権絶対の原則**」[3] を示すものであるとされているが，フランス民法544条のように「最も絶対的なしかたで(de la manière la plus absolute)」という文言を含んではいないし，規定も「所有権の限界」という節に置かれている．それにもかかわらず，日本法においては所有権は非常に強い権利として取り扱われてきた．

　今日では，「法令の制限」について，それが機能する領域が，非常に偏っていることが指摘されている．たとえば，日本の都市は乱雑に開発されているが[4]，

---

3) この点につき，参照，吉田克己「フランス民法典第544条と「絶対的土地所有権」」乾昭三編『土地基本法を読む』（法律文化社，1990）．
4) この点につき，参照，五十嵐敬喜『美しい都市をつくる権利』（学芸出版社，2002），青木仁『なぜ日本の街はちぐはぐなのか』（日本経済新聞社，2002）．

日本法は都市計画のための所有権制限をあまり行わない．非常に臆病であると言っても過言ではない．反面，国策に沿った事業のための土地収用はかなり大胆に行っている．この点は別にして，ここで指摘しておきたいのは次の二点である．

第一は，土地所有権は，土地利用権に対して非常に強い地位に立っているということである[5]．日本法における，土地利用権としては ①**地上権**(民法265条)・**永小作権**(民法270条)と ②**賃借権**(民法601条)の二種が予定されていたが，実際に用いられたのは効力の弱い賃借権の方であり，強い効力を持つ地上権・永小作権はほとんど用いられなかった．しかも賃借権については，譲渡・転貸(他人に権利を譲ったり，又貸しすること)が禁止されるという制限が設けられていた(民法612条)．また，地上権・永小作権はもちろん，賃借権も登記をすることができたが(民法605条)，賃借権の場合には地主の同意が必要であり，実際には地主が登記に応ずることはほとんどなかったと言われている．

第二は，土地所有権は，「**取引の安全**」の前には一定程度まで譲歩しているということである．確かに，登記を信頼して，登記簿上の所有者から土地や建物を買った者を保護するという制度はとられていない．しかし，様々な場面で，取引の相手方の信頼を保護する規定が設けられている(民法94条2項，96条3項，109条・110条・112条，民法545条1項但書など)．また，戦後は，後述する民法94条2項類推法理によって(本書110頁参照)，登記に対する信頼がかなり広く保護されるようになっている(判例)．

このように，日本法における所有権は，一方で，利用権者(小作人や借家人)に対しては圧倒的な優位に立っていたが，他方，譲受人(あるいは土地を担保にとる金融業者など)に対しては，むしろやや脆弱な地位にあったとも言える．後の点にもうかがわれるように，**日本民法典は農村社会の法であったが，同時にそこには，農村社会からの離陸を目指そうという意図も含まれていた**のである(列強に互していくには，産業の振興と取引の安全が必要だという認識があった)．

---

[5] この点につき，川口由彦『近代日本の土地法観念』(東京大学出版会，1990)を参照．

## 2. 土地所有権の取得原因

次に，このような土地所有権の取得原因について，見ていこう．

### (1) 相 続

日本民法典の成立以来，土地所有権の取得原因として最も重要だったのは，おそらくは**相続**である．一般的に言って，財産の二大取得原因と言うべきなのは，契約(売買など)と相続である．今日の社会では，とりわけ動産に関しては，契約こそが主要な所有権取得原因であると言えるだろう．不動産に関しても，程度の差はあれ同様に言うことができよう．しかし，20世紀前半の日本社会では，少なくとも土地に関する限り，相続こそが最重要の所有権取得原因だったと思われる．先祖伝来の田畑は，通常は，取引によって処分されることはなく，相続によって父から子(主として長男)へと承継されたのである．

それゆえ，「家」の財産(「家産」)の承継に関するルールである相続法は，極めて重要な意味を持っていた．また，「家」の長たる「戸主」の地位を相続する者(家督相続人)を定めるルールとしての親族法も，同様である．**民法典の親族編相続編は，家族の日常生活をサポートするというよりは，家産の承継を保障するための法であったのである**．なお，単独の相続人による家督相続は，1947年に「家」制度とともに廃止された．今日では，配偶者(夫から見た妻，妻から見た夫)と子などが相続人になり(民法887条，890条)，複数の相続人が出現する**共同相続**となることが多いので(民法899条)，相続財産は分割されざるを得ない(民法906条)．

> 20世紀初頭の不動産登記件数を調べてみると，所有権移転登記は思ったよりもずっと頻繁になされていることがわかる(登記件数：1921年＝600万件，97年＝2000万件．現在の1/3弱の数があるのは，取引の頻度を考えると意外である)．相続以外に，(本当に移転したかどうかは別として)少なくとも権利移転の登記が多数なされていることは確実である．これが何によるのかは検討に値する問題である．土地を担保にした融資が行われていたのだろうと想像されるが，より一層の検討を要するところである．

## (2) 取得時効

　契約・相続以外の所有権取得原因としては，取得時効が一定の意味を持っている．平穏・公然に**占有**（物を自分の手元に置くこと）を続ければ20年の経過で，不動産については平穏・公然に加えて**善意**（他人のものであることを「知らない」こと）・無過失の要件を満たせば10年の経過で，占有者は自分が占有し続けてきた他人の物の所有権を取得する（民法162条）．**取得時効**と呼ばれる制度である．

　このような制度が認められる理由については，様々な議論があるが，ここでは立ち入らない．ただ，（とりわけ10年の）取得時効には，**取引の安全**の保護という機能があることを付言しておく．AがBに，BがCに，それぞれ不動産を売却したが，AB間の売買契約が無効であったという場合，Cは善意で10年占有していれば，この不動産を時効取得する．つまり，Cは少なくとも10年占有していれば，もはやAからの返還請求を受けない．こうして取引の安全がはかられることになる．

　しかしながら，取得時効には，このような取引型とは別に境界型と呼ばれるパターンも存在する．隣地との境界線を越えて隣地の一部を占有し続けていたという場合である．このようなことは，現実にはそれほど起こるわけではないが，宅地に比べ，農地や牧草地などについては起こりやすいだろう．測量の技術が未発達であり図面も整備されていなかった少し前の時代には，このパターンは一定の意義を持っていたものと思われる．

---

　民法典の規定上は，10年の取得時効は不動産についてのみ認められる．というのは，動産については，これに対応するものとして即時取得制度（民法192条）——本書110頁で説明する——があると考えられたからである．確かに，取引型については即時取得制度によってカバーされるのだが，現在の解釈では，取引型以外には即時取得制度は適用されない．そのため制度の穴を埋めるべく，10年の取得時効を動産にも適用するという解釈がとられている．

# 2 労働と民法

## 1. 都市の場合

### (1) 民法典の規定

　都市における工場労働者と工場主（雇い主）の関係は，もともとは民法典の雇傭契約によって規律されるべきものと考えられていた．民法典は雇傭につき若干の規定を置いている（民法 623 条以下）．しかし，実際にはそこには見るべき規定はほとんどない．報酬の支払時期（民法 624 条），権利義務の一身専属性（その人のみに帰属すること）に関する規定（民法 625 条）のほかは，ほとんどが解約に関する規定（民法 626 条～631 条）であり，労働契約の内容（労働条件）に関する規定は置かれていない．

### (2) 労働立法

　工場労働者，とりわけ年少・女子労働者の劣悪な労働条件は，日本でも 19 世紀末から社会問題となっていた（横山源之助『日本之下層社会』1899 や細井和喜蔵『女工哀史』1925 などを見よ）．そこで，年少・女子労働者の労働時間制限（1 日 12 時間労働．工場法 3 条）や災害扶助制度（工場法 15 条，同施行令 4 条～20 条）などを盛り込んだ最初の労働保護立法として，**工場法**が 1911 年に制定され，5 年後の 1916 年にようやく施行された．

　この立法は十分なものではなかったが，より進んだ立法が実現したのは，前述の通り，第二次大戦後の占領期においてであった．労働条件については労働 3 法のうちの**労働基準法**（1947 年）が，これを定めたのである．今日では，この労働基準法によって，年少者（労基法 56 条以下）・女性（労基法 64 条の 2 以下）を保護する規定や災害補償（労基法 75 条以下）に関する規定のほかに，解雇制限がなさ

工場法——工場主が法案をひきとめている.『二六新報』明治43 (1910) 年11月12日号 (湯本豪一『図説　明治事物起源事典』柏書房, 1996, 125頁)

れ (労基法19条, 20条. さらに, 判例による解雇権濫用法理がとりわけ重要), 賃金 (労基法24条以下), 労働時間 (1日8時間, 週40時間. 労基法32条) などに関する規定が置かれている. なお, 労働基準法には均等待遇や男女同一賃金に関する規定があるが (労基法3条, 4条), ほかに**男女雇用機会均等法** (1972年制定, 1985年改正) が制定されたのが注目される[1].

　労働基準法と並んで重要な法律として, **労働組合法** (1949年) がある. 民法の枠を越えるが, この法律にも一言しておく. これは, 戦前に立法の可能性が模索されたが, 戦後になって, やはり占領下でようやく実現したものである. この法律は労働組合に団体交渉権・争議権 (スト権) を与え, 集団的な交渉によって労働者のバーゲニング・パワー (交渉力) を高めようというものである. 実際, ある時期までは労組や争議は大きな社会的意味を持っていた. しかし, 労働者の多様化・個人化が進みつつある今日, 従来の路線とは別の方向が模索されている.

## 2. 農村の場合

### (1) 民法典の規定

　農村における小作農と地主の関係は, 基本的には, 民法典に置かれた永小作権または賃借権の規定によって規律される. 永小作権と賃借権の違いは次の点にある. **永小作権**は「小作料を払ひて他人の土地に耕作又は牧畜を為す権利」であるが (民法270条), **物権** (物に対する権利) として位置づけられており, 存続期

---

1) 労働法の現状につき, 菅野和夫『新・雇用社会の法』(有斐閣, 2002) を参照.

農民組合ポスター（法政大学大原社会問題研究所所蔵，法政大学大原社会問題研究所編・梅田俊英著『ポスターの社会史――大原社研コレクション』ひつじ書房，2001，16頁）

間が長いものが想定されている（20年以上50年以下．民法278条）．物権であるので登記をすることもでき（不登法1条3号），また，譲渡・転貸も原則として自由にできる（民法272条）．これに対して，**賃借権**は「或物の使用及び収益」をする代わりに「其賃金を払ふ」という契約である（民法601条）．日本民法典では賃借権は**債権**（人に対する権利）であるとされており，貸主の協力なしに登記はできず（民法605条），原則として譲渡・転貸もできない（民法612条）．解約制限も十分ではない（民法617条）．

とりわけ注目すべきは，日本法においては小作料の減免がほとんど認められないということである．特に永小作権の場合には，天災地変などの不可抗力による場合でも減免は認められていない（民法274条）．また，賃借権の場合にも，借賃までの減額が認められるにすぎない（民法609条）．なお，いずれについても小作料の額の上限を制限する規定は置かれていない．

(2) 小作立法

小作争議は1920年代に盛んに行われた．小作人組合が組織されて，まず小作料の減免が求められ，ついでより広く小作権の確立が求められた．すでに述べたように，政府は小作法の制定を目指したが，地主側の強い抵抗にあって実現しなかった．ただし，小作調停法（1924年）や農地調整法（1938年）は成立した．

このうち後者においては，賃借小作の対抗力や解約制限に関する規定が置かれたが，必ずしも十分なものではなかった．

第二次大戦後の農地改革は，これもすでに述べたように小作自体を減少させたが，それでも小作が完全になくなったわけではない．

　　小作地の割合：1941 年＝46％，49 年＝13％
　　小作農の割合：1941 年＝28％，49 年＝8％

(『日本 20 世紀館』小学館，1999 より)

なお残った小作に対しては，今日では，**農地法**（1952 年）による保護を与えられている（小作料の増減につき法 21 条～24 条，賃借小作の対抗力・解約制限につき法 18 条，19 条など）[2]．

[条文をもう一度]
　　第 206 条【所有権の内容】　所有者は法令の制限内に於て自由に其所有物の使用，収益及び処分を為す権利を有す．
　　第 882 条【相続開始の原因】　相続は，死亡によつて開始する．

[他の概説書では]
　　大村 I 245～250 頁，271～297 頁，内田 I 351～384 頁

[図書館で探すなら]
　　末弘厳太郎『農村法律問題』(改造社，1924)
　　同『労働法研究』(改造社，1926)

---

## Pause café 2 ●有産階級の子弟たち

　漱石の登場人物には「高等遊民」が多いと言われる．彼らの多くは定職に就いているのかどうかわからないような人々である．別の言い方をすれば，彼らは職業を持たなくとも暮らしていけるのである．三四郎もまた地方の資産家の子弟である．彼は，親元からの送金を気軽に頼める．美禰子から借金をするところで，次のような会話が交わされている．
　　「『だから借りなくつても可いんです』『なぜ．御厭なの？』『厭ぢやないが，御兄いさんに黙つて，あなたから借りちや，好くないからです』『何ういふ訳で？　でも兄は承知しているんですもの』『左うですか．ぢや借りても好い．——然し借りないでも

---

[2) 農地法を含む農業法の現状につき，やや古くなったが，加藤一郎『農業法』(有斐閣，1986)を参照．

好い．家へさう云つて遣りさへすれば，一週間位すると来ますから』『御迷惑なら，強ひて……』美禰子は急に冷淡になつた．」(『三四郎』8の6)

　そもそも『三四郎』が発表された1908年当時の大学進学率はごくわずかであった(旧制高校入学者数は1000人たらず)．『三四郎』の世界はごく一部の「有産階級」の世界なのである．掲載紙『朝日新聞』の読者もどれほどだったのだろうか(1895年の『東京朝日新聞』の発行部数は2万5000部だった)．

........................................................................

# 3 住居と民法

## 1. 民法典と借地借家立法

　自己所有の家屋を持たない者にとって，住居を確保することは極めて重要なことである．恒産を持たない人々（貧困層）や都市に移住した人々（上京者）は，建物（の全部または一部）を借りる，あるいは，資力に余裕があれば，土地を借りてその上に建物を建てるほかない．そのための法的手段として，民法典は地上権と賃借権を用意しているが，実際には後者が主として用いられていることは，第1節で触れた通りである．債権としての賃借権に民法典が与えた保護は，極めて脆弱なものであった．その反面としての土地所有権の保護は，当時の地主階級（東京では，旧華族・寺社・政商など．瀬川・後掲書 114 頁）の利益にも，国策にも合致したものであった．このことにもすでに触れた．

　しかし，明治期を通じて殖産興業策が採られ，産業革命が進んだのに伴い，第2次産業人口は急速に増大しはじめ，都市への人口集中も顕著になってきた．

　　東京市の人口： 1900 年＝150 万人
　　　　　　　　　1920 年＝330 万人

（中川・後掲注 1) 82 頁）

これに伴い，労働者を中心とする都市住民の住居問題は，深刻な社会問題となった（東京旧市内 15 区における 1930–32 年の借地率・借家率はそれぞれ約 7 割．瀬川・後掲書 142–143 頁）．

　もっとも，借地をしたのは，中小の商人層（と上層の給与生活者層）である．労働者たちの多くは借地をする資力を持たなかったから，もっぱら借家が問題になる．また，一言で労働者と言っても，そのうちの中層に属する者たち（「職工」）と下層に属する者たち（「細民」）の生活状態には，かなりの差があったようであ

筑豊の子どもたち——貧しい炭坑住宅（土門拳「子沢山の炭住街」『土門拳の昭和［4］ドキュメント日本［1935-1967］』小学館，1995，116頁）（撮影：土門拳）

る（詳しい検討はできないが，おおまかなイメージで言うと，戦後に至るまで星飛雄馬の「長屋」や矢吹丈の「ドヤ街」は，必ずしも珍しくはなかった）[1]．

このように階層差はあるものの，不動産賃借権の保護に対する要請は強まった．政府も，社会政策として，これに対応する必要があることを認識し，借地については，いち早く**建物保護法**（1909年）が制定されたのに次いで，**借地法**（1921年）が制定された．借家についても，借地法の制定とあわせて**借家法**（1921年）が制定された．以後，借地法・借家法は一連の法律として，同時に改正を受け，その度に借地借家保護の度合いは高まった（1941年，1966年）．1966年に成立した改正借地法・借家法は，いわば借地借家保護の到達点であった．こうして完成した法制度は，1991年に制定された新しい借地借家法によってとって代わられるまで，四半世紀にわたって借地借家の法律関係を規律してきた．

以下においては，1966年改正法に至る法の展開をたどることを中心としつつ（2.），1991年の新法による新しい借地借家政策にも言及することとしたい（3.）．

---

1) 関東大震災の後，東京からスラム街を除去するために，政府は同潤会を設立して集合住宅建設事業を始めた．参照，佐藤滋ほか『同潤会のアパートメントとその時代』（鹿島出版会，1998），同潤会江戸川アパート研究会編『同潤会アパート生活史』（住まいの図書館出版局，1998）．なお，当時の都市下層の人々の状況につき，参照，中川清『日本の都市下層』（勁草書房，1985）．

## 2. 1960年代までの展開

### (1) 民法典

**債権としての賃借権**　民法典における賃借権の処遇(民法601条以下)で，もっとも注目すべきは，それが**物権**ではなく**債権**として性格づけられていたということである．そして，この点は，今日でもなお基本的には変わっていない．賃借権は，貸主と借主との間で締結される契約としてとらえられているのである．では，賃借権が債権であるとはいかなることか．また，賃借権を債権以外のもの(具体的には物権)として構想する余地はあったのだろうか．まず，この二つの点について，説明しよう．

　第一に，債権であることの意味である．所有権に代表される物権が「物」に対する直接の支配権とされているのに対して，債権は「人」に対する権利であるとされている．債権とは，相手方(貸主)に対して義務をはたすことを求めることができるという権利であり，目的物(土地建物)を直接に支配する権利ではないのである．したがって，目的物が売却されて所有者が変わってしまえば，賃借人は新所有者に対して自己の賃借権を主張できなくなる．その目的物を「貸す」と約束したのは旧所有者であり，新所有者ではないからである．つまり，賃借権は契約関係の外にいる新所有者(「当事者」ではなく「第三者」である)を拘束しないのである．このことを，ローマの昔から「売買は賃貸借を破る」と表現している．

**物権と債権**

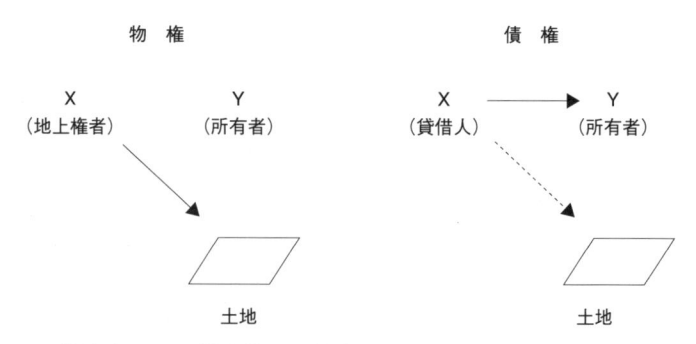

| 物　権 | 債　権 |
|---|---|
| X（地上権者）　Y（所有者） | X（貸借人）→Y（所有者） |
| 土地 | 土地 |

　第二に，物権としての賃借権の可能性についてであるが，実は，旧民法典を起草したボワソナードの構想においては，賃借権はすべて物権とされていた(旧

民法典財産編第 1 部物権第 3 章賃借権，永借権及び地上権）．これはフランス民法典が，物権としての使用権・居住権と債権としての賃借権を併存させているのを統一するものであった．ところが，すでに触れたように，現行民法典の起草者たちは強力な賃借権を嫌って，これを債権に格下げした．賃借権も登記をすれば第三者に対抗できるという規定（民法 605 条）が置かれたのは，物権化の名残りである．

> 　物権であっても対抗要件を備えなければ，その権利を第三者に主張することはできない．そして，不動産の場合には，権利の移転を登記することが対抗要件である（民法 177 条）．登記は不動産登記法に従って行われる（これを所管するのが法務局である．不登法 8 条．土地建物ごとに登記の内容が記入された公簿が**登記簿**である．不登法 14 条・15 条．そのサンプルは 111–112 頁に掲載）．つまり，物権である所有権も，債権である賃借権も，結局は，登記をするかどうかによって第三者に対して権利を主張できるか否かが分かれることになる．この点に関する限り，物権と債権の差はあまりないようにも見える．しかし，物権においては登記がされるのが原則であるので，物権を取得した者は相手方に対して登記を求める権利を有する．これに対して，債権においては登記は例外であり，相手方の同意がない限り，これを行うことができない．この点で，物権と債権はやはり異なっている．

**譲渡・転貸の禁止**　もう一つ注目に値するのは，民法典においては，賃借権の譲渡・転貸が原則として禁止されている点である（民法 612 条）．債権は，その性質あるいは合意による場合を除いて，一般には譲渡しうるものとされている（民法 466 条 1 項 2 項）．ここでいう性質による場合とは，たとえば当事者に固有のもので移転を許すとその意義が失われる場合をさす（たとえば，有名画家が寺院の壁画を描く債務など）．合意による場合とは，当事者間であらかじめ債権譲渡を禁止する約束がなされた場合である．ところが，賃借権に関しては，一般の債権の場合と異なり，譲渡・転貸は原則として禁止されているのである．その理由は，賃貸借では，誰に貸しているか（債務者が誰であるか）が重要であり，賃借人が入れ替わっては困るという点に求められている．つまり，**日本民法典においては，賃貸借における当事者（賃借人）の個性が重要視されている**のである．

　これに対して，旧民法典では，賃借権の譲渡・転貸は原則として自由であるとされていた（旧民財産編 134 条 1 項）．現行民法典とは原則・例外を逆転させた考え方が採用されていたのである．この相違は，現行民法典が賃借権を物権ではなく債権にしたことによって，生じたわけではない．たとえば，フランス民

住居と民法　｜　35

法典における賃借権は，債権ではあるが譲渡・転貸の制限はなされていない．日本の現行民法典では，賃借権は債権とされただけでなく，さらに譲渡性を極度に制限されることによって，財産権として二重の意味で脆弱なものとなった（相手方の処分に対抗できず，自分自身は処分できない）．土地所有権の手厚い保護がこれと表裏一体をなすということは，何度も述べた通りである．

以上のほかにも，存続期間や賃料などについても問題がなかったわけではないが，これらの点については，特別法による対応について述べるなかで触れることにしよう．

## (2) 特別法

<u>対抗力の付与</u>　借地借家立法の重要なポイントの一つは，賃借権に対抗力を付与したということである．貸主の承諾を得ずに借主が単独で対抗要件を備えることができるという措置が講じられたのである．具体的には，まず，借地について，（土地賃借権そのものではなく）借地上に建てられた建物について登記をすれば（建物所有者＝借地人が単独でできる），借地権（賃借権だけでなく地上権も含む）を第三者に対抗できることとされた（建物保護法1条）．次いで，借家については，もはや登記は必要とされず，引渡をもって対抗要件とすることとされた（旧借家法1条1項）．つまり，**現に住んでいる以上は，建物の取得者から追い出されることはなくなった**のである．いずれも，画期的なことであった．

<u>存続期間の保障</u>　しかし，貸主の側の売却によって借地権・借家権が覆らないようにするだけでは，借主の保護は十分とは言えない．賃借権の存続期間の保障をはかることが決定的に重要である．この点が手当されない限り，貸主は，予め短い契約期間を定めておけば，その満了を待って，容易に借主を追い出すことができるからである．

この点に関しても，民法典は，賃借人を十分には保護していない．一方で，期間を定めた場合にも最長20年とされ，これを超えたものは20年に縮減されてしまう（民法604条）．他方，期間を定めないことも可能だが，その場合には，土地については1年，建物については3ヵ月の予告期間を置けば解約が可能である（民法617条1項）．貸主としては，ごく短い期間を定めておくか，何も定めないでおけば，かなり自由に借主を追い出すことができるわけである．

旧借地法・旧借家法は，この点についても規定を設けた．借地権の存続期間

は堅固な建物については60年，堅固でない建物についても30年を原則とするとともに，前者については30年以上，後者に20年以上の期間が定められた場合には，それによることとした（旧借地法2条）．つまり期間を定める場合には最低が30年ないし20年であり，定めない場合には一律に60年・30年となるとしたのである（現在では一律に30年．借地借家法3条）．借家については同様の規定は置かれなかったものの，解約予告期間は6ヵ月とされた（旧借家法3条）．

　それだけではない．借地については，借主の更新請求に対して遅滞なく異議を述べない限り（旧借地法4条），また，借家については，貸主の方から更新拒絶をしない限り（旧借家法2条1項），契約は更新されることとされた．しかも更新拒絶が認められるのには「**正当の理由**」が必要であるとされた（借地法4条．借家については1941年改正で付加．旧借家法1条ノ2．現在では，借地借家法6条と28条になっている）．さらに，いったんは異議を述べ・更新を拒絶しても，そのまま居住継続を黙認した場合には，更新がされたこととなるという規定が置かれた（**法定更新**という．借地法6条，借家法2条2項．現在では，借地借家法5条2項と26条2項）．つまり，賃借人は三重に保護されることとなったのである．

> 居住継続を黙認した場合には更新が擬制されるという規定は，生活関係の**継続性**に対する配慮を示すものであると言える．継続性への配慮は，家族や団体の法的処遇に関してはしばしば見られるが，借地借家法の規定は契約に関するものであり，めずらしい例である．

**賃料など**　対抗力・存続期間以外で重要なのは，賃料の問題である．しかし，賃料そのものは契約の根幹にかかわる事項であり，立法による介入はなかなか難しい．戦後の混乱期に地代家賃統制令（1946年）が行われたことがあるものの，数年後にはその適用範囲は非常に限定され，今日では失効している．より間接的な規制手段として，旧借地法・旧借家法は，地代・借賃の増減交渉がまとまらない時に，裁判所に判断を委ねるという制度を創設した．**地代増減請求権・借賃増減請求権**である（旧借地法12条，旧借家法7条．現在では，借地借家法11条と32条）．もっとも，これは減額だけではなく増額も可能なので，必ずしも賃借人に有利なわけではないが，増額にしても適切な増額か否かの判断が得られる点では，賃借人保護に資するものであると言えるだろう．

　これと並んで，旧借地法・旧借家法が認めた請求権としては，**建物買取請求**

権・造作買取請求権について触れておく必要がある（旧借地法4条，旧借家法5条．現在では，借地借家法13条と33条．造作とは畳・建具など）．これは一言で言えば，借主が土地建物に付加した物を，賃貸借終了時に貸主に買い取ることを求めることができるというものである．この場合に買取価格は「時価」であるが，時価がいくらかは最終的には裁判所が判断する．

なお，地代・借賃増減請求権や建物・造作買取請求権は，裁判所による後見的（調停的）な調整を行う制度として導入されたものであるが，旧借地法・旧借家法の翌年（1922年）には，借地借家調停法も制定されていたことを付言しておく（戦後に廃止）．

### (3) 判例法理

**法理の内容——解約の制限**

住居に関しては，特別法による保護のほか，裁判の集積によって形成された判例法理による保護の発展も著しい．様々な判例法理が展開されているが，最も重要なのは，解約の制限に関するものである．

賃貸借に限らず一般に，契約においては，当事者の一方が契約上の義務を履行しない場合には，他方はこの契約を解除することができる（民法541条）．解除がなされると，当事者は**原状回復**をするのが原則である（民法545条）．たとえば，売買契約が解除された場合には，売主は代金を返還し，買主は目的物を返還する．これが原状回復ということである．しかし，賃貸借の場合には，すでに借主は目的物を使用してしまっている．もちろん使用利益を金銭に換算して返還し，貸主も賃料を返還するということは考えられるが，この使用利益は賃料に見合っているはずである．そうだとすると原状回復の意義は乏しい．そこで，賃貸借のような継続的契約に関しては，解除は原状回復ではなく，将来に向けての契約関係の消滅を意味すると考えられるに至っている．このような「解除」を特に「**解約**」と呼んでいる．

解除であれ解約であれ，義務違反（**債務不履行**という）によって解除権・解約権が発生するという点は同じである．賃貸借の場合，問題になることが多いのは，賃借人の側の義務違反である．その態様としては，大別して三つのものがある．

① **賃料不払**：賃料支払は賃借人の基本的な義務（債務）である（民法601条）ので，不払は義務違反となる．

② **用方違反**：賃借人は目的物の性質によって定まる用方にしたがって利用する義務を負う（民法 616 条 → 民法 594 条 1 項）．この義務違反もまた解除の原因となる．
③ **無断譲渡・転貸**：すでに述べたように，民法典は，賃借人が賃貸人の承諾を得ずに賃借権の譲渡および賃借物の転貸を行うことを禁じている（民法 612 条 1 項）．この義務に対する違反が解除の原因となることは，特に明文で定められている（民法 612 条 2 項）．

民法典の規定は以上の通りであるが，**戦後の判例は，これらの債務不履行から生ずる賃貸人の解約権にかなり厳格な制限を課した**．すなわち，賃貸借契約の解約には，単に債務不履行があるだけでは足らず，その不履行が賃貸人・賃借人の間の信頼関係を破壊する程度のものでなければならないとしたのである（**信頼関係破壊理論**）．たとえば，数ヵ月程度の賃料不払があったとしても，当事者の信頼関係は破壊されず，賃貸人は解約権を行使し得ないというぐあいである．用方違反についても無断譲渡・転貸についても，判例は同様の立場を示している．この判例法が確立したことによって，軽微な義務違反を理由に，賃借人を追い出すことは不可能となった．

**法理の評価
——信義則
による法創造**

信頼関係破壊理論は，賃貸借契約の解約の要件に制約を課すために，判例が導入したものである．その根拠をあえてもとめれば，民法の基本原則の一つである**信義誠実の原則**（**信義則**と略称される）に行き着く（民法 1 条 2 項）．しかし，実際には，判例はこの原則を媒介として，新たなルールを自ら作り出したというべきである．以下，このことの意義について説明しよう．

---

ここで，要件・効果という用語について説明しておこう．民法に限らず，法のルールは「P ならば Q である」という構造を持っている（たとえば，「賃料を払わなければ，解約権が発生する」）．このうちの P を要件，Q を効果と呼んでいる．**法の適用**とは，このような命題の要件に該当する事実（p）の有無を探索し（たとえば，賃料不払があったかどうか），P という要件が満たされている場合に（p⊂P），Q という結論を導くことである．これに対して，法命題の内容が不明瞭な場合に，これを明確化するのが**法の解釈**である（たとえば，賃料不払とはどういうことか，用方違反とはどういうことか）．信頼関係破壊理論は，解約権発生の要件である「債務不履行」の存在に，「信頼関係を破壊するほど重大な」という制約（限定）を付け加えたわけである．なお，ここでいう「信頼関係の破壊」は，通常の場合とは異なり，事実の問題で

はなく評価の問題であることにも，注意する必要がある（賃貸人と賃借人が実際に不仲になったかどうかが調査されるのではなく，両者の信頼関係が破壊されたと見るべきか否かが判断されるのである）．このような要件を規範的要件と呼ぶこともある．ほかにも，不法行為における「過失」や契約における「公序良俗違反」などの例がある．

法の解釈・適用

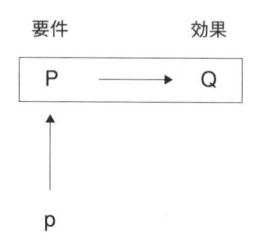

要件　　　　効果
P ⟶ Q
↑
p

法の解釈：Pの意味を明確化
法の適用：Pにあてはまる事実（p）の探究

　一つは，信義誠実の原則についてである．後に改めて述べるが，契約はその内容通りの義務を発生させ，当事者はその義務を内容通りに履行しなければならない．これが大原則である．しかし，現実の履行の過程では，若干の「あそび」「ゆとり」が必要である．別の言い方をすると，当事者には協力や寛容さが求められる（たとえば，12時に配達する約束の出前が12時5分になったからと言って，注文者は受け取りを拒絶すべきではない．この程度の遅れは通常はおおめに見る必要がある）．信義則は，こうした考え方を法の世界に取り込むものである．通常は，個々の事件ごとに具体的な事情を勘案して適用されるべきものであり，それ自体は内容が定まっているものではない．ところが，信頼関係破壊理論は，信義則によっていわば定型的に解約権に制限がかけている点に注意する必要がある．等しく信義則と言っても，このように二つの使われ方がある．

　もう一つは，**判例の法創造機能**についてである．今の点と密接に関連するが，裁判所は本来は個別事件の解決を任務としており，ルールの定立を行う権限を持たない（国会の権限に属する）．しかし，ひとたび最高裁判所の判断が下されると，それは以後，下級裁判所（および最高裁自身）の判断の指針となる．その意味で，少なくとも最高裁の判決のうちのあるもの（これが狭い意味での**判例**である）

は，事実上の拘束力を持つ．だからこそ，法の学習においては，判例が重要な意味を持つ．もっとも「判例」と一口に言っても，その重要度は様々である．たとえば，下級裁判所の判決は，他の裁判所の参考にはなるが，必ずしもこれに従わなければならないというわけではない．また，最高裁の判例に限っても，そこには，法律のルールを細分化・具体化したようなものから，法律のルールがないところにルールを創設するもの，さらには，ある意味では法律のルールを修正して新たなルールを作り出すようなもの，などがある．(民法の定める解約権に制約を加えた)信頼関係破壊理論は最後の類型にあたる．これは非常に例外的なものであるが，その重要性は極めて大きい．ところで，例外的にせよ，なぜこのような法創造が許されるのか．一般論は別にして信頼関係破壊理論に即して言えば，その背後に，第二次大戦後の極度の住宅難があったことを忘れてはならない(焼野原となった都市に大陸・南方からの引揚者が続々と帰ってきた)．当時は，一度，住居を失うということは路頭に迷うということを意味した．信頼関係破壊理論の背後には，このような結果をできるだけ避けるべきだという社会的合意(コンセンサス)があったといえよう[2]．

## 3. 1990年代の動向

### (1) 新・借地借家法の制定——定期借地権

　解約権の制限は，賃借人の権利を一段と強化した．さらに，更新拒絶の際の「正当の理由」が賃借人に有利に解釈・運用されてきた結果，いったん貸した土地・建物を貸主が取り戻すのは，非常に困難なことになってきた．そのため，借地権・借家権は極めて大きな経済価値を持つようになった(借地権の価格は地価の約7割程度)．

　ところで，極度の住宅難がひとまず解消し，日本社会がある程度まで豊かな社会になると，判例の信頼関係破壊理論や「正当の理由」の制限は，過度に借家人・借地人を優遇する措置であると受けとめられるようになってきた．他方，1970～80年代を通じて続いた地価上昇の趨勢の中で，不動産ビジネスを展開しようとする人々の間では，強力な借地権・借家権の存在が大きな拘束と感じられるようになった．このような社会的圧力の下で，1991年に新しい借地借家法

---

[2] 法の解釈・適用，判例の意義につき，大村『法源・解釈・民法学』(有斐閣，1995)第1部参照．

が制定された.

新法の目玉は, 何と言っても「**定期借地権**」であった(借地借家法22条). この借地権は, 期間50年以上の長期の利用を保障するものではあるが, 更新はされず期間満了とともに消滅するものとされた. これによって, 不動産開発業者(デベロッパー)は予測可能性を確保しつつ不動産開発ができるようになった(定期借地権付住宅は土地所有権付よりも安価なので, 消費者のためになるとも言われている. しかし,「ためになる」か否かは50年後の明渡の時になってみないとわからない).

## (2) 新・借地借家法の改正——定期借家権

さらに, 1999年の改正によって, 新借地借家法には,「**定期借家権**」が盛り込まれた.「定期借地権」の借家版であるが, 借地に比べてより居住保護の必要性が高い借家に, 期間保障のないものを導入するのには, 強い抵抗があった.

この立法を実現した法律は,「良質な賃貸住宅の供給に関する特別措置法」と題されていた. 貸主の地位を保障することによって, 貸主は安んじて不動産を賃貸することができるのであり, ひいてはそれが良質の賃貸住宅の供給につながるというわけである. そうした効果が生ずるかどうかは, 激しく議論されたところだが, 実際の結果を見るにはもう少し時間が必要だろう(なお, 上記の特別措置法は,「良質な公共賃貸住宅の供給の促進」については,「国や地方自治体は,……必要な措置を講ずるよう努めるものとする」とだけ定めている. 予算措置を必要としない借地借家法改正は大胆に行うことができるが, それ以上のことはそう簡単にはできないということだろうか).

さらに, この法律にはもう一つの目的があったことを指摘しておこう. これによって不動産市場を活性化しようというのである[3]. この点も実際にどの程度の効果があがるのかは未知数であるが, 立法のもたらす**象徴効果**もねらいの一つであったことは確かだろう(少なくとも, 政府は, 何か対策を講じようとしているという印象は生ずる).

---

3) こうした観点からの分析として, 山崎福寿『都市と住宅市場の経済分析』(東京大学出版会, 1999)を参照.

[条文をもう一度]
　第612条【賃借権の譲渡又は転貸】　①　賃借人は賃貸人の承諾あるに非ざれば其権利を譲渡し又は賃借物を転貸することを得ず．
　　②　賃借人が前項の規定に反し第三者をして賃借物の使用又は収益を為さしめたるときは賃貸人は契約の解除を為すことを得．
　第1条2項【基本原則──信義誠実の原則】　私権は公共の福祉に遵［したが］ふ．権利の行使及び義務の履行は信義に従ひ誠実に之を為すことを要す．
　第177条【不動産物権変動の対抗要件──登記】　不動産に関する物権の得喪及び変更は登記法の定むる所に従ひ其登記を為すに非ざれば之を以て第三者に対抗することを得ず．

[他の概説書では]
　内田Ⅱ 163〜235頁

[図書館で探すなら]
　星野英一『借地借家法』(有斐閣，1969)
　渡辺洋三『土地・建物の法律制度（上・中）』(東京大学出版会，1960–62)
　鈴木禄弥『居住権論』(有斐閣，新版，1981，初版，1959)
　広中俊雄『不動産賃貸借法の研究』(創文社，1992)
　瀬川信久『日本の借地』(有斐閣，1995)

## Pause café 3　●借家に住む人々

　『三四郎』の登場人物たちには上京者が多く，彼らは借家をしている．引越の話もよく出てくる．三四郎は，東大構内で二度にわたり美禰子と出会うが，やがて広田先生が新しい借家に引越す際に，顔を合わせることになる．この借家は次のように描写されている．
　　「翌日は約束だから，天長節にも拘はらず，例刻に起きて，学校へ行く積りで西片町十番地に這入つて，への三号を調べて見ると，妙に細い通りの中程にある．古い家だ．玄関の代りに西洋間が一つ突き出していて，それと鉤の手に座敷がある．座敷の後ろが茶の間で，茶の間の向が勝手，下女部屋と順に並んでいる．他に二階がある．但し何畳だが分らない．三四郎は掃除を頼まれたのだが，別に掃除をする必要もないと認めた．無論奇麗ぢやない．……」(『三四郎』4の9)
　この前に借家探しの話が出てくるが，それとあわせて見ると，広田先生の新居はさほど立派なところではない，と漱石は言いたいようである．旧制高校の教授の住居としてはそ

うかもしれない．しかし，世間一般からすれば，6室を持つこの家はやはり上層に属する．このころ，「職工」の住居は平均2.2室（8.9畳），「細民」に至っては1間だけの住居に暮らすものが4分の3を占めていた．

..................................................................................

# 4 安全と民法

## 1. 産業化と危険

　殖産興業を旨とした明治日本は，精力的に欧米の諸技術の導入に努めた．多数の官営工場の代表格としてよく知られている富岡製糸場が完成したのは1872年（明治5年）のことであった．当時，製糸は，外貨獲得のために重要な産業であったが，これと並んで，あるいはこれ以上に，政府が力を注いだのは，産業基盤をなす鉄道開設・鉱山開発などであった．新橋＝横浜の鉄道開設はやはり1872年（3月25日に天皇臨席のもと開業式が盛大に行われた）だが，鉱山開発は1868(69)年の生野鉱山（兵庫県にあった銀山．その後，三菱に払い下げ，1970年代に閉山）の官営に始まるとされている．これらの官営工場を基盤に，1880年代の後半から1910年頃にかけて，産業革命が進行した．

産業革命の進展

|  | 1886 | | 1900 | | 1909 | |
| --- | --- | --- | --- | --- | --- | --- |
|  | 工場数 | 労働者数 | 工場数 | 労働者数 | 工場数 | 労働者数 |
| 民営工場 | 863 | 63,198 | 6,965 | 351,559 | 15,426 | 692,221 |
| 官営工場 | 11 | 11,758 | 27 | 36,237 | 67 | 117,259 |
| 　運輸通信 |  | 22,967 |  | 166,079 |  | 366,420 |
| 　鉱　　山 |  | 40,870 |  | 140,846 |  | 235,809 |

（出典）　大石嘉一郎編『日本産業革命の研究（上）』（東京大学出版会，1975）

　こうして産業が活発化する中で，これに伴う危険も増大した．後で述べるように，日本で交通事故や公害が大きな社会問題になるのは1960～70年代のことであるが，20世紀のはじめには，すでにその萌芽が見られる．たとえば，明治40年代には新聞に交通事故に関する風刺画が掲載されている．交通事故は目新

文明の辻斬り——路面電車や自動車が高齢者や子どもを傷つける．『時事新報』明治 40（1907）年 3 月 1 日号（湯本豪一『図説　明治事物起源事典』柏書房，1996，321 頁）

しい現象だったのだろう[1]．あるいは，公害の原点といわれることもある足尾鉱毒事件は，すでに 19 世紀末に発生していたが，田中正造が直訴状をかかげて明治天皇の馬車に駆け寄ったのは 1901 年（明治 34 年）のことであった．

　自動車による死亡事故が，世界で初めて発生したのは 1896 年（イギリス）であり，日本では 1907 年に 4 名が死亡したのが第 1 号であるという．その後，自動車の普及によって事故による死者は増えるが，それでも戦前は年間 3,000 人程度であった．交通事故が社会問題として強く意識されるようになるのは 1955 年頃からであるが（すでに 1930 年頃から問題視されていた），高度成長の波に乗ったモータリゼーションが進んだため（スバル 360 は 1958 年，ブルーバードは 59 年に登場），この年から 1970 年までの 15 年間で，交通事故件数は 8 倍になり，死傷者数は年間 100 万人に達した（死亡者数が日清戦争の戦死傷者数と同じ 17,000 人になり「交通戦争」という言葉が生まれたのは 1966 年．なお，70 年をピークに死者の数は減少に転じ，77 年には 1 万人を下回った）．

　公害がひどくなったのも，やはり戦後の経済成長期であった．1956〜60 年の 5 年間の平均で，スモッグの年間発生日数は大阪で 125 日，東京で 62 日となり，昼間から自動車のライトをつけなければならないようになった．また，水俣病[2]

---

[1] 自動車事故ではなく鉄道事故についてであるが，参照，佐々木冨泰＝網谷りょういち『事故の鉄道史』（日本経済評論社，1995）．
[2] 水俣病については，原田正純『水俣病』（岩波新書，1972）．最近の研究として，西村肇＝岡本達明『水俣病の科学』（日本評論社，2001），堀田恭子『新潟水俣病問題の受容と克服』（東信堂，2002）．

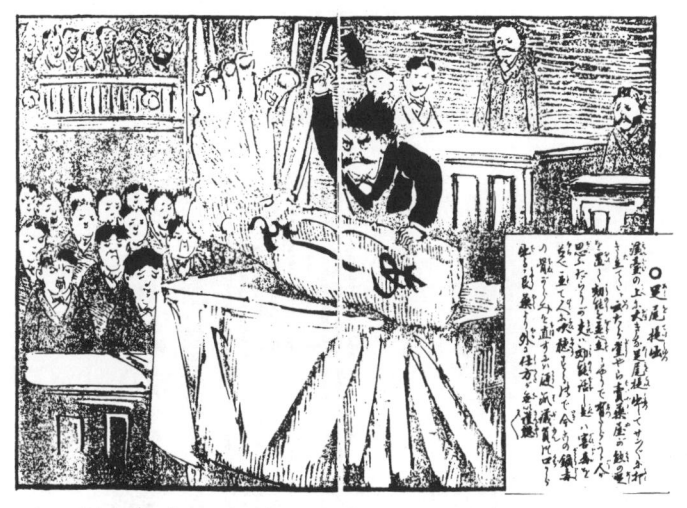

田中正造議会演説――「あしを（足尾）」を糾弾.『団々診聞』明治 25 (1892) 年 6 月 4 日号（湯本豪一『図説　明治事物起源事典』柏書房，1996，92 頁）

（チッソ水俣工場の廃液中の水銀による中枢神経障害）は 1956 年に，**イタイイタイ病**（三井金属神岡鉱山から排出されたカドミウムによる骨の軟化・萎縮）は 1955 年に，それぞれ発見された（ただし，政府の認定はいずれも 1968 年）．ほかにも，大気汚染や騒音による被害が，日本全国で多発するようになった．そして，1960 年代の後半には，公害反対の運動が盛んになり，世論もこれを支持した．この流れに棹さす形で，1967 年から 69 年にかけて，いわゆる**四大公害訴訟**が提訴された（被害者である原告勝訴の判決が出たのは，1970 年代の初頭）．

　以下においては，交通事故や公害を規律する不法行為法のルールについて，その出発点をふまえた上で (2.(1))，交通事故や公害による変容について述べることにする (2.(2))．あわせて，不法行為法に関連するいくつかの制度についても，触れることにしたい (3.)．

## 2. 不法行為法の中核

### (1) 戦前の不法行為法

　まず，出発点となる古典的な不法行為法はどのようなものだったろうか．なお，言葉遣いについてであるが，住居に関しては，（賃貸借に関する民法典のルールのほかに）「借地借家法」（当初は「建物保護法（建物保護ニ関スル法律）」「借地法」

> **四大公害に初の結審　イタイイタイ病訴訟**
> **法廷に静かな喜び　肩たたき、握手する原告**
> **因果関**
>
> 1971. 3. 12（朝日）

「借家法」の三つだったのを統合）という名前の法律が存在したが，事故に関しては，不法行為法という名前の法律があるわけではない．ここで「不法行為法」と呼んでいるのは，民法典の中の「不法行為」に関する部分のことである（同様に，契約に関連する部分を「契約法」と呼ぶ）．また，ここで「古典的」というのは，民法典が念頭に置いていた伝統的な社会に適用されるべきルールというほどの意味である．

　さて，**不法行為**については，民法は「故意又は過失に因りて他人の権利を侵害したる者は之に因りて生じたる損害を賠償する責に任ず」（民法709条）という規定を置いている．この規定は，当初は，それほど頻繁に適用されるとは思われていなかったが，すでに述べた産業化に伴う事故の増大によって，今日では，民法中でもっとも適用頻度の高い規定になっている（全公表裁判例のうちの5件に1件がこの規定にかかわるものである）．その意味で，非常に社会的重要性の高い規定である．

　この規定を見ると，加害者の「故意又は過失」，被害者の「権利侵害」と「損害」の発生，そして，その間の「因果関係」が要件であり，この要件が満たさ

れると（加害行為が不法行為となる），「賠償」という効果が発生することとされているのがわかる．ここでは，古典的な不法行為法の特色を示すために，「故意又は過失」と「権利侵害」という二つの要件について，触れておく．

**過失責任の原則** 人は他人に損害を与えたとしても，直ちに，その損害を賠償しなければならないというわけではない．**加害者の責任を問うには，まず，その人に故意または過失があることが必要とされる**．つまり，「わざと」あるいは「あやまって」損害を生じさせたのでない限り，人は自分の行為について責任を問われることがないのが原則なのである．この考え方を（最低限，過失が必要なので）**過失責任主義**と呼んでいる．そこには，加害行為の責任主体として，個人を想定し（連帯責任の考え方は原則としてとられていない），しかも，個人の意思に着目して責任を帰属させる（帰責する）という前提がある．他人の行為には責任を負わないし，自分の行為についても，何か落ち度（「故意」か「過失」＝「注意不足」）がなければ，やはり責任を負わない．この限られた場合を除いては，人はとがめ立てを受けずに行動することができる．以上の考え方は，近代の個人主義・意思主義・自由主義と調和すると言える．

しかし，この考え方は完全に貫徹されているわけではない．そもそも民法典自体が例外を認めている．一方で，他人の行為について責任を負うべき場合（**使用者責任**．民法715条）や行為ではなく物について責任を負うべき場合（**工作物責任**．民法717条．占有者あるいは所有者が責任を負う）が定められている．他方，これらの特殊な責任においては，必ずしも過失責任主義がとられていない（過失がなかったことを証明できれば，使用者や占有者は責任を負わない．これを**中間責任**という．なお，所有者は過失がなかったとしても責任を免れない．これを**無過失責任**という）．これらは，他人を使用して利益を挙げる者や物を管理することができる者に，責任を負わせるべきだという帰責原理に基づくものである（前者は報償責任，後者を危険責任，と呼んでいる）．

**権利侵害による制約** 民法709条は，過失のほかに，権利侵害を要件としている．損害賠償責任が認められるのには，他人の「権利」を侵害していることが必要だというのである．これは何を意味するかというと，「権利」ではない単なる「利益」であれば，たとえそれを侵害していても不法行為にはならない，ということである．民法典の起草者は，あまり広く不法行為が成り立ってしまうと，人々の活動（特に生産活動）に制約を加えることになると考

雲右衛門の肖像とレコード（筑紫哲也監修『OUR TIMES 20世紀一冊100年』角川書店，1998，83頁（左），143頁（上）より）

えて，この要件を付け加え，不法行為が成立しにくくしたのである．実際のところ，民法典が成立してからしばらくの間は，この要件の存在によって，損害賠償の請求が否定されることがあった．しかし，ある時期に，この要件については大きな方向転換がなされることになる．著名な二つの判決を紹介しながら，この点について見ていこう．

最初の判決は，「雲右衛門事件」と呼ばれるものである（大判大 3・7・4 刑録 20 輯 1360 頁——「大判」は大審院（現在の最高裁にあたる）の判決であることを，「刑録」はこの判決の掲載されている判例集が「大審院刑事判決録」であることを示す）．これは，桃中軒雲右衛門という浪曲師の録音レコードが無断で複製されたことを理由に損害賠償が求められた事件であったが，大審院は，（即興性の高い）浪曲の作品は音楽的著作物として著作権法の保護を受けないので，権利侵害の要件を満たさないとしたものである．まさに，「権利侵害」の要件は，賠償責任の成立を妨げるものとして機能したのである．

ところが，10 年ほど後になって，別の判決が現れ，この判決の考え方は覆されることになる（以後，裁判所は新しい判決を先例＝「判例」とすることになる．つまり，「判例変更」がされたことになる）．「大学湯事件」と呼ばれる訴訟の判決がそれであ

る（大判大 14・11・28 民集 4 巻 670 頁——「民集」は「大審院民事判決集」の略称．大正 11 年以後の新システムの判例集）．この事件では，「大学湯」という銭湯の「のれん」（名称およびそれに付着した営業利益）の侵害が不法行為になるか否かが争われたが，大審院は，侵害された利益が厳密な意味で「権利」である必要はなく「法的保護に値する利益」であれば足りるとしたのである．こうして「**権利侵害**」の要件は，事実上，廃棄されることとなった．

### (2) 1960〜70 年代の不法行為法

　以上に見てきたように，民法典および戦前の判例は，「過失＋権利侵害」という不法行為の中心的な要件に，一定の例外を認め，修正を施していた．その意味では，不法行為法は，すでに古典的な姿から変貌を遂げつつあった．この傾向は，1960〜70 年代の交通事故訴訟・公害訴訟の続発によって，さらに飛躍的に進展し，不法行為法はその姿を大きく変えることとなった．

　**交通事故**　日本では，モータリゼーションに先立つ 1955 年に，**自動車損害賠償保障法**（**自賠法**）が制定されていた．立法が後手に回りがちなこの国では，稀なことである．この法律は，人身事故につき「損害賠償を保障する制度を確立することにより，被害者の保護を図」ることを目的としていた（法 1 条）．そのために，次のような制度が創設された．

　第一に，「自己のため自動車を運行に供用する者（「**運行供用者**」と呼ぶ．運転者自身とは限らない）は，その運行によって他人の生命又は身体を害したときは，これによって生じた損害を賠償する責に任ずる」（自賠法 3 条）．ただし，いくつかのことを証明できたときには，この責任を免れる（同条但書）．つまり，自動車の運行供用者の責任は，過失責任ではなく**中間責任**であるとされたわけである（実際には，免責は難しく，無過失責任に近い）．第二に，この損害賠償責任をはたすことができるように，責任保険に加入することが義務づけられた．すなわち，責任保険契約が締結されていない自動車を運行に供することは禁止された（自賠法 5 条）．これがいわゆる**強制保険**である．

　この二つの規定が組み合わされることによって，加害者はほぼ常に不法行為責任を負うことになり，しかも，賠償金の支払いは強制保険によって保障されることになる．こうした制度が導入されたわけである．

　被害者保護の観点から見て，これは画期的な制度であった（ちなみにフランスで

安全と民法 | 51

同様の制度が導入されたのは 1985 年である）．しかし，この法律だけですべての問題が片づいたわけではない．交通事故に関しては，さらに二つの問題が，主として判例によって解決された．一つは，**損害の算定方式**にかかわる．交通事故で入院し仕事を休んだという場合，さらには，死亡したという場合，損害額をどのように算出するのか．特に，事故による入院や死亡によって，本来は得られるはずの収入が得られなくなったという場合に，これをどう計算するか．こうした問題への対応がはかられた（損害を，入院費など実際に支出を迫られた**積極的損害**と収入の喪失など**得べかりし利益**に分け，後者を算出する方式が開発された）．もう一つは，**過失相殺**にかかわる．事故においては加害者だけではなく被害者にも落ち度があることも少なくない．そのような場合に，民法は被害者の過失を考慮に入れて，賠償額を減額することを認めている（民法 722 条 2 項）．これが過失相殺であり，この規定は運行供用者の責任にも適用される（自賠法 4 条）．では，どのような場合にどのような割合で過失相殺がなされるのか．この点についても，今日では，判例に基づく基準が出来上がっている（事故のパターンごとに，過失割合表が作成されている．たとえば，○○の場合には 6 対 4，××の場合には 8 対 2，等々，次頁を参照）．

　こうして判例の基準が明確になることによって，交通事故訴訟の数は減少へと向かう．そもそも争うのが当事者に代わって（保険金を支払った）保険会社になったことも大きいが，割合が決まっているのならばそれに従えばよいので，難しいケース以外は裁判に訴えるまでもないこととなったわけである．もちろん，これによって交通事故自体が減少するわけではない．70 年代に入って事故数は減少したが，これは交通事故対策が講じられたことによるものだろう（1970 年 6 月に交通安全対策基本法が公布されている）．

　公害　公害についての立法は遅かった．全国的に公害問題が深刻化するなかで，1967 年に公害対策基本法が制定された．さらに，70 年 12 月に開催された国会では，同基本法の改正によって，従前の産業との調和から生活環境優先の方向へと基本方針の転換が図られ，これに伴い，14 の関連法律が制定された（この国会は「公害国会」と呼ばれた）．不法行為責任との関係で言えば，この時期に成立した**大気汚染防止法**（1968 年）や**水質汚濁防止法**（1970 年）には，**環境基準**が定められるとともに，**無過失責任**を定める規定が置かれたことが注目される（大気汚染防止法 25 条，水質汚濁防止法 19 条）．もっとも，法律は，施行後の事

# 第一表 横断歩行者の事故

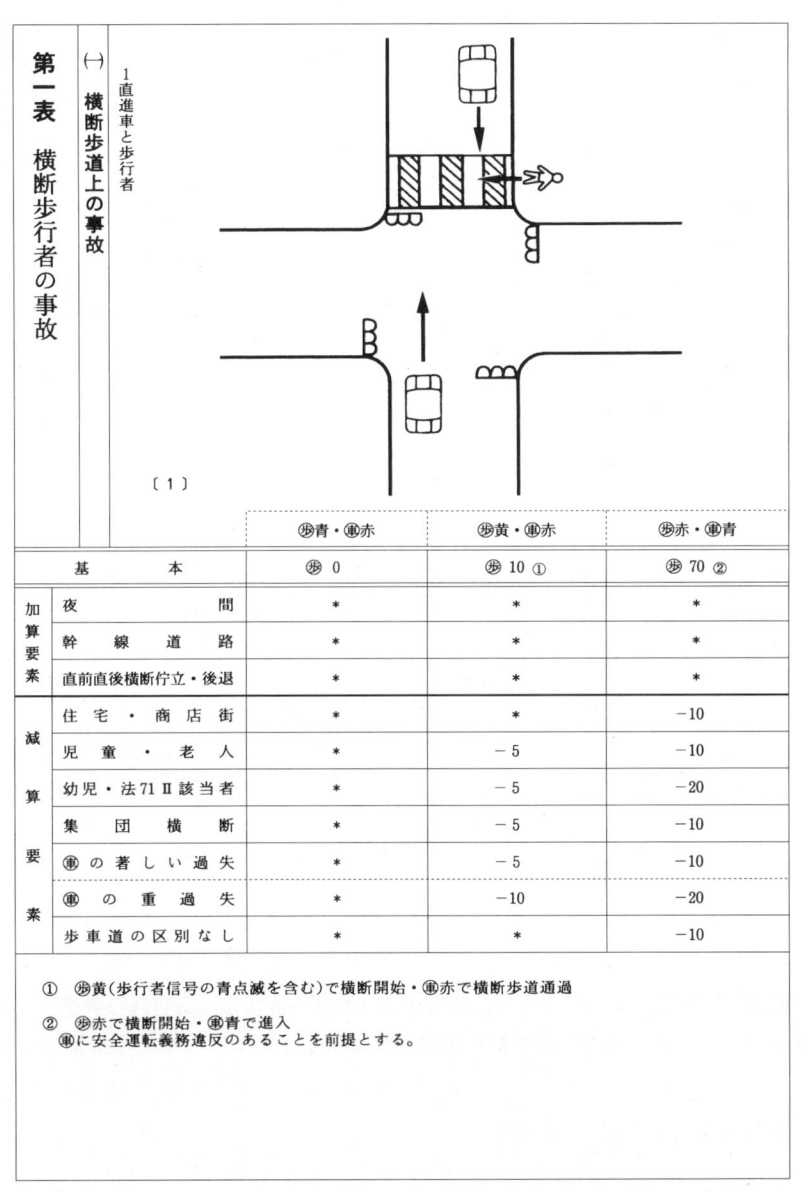

## (一) 横断歩道上の事故

### 1 直進車と歩行者

〔1〕

| | | 歩青・車赤 | 歩黄・車赤 | 歩赤・車青 |
|---|---|---|---|---|
| 基 本 | | 歩 0 | 歩 10 ① | 歩 70 ② |
| 加算要素 | 夜 間 | * | * | * |
| | 幹 線 道 路 | * | * | * |
| | 直前直後横断佇立・後退 | * | * | * |
| 減算要素 | 住 宅 ・ 商 店 街 | * | * | −10 |
| | 児 童 ・ 老 人 | * | − 5 | −10 |
| | 幼児・法71Ⅱ該当者 | * | − 5 | −20 |
| | 集 団 横 断 | * | − 5 | −10 |
| | 車の著しい過失 | * | − 5 | −10 |
| | 車の重過失 | * | −10 | −20 |
| | 歩車道の区別なし | * | * | −10 |

① 歩黄(歩行者信号の青点滅を含む)で横断開始・車赤で横断歩道通過
② 歩赤で横断開始・車青で進入
　車に安全運転義務違反のあることを前提とする。

**過失割合認定基準** 東京三弁護士会交通事故処理委員会編「民事交通事故における損害賠償額算定基準」(倉田卓次＝宮原守男編『平成12年11月版 交通事故損害賠償必携 資料編』新日本法規出版, 2000)

件にのみ適用され施行前の事件には適用されないのが原則である（遡及法の禁止）．したがって，これらの法律は，すでに発生していた水俣病やイタイイタイ病などには適用されない（もちろん，施行後に同種の事件が起きた場合には，適用される）．

したがって，すでに発生してしまっていた公害の被害者の救済は，民法の規定の解釈を変更・修正することによって実現するほかなかった．実際，このような目的のために，この時期には不法行為の理論は著しい進展を見ることとなった[3]．

> 民法の過失責任主義の下では，損害賠償を請求する原告（被害者側）は，被告に過失があること，また，過失と損害の間に因果関係があることを主張・立証しなければならない（被告が**立証責任を負う**）．しかし，この証明には様々な困難が伴い，公害訴訟の大きな障害となった．以下に述べるのは，この障害を克服するためになされた試みについてである．

第一に，過失の前提となる注意義務の高度化がはかられた．たとえば，熊本と同様の被害を生じさせた**新潟水俣病事件**において，裁判所は，最高技術の設備をもってしても人の生命・身体に危害が及ぶおそれがある場合には，操業停止が要請されることもあるとして，工場側に高い義務を課した．第二に，公害には，感染経路の特定や発病のメカニズムの解明が困難であるという特殊性があった．つまり，工場からの有害物質の排出と患者の疾病との間の因果関係の立証が容易ではなかったのである．この点については，裁判所は，因果関係の事実上の推定（新潟水俣病事件．工場の門前まで原因をたどれば，それ以上の証明は不要で，工場側が反証する必要があるとした．「門前理論」と呼ばれることがある）や**疫学的証明**（四日市ぜんそく事件[4]．個々の患者についての因果関係を証明するのに代えて，集団的な関連性を示せば足りるとした）という考え方を採用した（次頁の図を参照）．第三に，複数の汚染源がある場合につき，裁判所は，それらの間に「弱い共同関連性」があれば，個々の工場と被害の間の因果関係は推定されるとした．連帯責任ではないものの反証をしない限りは，責任が課されるとしたのである（**共同不法行為**と呼ばれる場合．民法719条参照）．

---

3) その後，環境問題の中心は，被害救済から事前予防へとシフトした．二酸化炭素削減問題やリサイクル問題は，その典型例である．環境法の現状については，参照，大塚直『環境法』（有斐閣，2002）．

4) 四日市事件に関する最近の研究として，吉田克己『四日市公害――その教訓と21世紀への課題』（柏書房，2002）．

公害訴訟における因果関係立証の軽減

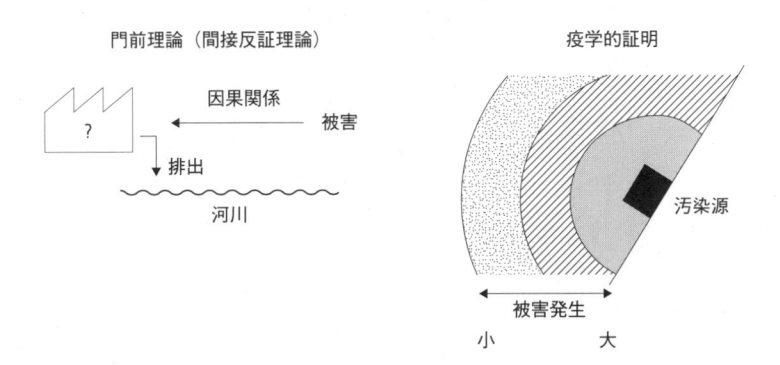

門前理論（間接反証理論）　　　　疫学的証明

（図：門前理論では工場からの排出が河川へ流れ、被害との因果関係を示す。疫学的証明では汚染源からの距離に応じて被害発生が小から大へと変化する様子を示す。）

　このようにして，少なくとも公害に関する限り，企業の責任は広範に認められるようになった．条文に変更は加えられていないものの，民法709条はこの局面では，古典的な過失責任主義から無過失責任主義の方向へと，かなりの程度までシフトしたと言ってもよいだろう（「過失の衣を着た無過失責任」などと呼ばれる）．

## 3. 不法行為法の周辺

　周辺の問題を二つに分けて，簡単に紹介しておく．一つは，以上のように不法行為責任の高度化は，さらにその適用範囲を広げていく勢いを見せたということ（(1)）．もう一つは，事故後の時間の経過に対する配慮がなされているということ（(2)）．

### (1) 適用領域の拡大

**自然災害へ**　　不法行為責任の高度化は，一方で，**産業公害を超えて自然災害へと**波及した．ただし，この点に関しては，二つの類型を区別して考える必要がある．すなわち，判例は，自然災害によって道路に生じた欠陥から事故が生じたというケースについては，道路の管理者（国道ならば国）に高い義務を課してその責任を肯定した（たとえば，飛騨川バス転落事件判決など．なお，道路は民法上は「工作物」にあたるが，国などの責任に関しては国家賠償法2条が適用される）．これに対して，判例は，河川の氾濫による水害については，社会通念上の安全性という基準を設定し，容易に管理者の責任を認めない（**大東水害事件**．最判

> **住民側が逆転敗訴**
> **大東水害 行政ミス認めず**
> 最高裁が差し戻す
> 河川管理の責任限定「道路と比べ多い制約」
> 41訴訟 賠償の道厳しく
>
> 1984.1.27(朝日)

昭59・1・26民集38巻2号53頁．他にも多数）．この差が何に由来するかは，慎重な検討を要するところであるが，後者において責任を認めることが，前者に比べると，国などの政策に大きな影響を及ぼすことは指摘しておく必要があろう．

**契約当事者へ** 高度化された不法行為責任は，他方で，別の方向にも及んだ．交通事故や公害の場合には，加害者と被害者の間には契約関係は存在しない．不法行為法が典型として想定するのは，このような状況である．しかし，契約関係が存在する場合にも，契約責任（債務不履行責任．民法415条）ではなく不法行為責任が問われることがある．その好例は**医療過誤**であり，判例は，医師の注意義務違反につき，不法行為法を適用して高い程度の義務を課している（**東大病院梅毒事件**．最判昭36・2・16民集15巻2号244頁．他にも多数）．工業製品の欠陥に基づく製造物責任についても，同様の指摘をすることができるが，この問題については，なぜこのような現象が生じるのかも含めて，後に改めて検討したい．

---

契約にもとづく義務に違反した場合の責任が**契約責任**，契約にもとづくのではなく一般に負うべき義務に違反した場合の責任が**不法行為責任**である．同じく他人の物

（花びんでも自転車でもよい）でも，契約によって預っている物を壊してしまうと契約責任が問題となるが，契約関係がない場合には不法行為責任の問題となる．

## (2) 事故後の対応

**和解** 　交通事故にせよ公害にせよ，被害が発生した後に，加害者と被害者とが話し合いをして紛争を解決するということがある．交通事故については，「示談」と呼ばれるものがこれにあたるが，これは法的には「和解」ということになる．民法上は，和解は契約の一種としてとらえられている（民法695条参照）．たとえば，Xの被害がYの排水によるかどうかわからない場合に，Yは損害額の半分の「見舞金」を払う代わりにXは請求権を放棄する，といった和解契約が交わされる．いったん，和解が成立すると，後になって，Yの責任である（でない）ことが判明したとしても，このことを理由に紛争を蒸し返すことは許されなくなるのが原則である（民法696条参照）．

しかし，交通事故による後遺症については，このような取扱いは必ずしも適当とは言えない．和解（示談）をしたところ，思わぬ後遺症が出たが，もはや後遺症についての賠償を求めることができないというのでは，被害者は困ってしまうからである．そこで，判例は，和解（示談）は，後遺症についてまで請求権を放棄するという趣旨ではない（後遺症には和解契約の効力は及ばない），と解すべきだとするに至っている．法律家がしばしば用いる巧妙な解決であるが，一般市民にとってはやや技巧的に見えるかもしれない．しかし，裁判所の「知恵」として受けとめてほしい．

> 1960年代から70年代にかけて，**被害者救済・弱者保護**は，不法行為法のみならず民法全体をつらぬく理念とされていた．本文で述べた法律構成は，被害者にできるだけ早く賠償金を取得させたい（被害者の生活維持をはかりたい）という考え方に基づくものだが，これも被害者救済・弱者救済の一環をなすものである．なお，自賠法16条は，被害者から（加害者が契約を締結している）保険会社に対して，保険金を直接請求しうるとしたのも，同じ考え方に立つものである．

**消滅時効** 　和解（示談）のほか，損害賠償請求権が失われる場合として，**消滅時効**がある．通常の債権（たとえば貸金債権や賃料債権）は10年で時効にかかり，請求ができなくなるが（民法167条1項），不法行為による損害賠償請求権

2002. 4. 27（朝日）

は3年で時効消滅する（民法724条前段）．消滅時効という制度がある理由については，いろいろ議論がされているが，不法行為に限って言えば，（原告被告双方の側の）証拠が散逸するので訴訟が難しくなるとか，被害者の感情が収まるからといった理由が説かれている．いずれせよ，3年が経過すると請求ができなくなる．もっとも，3年という期間は「損害及び加害者を知りたる時」から計算される．損害を被ったことや加害者が誰かがわからなければ，訴訟を起こすことができないからである．したがって，たとえば，加害者がずっと不明ならば3年の時効は完成しないことになる．

　とはいえ，永久に権利が行使できるというのも妥当ではない（損害賠償義務は相続されるので，100年後の相続人が請求されうることになる．民法896条の「権利義務」に含まれる）．そこで，不法行為の時から20年が経過すると，一律に権利は失われることとされている（民法724条後段）．これは合理性のある規定である．しかし，

一切の例外を認めなくてよいかどうかは，また別の問題である．詳細には立ち入らないが，最近，新聞等で話題になることが多い，いわゆる「**戦後補償問題**」に関して，この20年の壁が障害となることがある．戦争犯罪であったかどうかは別にして，重大な人身損害が生じており，しかも，被害者側に訴訟を起こしがたい事情があった場合には，例外的に救済をはかる必要があるのではなかろうか．

[条文をもう一度]
　　第709条【不法行為の一般的要件・効果】　故意又は過失に因りて他人の権利を侵害したる者は之に因りて生じたる損害を賠償する責に任ず．

[他の概説書では]
　　内田 II 299〜442 頁

[図書館で探すなら]
　　加藤一郎『不法行為』（有斐閣，増補版，1974，初版，1958）
　　平井宜雄『損害賠償法の理論』（東京大学出版会，1971）
　　前田達明『不法行為帰責論』（創文社，1978）
　　倉田卓次『交通事故訴訟の課題』，『交通事故訴訟の諸相』（日本評論社，1970/76）
　　沢井裕『公害の私法的研究』（一粒社，1969）
　　淡路剛久『公害賠償の理論』（有斐閣，1975）
　　牛山積『公害裁判の展開と法理論』（日本評論社，1976）
　　吉村良一『公害・環境私法の展開と今日的課題』（法律文化社，2002）

## Pause café 4 ●電車事故

『三四郎』は鉄道と縁の深い小説である．東京へと向かう車中のシーンから小説が始まることはよく知られている通りである．また，三四郎は市電に乗って東京市内のあちこちを徘徊している．さらに，鉄道に関しては，印象的な（ある意味では異様な）エピソードが出てくる．「轢死（れきし）」の話である．

　　「半町程くると提燈が留つている．人も留つている．人は灯を翳した儘黙つている．三四郎は無言で灯の下を見た．下には死骸が半分ある．汽車は右の肩から乳の下を腰の上迄美事に引き千切つて，斜掛（はすかい）の胴を置き去りにして行つたのである．顔は無創である．若い女だ．……」（『三四郎』3の10）

このエピソードが小説中ではたしている役割については，いろいろ考える余地があろう．それとは別に確かなのは，このようなエピソードが読者の関心を引く，と漱石が考えたのだろうということである．

............................................................

# 序章・まとめ

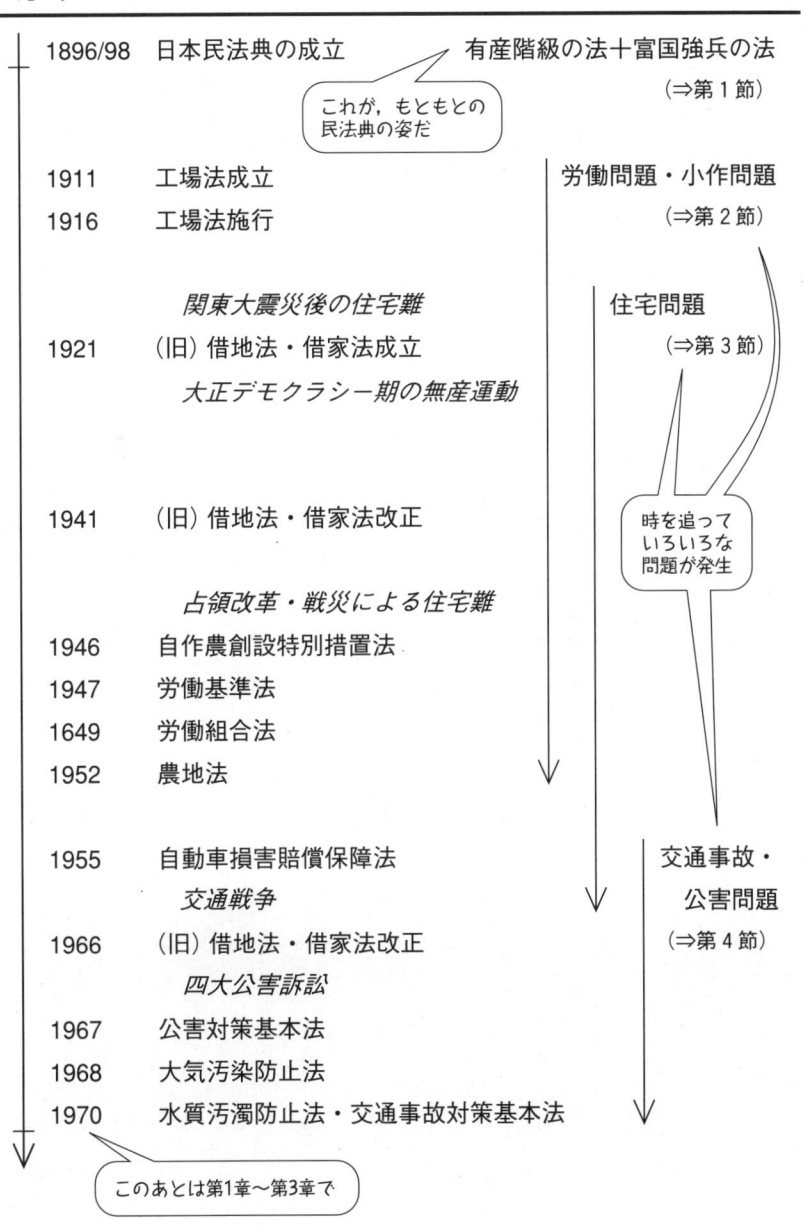

- 1896/98　日本民法典の成立　　　　　有産階級の法＋富国強兵の法
  　　　　　　　　　　　　　　　　　　　　　　（⇒第1節）

  （これが，もともとの民法典の姿だ）

- 1911　工場法成立　　　　　　　　　労働問題・小作問題
- 1916　工場法施行　　　　　　　　　　　（⇒第2節）

  　　　　関東大震災後の住宅難　　　　住宅問題
- 1921　（旧）借地法・借家法成立　　　　（⇒第3節）

  　　　　大正デモクラシー期の無産運動

- 1941　（旧）借地法・借家法改正

  （時を追っていろいろな問題が発生）

  　　　　占領改革・戦災による住宅難
- 1946　自作農創設特別措置法
- 1947　労働基準法
- 1649　労働組合法
- 1952　農地法

- 1955　自動車損害賠償保障法　　　　　交通事故・
  　　　　交通戦争　　　　　　　　　　公害問題
- 1966　（旧）借地法・借家法改正　　　　（⇒第4節）
  　　　　四大公害訴訟
- 1967　公害対策基本法
- 1968　大気汚染防止法
- 1970　水質汚濁防止法・交通事故対策基本法

（このあとは第1章〜第3章で）

# 第1章
# 消費生活と民法

杉浦非水「三越呉服店　春の新柄陳列会」(1914年作, 個人蔵(東京国立近代美術館寄託),『杉浦非水展』展覧会図録, 東京国立近代美術館, 2000, 17頁より)

「服を選ぶのにも，お店の人とゆっくり相談しながら買う方がいい．アルファ・キュービックのものを買うなら，デパートやファッション・ビルにもあるけれど，ここはひとつ，根津美術館までの軽い散歩がてらでもいいから，フロム・ファースト・ビルのアルファ・キュービックで，見てみる．ブラウスを入れてもらう袋にしても，そのブランド独自の紙袋の方が気分よくなれる．デパートの袋に入れられるよりは，クレージュやサン・ローランの袋に入れてもらった方が，いかにも買ってしまったという気分になる．……」

――田中康夫『なんとなく，クリスタル』(1981 年)

# 序
# 「豊かな社会」
## (1970年代)

　日本社会が，第二次世界大戦の敗戦からようやく立ち直り，経済白書が「もはや戦後ではない」と宣言したのは1956年のことであった．その後，日本は約20年にわたりめざましい経済成長を経験した．

実質経済成長率
　1956–60年＝平均9.0%
　1961–65年＝平均9.3%
　1966–70年＝平均11.6%

　そして，オイル・ショックによって経済成長にストップがかかった1973年頃には，日本の国民総生産(GNP)は約4,600億ドルとなり，アメリカの1兆4,000億ドルに次いで，世界2位に達していた．「ジャパン・アズ・ナンバーワン」(ヴォーゲル)と呼ばれるのはもう少し後のことであるが，経済力に関する限り，米ソに続く「第三の大国」(R・ギラン)となったのである．もっとも，この時期に経済成長を経験したのは，日本だけではなく，西側先進国は全体として経済の繁栄を謳歌したが(1973年のオイル・ショックの前10年間の成長率は，米＝4.0%，英＝3.1%，仏＝5.6%，西独＝4.7%．フランスではこの成長期を「栄光の30年」と呼んでいる)，廃墟から再出発した日本の成長のスピードにはめざましいものがあったことは確かである．

　この経済成長の背景には様々な要因が作用しているが，いまはこの点には立ち入らない[1]．ここでは，私たちが当然のものとしている高度消費社会が，1970年代に成立したものにすぎないことを強調しておきたい(戦前の消費社会は初期的・限定的なものにすぎない．「今日は帝劇，明日は三越」の有閑マダムは特権階級だった)．たとえば，耐久消費財の普及．テレビ・電気洗濯機・電気冷蔵庫があこがれを込め

---

1) 吉川洋『高度成長——日本を変えた6000日』(読売新聞社，1997)を参照．

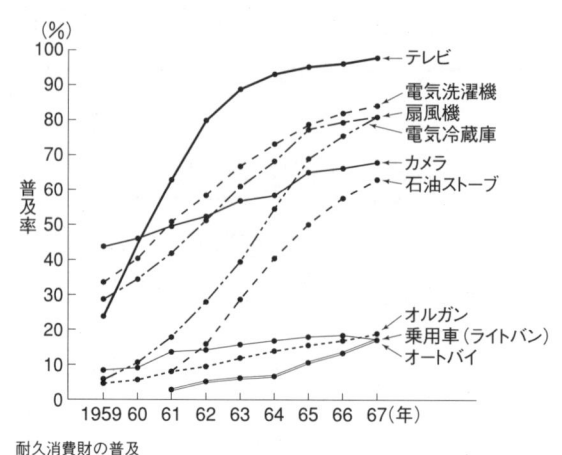

耐久消費財の普及

(出典) 経済企画庁「消費と貯蓄の動向」（1967年）（吉川洋『高度成長　日本を変えた6000日』読売新聞社，1997，56頁より）

て「三種の神器」と呼ばれたのは1954年であるが，60年当時の普及率はそれぞれ40％，10％，10％にすぎなかった（1975年にはいずれも90％を超えている）。これに代わって「3C」と呼ばれたカラーテレビ・自動車・エアコンも，60年には1％足らずであったのが，80年にはカラーテレビはほぼ100％，自動車は60％，エアコンは40％まで普及している。また，現代の生活風景から欠くことのできないファースト・フード店やコンビニが登場したのも，この頃であった（マクドナルド・ミスタードーナッツ・ロイヤルホストなどが1971年に開店，セブンイレブンは74年に開店。なお，レトルトカレーは69年，カップ麺は71年に登場）。あるいは，やや前後するが，ジャルパックによって海外旅行時代がスタートを切ったのは1965年，70年代の初めにスタートした宅配便は70年代後半に急成長した。世界を席巻したウォークマンが市場に現れたのは79年，東京ディズニーランドの開園は83年であった。さらに，消費をリードする情報誌の走りになったan・anとnon-noはそれぞれ1970年・71年に創刊されていることも付け加えておこう。

　このようにして，アメリカの経済学者ガルブレイスが60年代に「豊かな社会」と呼んだ高度消費社会（「消費社会」という用語は，フランスの社会学者ボードリアールが1970年に使用した）が，70年代には日本にも出現したのである。

　もちろん，**消費社会はバラ色の生活だけをもたらしたわけではない**[2]。その発

---

[2] 日本人と日本社会のあり方にも大きな変化が生じた。この点につき，大平健『豊かさの精神分析』（岩波書店，1990），上野千鶴子編『色と欲〔現代の世相①〕』（小学館，1996）を参照。

マクドナルド1号店　　　　　　　　セブン・イレブン1号店

70年代の新製品（『日本20世紀館』小学館，1999より）

展に伴い，様々な消費者問題が出現した．ここで，その詳細に立ち入ることはできないが，たとえば，すでに，1960年にはニセ牛缶事件が発覚し品質表示が問題となっていたし，その後，62年のサリドマイド事件や68年のカネミ油症事件などいわゆる「薬害・食品公害」[3]が世間を騒がせた．そして，60年代末から70年代初頭には，欠陥車問題（69年），人工甘味料チクロ問題（69年）などやはり安全性を欠いた製品の告発が相次ぎ，また，ブリタニカ事件（70年），SF商法問題（72年）に見られるような攻撃的・詐欺的販売方法も社会問題とされた（ブリタニカ事件＝百科事典の販売方法が問題とされた事件，SF商法＝「新生活普及会」──SFはその頭文字──による集団的興奮状態を利用して行う販売方法）．これらの問題に対応するために，様々な立法もなされた．景表法（62年）・家庭用品品質表示法（62年）・消費生活用製品安全法（73年）・訪問販売法（76年）などが代表例である．そして，これらと並んで，消費者運動の高まりを象徴するのが，1968年の**消費者保護基本法**である．この法律は「基本法」であるので，それ自体が具体的な制度を設けるものではないが，以後に展開された消費者行政の出発点をなすものとなったことは確かである．

---

[3] 当時の状況につき，下山瑛二『健康権と国の法的責任──薬品・食品行政を中心とする考察』（岩波書店，1979）．

以上に概観したように，最初に消費者問題として現れたのは，**物品**の販売に伴う問題であった(製品の安全性や表示・販売方法など)。そこで，以下においては，まず，この点にかかわる諸制度について説明する(第1節)。これに対して，目に見える有形の物品を購入するのではなく，無形のサービス(**役務**)を購入する(たとえば，上記の海外旅行はその例)ことに伴う問題は，かなり後になって現れる。具体的には1980年代の終わり頃から問題が顕在化し始める(((旧)訪問販売法——現在では特定商取引法——が1999年に改正された)。次に，これについて検討する(第2節)。

　他方，物品であれ役務であれ，消費者はそれらを入手するのに資金を必要とするわけだが，今日では様々な形で消費者に対する融資(もっと広く**信用の供与**)が行われている。サラ金問題やクレジット問題など，この点に関する問題が噴出したのは1970年代の後半以降のことだった(貸金業規制法は1983年に制定，割賦販売法は84年に改正)。本章では，この種の問題も取り上げる(第3節)。

　同時に，豊かになった消費者は，資金を**貯蓄**や**投資**にまわすことも多くなった。このことも様々な問題を惹起しており，とりわけ1980年代後半からは，様々な事件が続出するようになった(金融商品販売法が1999年に制定された)。最後に，この点にかかわる法制度を取り上げよう(第4節)。

# 1 物品と民法

## A 物を買う

### 1. 売買とは何か

#### (1) 取引としての売買

**交換から売買へ**　物品の取引は，有史以前には物々交換という形態をとって行われていた．$\alpha$と引き替えに$\beta$が欲しいAと$\beta$と引き替えに$\alpha$が欲しいBが，たまたま出会えば物々交換が成立する．だが，たとえば，Aは$\alpha$を持っており$\beta$が欲しいが，$\beta$を持っているBが$\alpha$ではなく$\gamma$が欲しいという場合には，物々交換は成り立たない．それゆえ，物々交換に頼っている限り，取引の可能性の拡大は容易に限界につきあたってしまう．しかし，もし，$\alpha$

貝貨（西太平洋ソンソロル島，日本銀行金融研究所『貨幣博物館』88頁）

が多くの人々が欲しがるような物品（貝とか貴石など）ならば，Bはさしあたっては$\alpha$が欲しいわけでなくても，いまここで$\alpha$を獲得しておけば，自分の欲しい$\gamma$を持つCを見つけて，$\alpha$と引き替えにCから$\gamma$を入手することができるかもしれない．こう考えて，BはAとの取引に応じる．このようにして，物々交換の様々な対象物の中から特権的な$\alpha$が現れたのである．これが**貨幣**である．

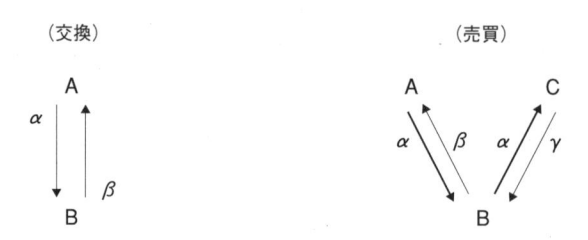

```
       （交換）                    （売買）
         A                      A         C
       ↑ ↓                       ↖ ↙ ↖ ↙
       α  β                       α β α γ
       ↓ ↑                        ↓
         B                          B
```

貨幣は交換可能性の高い物品として，特別な地位を持つに至る．次のように言ってもよい．貨幣を媒介とすることによって，AとCとは直接に出会うことがなくても，取引が可能になる，と．あるいは，貨幣を利用することによって，Bはさしあたり必要でない取引を行うことも可能になる，と．このようなメリットによって，次第に，物と物の交換に代わって物と貨幣の交換が支配的になる．こうして登場したのが**売買**である．売買においては，貨幣$\alpha$は交換を媒介する手段となると同時に，価値を計測し・蓄蔵するための手段ともなる．

　ここで現在の民法典を見ておこう．民法典は，売買（民法555条以下）と並んで交換（民法586条）についても定めている．二つの取引形態を歴史的に見れば，すでに述べたように，交換こそが原型であり売買はその発展型にほかならない．しかし，すでに売買が支配的になった時代に制定された民法典においては，むしろ売買こそが原型であり交換はそのヴァリエーションとして位置づけられるに至っている（規定の順序や準用の関係を見よ）．

**現実売買から約束へ**　物々交換に代わって売買が支配的な取引形態になった後も，一部の商人を除いて，人々が行ったのは物と金銭を実際に交換するという取引であった．これを**現実売買**と呼ぶことがある．現金取引と呼んでもかまわない．イメージとしては，村々から市場（いちば）に集まった見ず知らずの人々が行う取引を念頭に置けばよい．現実売買においては，売主はその場で金銭を得ることができるし，買主はその場で目的物を入手することができる．後で支払うとか，後で商品を持ってくるということだと，実際に支払

フリーマーケット（毎日新聞社提供）

いや引き渡しがなされるかどうかは分からないが，現実売買ならばそのような危険はない．これはお互いにとって安心なことである．

しかし，そこには不自由な面もある．たとえば，たまたま手持ちの現金がない場合，あるいは，手元に相手の望む目的物がないという場合には，取引を行うことができない．また，現実売買においては貨幣（金銭）が用いられてはいるが，そこで行われているのは，物と金銭の交換にほかならない．それだけのことなのである．それだけではない取引とは何かと言えば，それは**約束**だけをして，支払いや引き渡しは将来に繰り延べるというものである．このような**約束としての売買**が可能ならば，**現実売買を用いるのに比べて，より取引の可能性が大きくなる**ことは言うまでもない（商品・代金をいま手元に持っていなくても取引が可能になるのだから）．

今日では，現実売買のみならず売買の約束のことを含めて売買と呼んでいる．いやむしろ，売買の約束こそが売買であり，現実売買は約束が直ちに履行された特殊な場合として位置づけられている．このことは，民法典の規定の文言からも明らかである．売買を定義する民法555条は，「売買は当事者の一方が……を約し相手方が……を約するに因りて其効力を生ず」と定めている．そこでは，引き渡す・支払うという約束のことが売買と呼ばれているのである．

## (2) 契約としての売買

**契約の拘束力**　民法典は，売買を契約の一種として扱っている．ここまで見たように，売買は約束なのであるから，このことは自然なことである．しかし，法的に見て，契約であるとはいかなることだろうか．この点について，少しだけ触れておきたい．

　**契約であるとは，その約束をした当事者(売主と買主)を法的に拘束するということである．**たとえば，子馬 1 頭を 100 万円で売る・買うという売買が成立したとすると，当事者はこの約束に従わなければならない．一方が従わない場合には，他方は，法的な救済を受けることができる．これが契約が拘束力を持つ，ということの意味である．

　日本民法典にはこのことを明示する規定はないが，当然の前提であると考えられている．あるいは，「契約」という言葉自体にこのような意味が含まれていると考えてもよい (もっとも，フランス民法典は「適法に締結された合意は当事者間において法律に代わる」という明瞭な規定を置いている．仏民 1134 条)．

**売買と売買法**　契約としての売買には，民法典に置かれた一連の規定が適用される．「売買に適用される法」という意味でこれを売買法と呼ぶことができる．ここで注意すべき点は二つある．一つは，売買法という名前の法律があるというわけではないこと (不法行為法の場合と同じ)．もう一つは，売買に適用される規定は，民法典の「売買」という節に置かれたものに限られないということ．売買には，この節 (第 3 編第 2 章第 3 節) の規定のほかに，契約総則 (第 3 編第 2 章第 1 節)，債権総則 (第 3 編第 1 章) そして民法総則 (第 1 編) に置かれた関連の規定なども適用される．「売買」の節に置かれた規定を仮に狭義の売買法と呼ぶとすると，広義の売買法はそれ以外の規定をも含むものなのである．

---

　売買に関する規定はすべて「売買」の節に置くのが，自然なやり方かもしれない．しかし，日本民法典はこのような自然なやり方ではなく，より理論的なやり方をとっている．それは，売買に共通の (すべての売買に適用されるが売買にしか適用されない規定) は「売買」の節に，契約に共通の規定は「契約」の章の総則に，債権に共通の規定は「債権」の編の総則に，そして，物権にも債権にも共通の規定は民法全体の「総則」の編に置く，というやり方である．このようにすると，共通の条文を繰り返す必要がなくなるとともに，各規定の相互関係が明らかになる．

　日本民法典は，ドイツ系の民法典にならって，**パンデクテン方式**と呼ばれる編成方

> 式を採用しているが，**総則・各則**を区別しこれにより階層構造を作り出すのは，この方式の大きな特徴の一つである．なお，**物権**と**債権**を明確に区別するのが，もう一つの特色である．

本節Aの「物を買う」で扱われる法制度の大部分は，民法典の編成によれば，売買の規定と契約総則の規定である．もちろん，それ以外にも売買に関連する規定は存在する．とりわけ重要なのは，民法総則（のうちの法律行為）や不当利得・不法行為に関するいくつかの規定とその特別法である製造物責任法・消費者契約法などの規定である．これらのうち，不法行為・製造物責任に関しては本節Bの「欠陥の責任を追及する」で，法律行為・不当利得・消費者契約に関しては本節Cの「契約の無効・取消を求める」と本節Dの「無効・取消の後始末をする」で，それぞれ扱う．

## 2. 売買の成立

### (1) 合意の存在

合意の内容　売買に限らず，一般に，契約の成立には当事者間の合意が必要である．ここでいう合意とは，当事者（売主と買主）の意思表示（売ろうという意思の表明・買おうという意思の表明）が一致するということである．

ここでいう「一致」には，三つの問題がある．第一に，一致の判断時に関する問題がある．通常，対面で契約交渉をする場合には，一致の判断時を問題にする必要はないが，手紙など時間のかかるコミュニケーション手段を用いた場合には，最初に表明された意思はいつまでそのままであるのか（そのままであるとして扱うべきか）が問題になる．民法521条以下の規定（「契約の成立」と題されている）は，このような特殊な場合にかかわるものである．第二に，一致の範囲に関する問題もある．当事者はどこまでのことを相談して決める（意思を一致させる）必要があるのだろうか．逆に，当事者の意思が少しでもずれていたら，それで契約は成立しないのだろうか．この点につき，通常は，契約の**本質的部分**（売買ならば目的物と代金．民法555条参照）について一致があればよいと考えられている．第三に，一致の質に関する問題もある．表面的な意思表示は一致したが，内心の意思は一致していないという場合（あるいは逆の場合），契約は成立するか否か．この点についても，表面的な一致があれば，一応は成立すると考えられて

いる（「一応は」の意味については，後に詳しく述べる）．

以上の諸点につき，民法典は明文の規定を用意していない．しかし，断片的に存在する規定や意思表示という言葉遣いなどから，上のように考えることができる．

**合意の方式** 　売買に限らず，一般に，契約の成立には当事者間の合意があれば十分である．これは，合意のみが必要であり，しかも，合意の方式に制限が設けられていないことを意味する．たとえば，目的物の引き渡し・代金の支払いなどは売買契約の成立には必要なことではなく，また，契約書を交わして合意することも必要ではない．このような考え方を諾約だけで契約が成立するという意味で「**諾成主義**」（これに対立するのは，書面の作成を要する「要式主義」，物の引渡を要する「要物主義」など）と呼んでいる．また，「**方式の自由**」（「契約の自由」としては，このほかに「内容決定の自由」などがある）が認められていると言われることもある．

もちろん，引き渡し・支払いは売買契約の目的であり，これが得られるかどうかは決定的に重要だが，それは売買契約の成立の要件ではなく，効果である．また，実際の取引においては，**契約書**を作成することもあり，いったん作成された契約書は合意の存在を示す**証拠**として大きな意味を持つ．しかし，それはあくまでも証拠としてにすぎない．

なお，規定上は方式が要求されていない以上は，無方式であると考えられている（方式ではなく，物の引渡が要求されている例として，民法587条，593条，657条を参照）．

## (2) 交渉の段階

**交渉の破棄** 　売買に限らず，契約はいったん成立すれば，当事者を拘束する．このことは同時に，契約が成立していなければ，当事者は拘束されないことを意味する．たとえば，靴を買いにデパートに出かけて，店員さんにいろいろな形・色・サイズのものを出してもらったとしよう．店員さんは「このお客さんは買ってくれる」と思っているかもしれない．しかし，「これを買います」と言わない限り，「やっぱりやめます」という自由は常に残されている．これが古典的な考え方である．すなわち，当事者は契約締結に至るまでは交渉を自由に破棄することができるのである（たとえて言えば，つきあっている人がいて

も，結婚の約束をしない限り，別の人に乗り換えるのは自由ということ）．

　とはいえ，長い交渉過程の中で，相手方が一定の負担をしており，契約が成立するはずだという期待を抱くのが当然の場合にまで，このように考えてよいだろうか．たとえば，上記の例で，わざわざ特定の靴を取り寄せてもらったとしよう．しかも，足にあわせて少し形を変えてもらった．それなのに「買わない」と言われたら，これまでの時間・労力の負担は無に帰する．しかも，商品自体に変更を加えてしまっており，損害も発生している．

　そこで，このような場合には，交渉破棄によって相手方に損害を負わせた者には，賠償責任を課すべきだという考え方が有力になっており，判例もそのような考え方をとるに至っている．この結論はよい．しかし，これをどのように説明すべきか．当事者間にはまだ契約は成立していないので，これは契約の不履行による損害賠償責任 (132頁以下を参照) ではない．では，不法行為責任だろうか．しかし，交通事故の場合などと異なり，交渉当事者は赤の他人というわけではない．

　判例はこの責任を契約交渉に基づく「**信義則上の責任**」としているが，このように言うことによって問題は解決したわけではない．「信義則上の責任」とはいかなる責任かという問題が残るからである．いろいろな考え方がありうるだろうが，信義則を媒介として設定された高い義務に基づく不法行為責任であると考えるべきではないかと思う（「信義則」は責任の性質ではなく，根拠・程度を基礎づける）．

**予約・手付・条件**　　契約交渉が破棄されるのは，当事者の一方に（心変わりを含めて）予期せぬ事態が発生するからだろう．上の議論は，このような事態に事後的に対処するための方策に関するものであった．しかし，同様の事態に予め対処するための法的手段もないわけではない．民法典は三つのものを用意している[1]．

　① 予約，② 手付，③ 条件であるが，このうち ①② は売買に関する規定として置かれているが，他の契約（有償のもの）に準用される（民法559条）．③ は総則に置かれた規定によるものであり，すべての契約に用いることができる．① は，当事者の一方が，契約を成立させるか否かを決定する権利（**予約完結権**）を持

---

1) 大村「合意の構造化に向けて」同『契約法から消費者法へ』（東京大学出版会，1999）を参照．

つというものである（民法556条）．契約は，この権利が行使されれば成立し，行使されなければ成立しない．予約完結権を持つ者は，その行使期間内においてオプション（選択権）を確保することができるわけである．②は，当事者が「手付」と呼ばれる金銭を授受した場合には，その金額を賠償金として払うことによって，契約を解除することができるというものである（**解約手付**と呼ばれる．民法557条）．やはり一種のオプション（選択権）が残るわけであるが，有償であることと履行の着手があると解約権が失われる点に特色がある．③は，何か一定の出来事があったら，契約の効力が生じる（あるいは失われる）と定めるものである（民法127条）．このような出現の不確定な事実を「条件」と呼び，それが実現すると，効力が生ずる条件を「**停止条件**」，効力が失われる条件を「**解除条件**」と呼んでいる．たとえば，大学に合格したらマンションを買うというのが停止条件で，落ちたら買わないというのが解除条件である．

## 3. 売買の効力

### (1) 義務の発生

**目的物の引渡と代金の支払**　売買契約が成立したとすると，当事者である売主・買主は，契約に拘束される．契約に拘束されるとは何を意味するのかと言えば，それぞれが契約から生ずる義務を負うことを意味する．すなわち，売主は「或財産権を相手方に移転する」義務（目的物の引渡義務）を，買主は「其代金を支払う」義務（代金の支払義務）を負うのである（民法555条）．これが売買契約の基本的な効力，すなわち，売買契約から生ずる当事者の中心的な義務であり，このような義務を生じさせる約束のことを「売買」と呼ぶのである（契約書に「売買」と書かれていなくてもよい）．

**担保責任**　売買契約の当事者の負う義務は，ある意味では上に述べたところに尽きる．しかし，民法典は「売買の効力」と題してさらにいくつかの規定を置いている．その中心をなすのが，民法560〜572条であり，これらの規定は売主の担保責任に関する規定であるとされている．

担保責任とは何かと言えば，売買の対象となった目的物の権利が得られなかったり，物自体に隠れた瑕疵（「かし」と読む．「きず」という意味．欠陥と言いかえてもよい）があった場合に，売主が負う一定の責任のことである．なぜこのような責任が認められているのだろうか．それは，ある目的物を売る場合には，一般に

売主は，その権利関係や物自体につき問題がないものとして（暗黙のうちに請け合って）売るのが普通だろうということである．「担保（garantie）」とはこのことを意味する．このような保証をした以上，その通りにならなかった場合には責任を負う．これが担保責任の思想である．たとえば，書店で本書『生活民法入門』を購入し，自宅に帰って読み始めたらある頁（たとえば 77 頁）が白紙だったとしよう．この場合，売買の目的物には隠れた瑕疵があったと言えるので（一見しただけではわからず，また，全ページがもれなく印刷されていることは暗黙のうちに保証されているから），買主は売主に対して，損害賠償（場合により契約の解除）を請求することができる（民法 566 条 1 項，570 条）．

ローマ時代から，担保責任は売主が負う特殊な責任として承認されてきた．しかし，今日では，これは契約当事者が一般的に負うべき責任の一つの現れにすぎないと考えられるようになっている．つまり，契約によって，権利関係や物自体について欠陥がないものを引き渡すと約束した以上は，その約束に従う義務があるというわけである．ただし，引渡後は，権利関係や物自体につき買主も調査することができるので，隠れた瑕疵であっても発見してから 1 年が過ぎたらもはや文句は言えないというのが，この責任の特殊なところであるとされている（民法 566 条 3 項，570 条）．

### (2) 履行の態様

履行の場所・時期　「売買の効力」につき，民法典はほかにも規定を用意しているが，ここでは民法 573〜575 条の 3 ヵ条を見ておこう（残る 576〜578 条はやや特殊な規定）．民法 573 条・574 条は代金の支払時期・場所に関する規定であり，次のように定めている．①引渡時期に関する定めだけがある → 支払

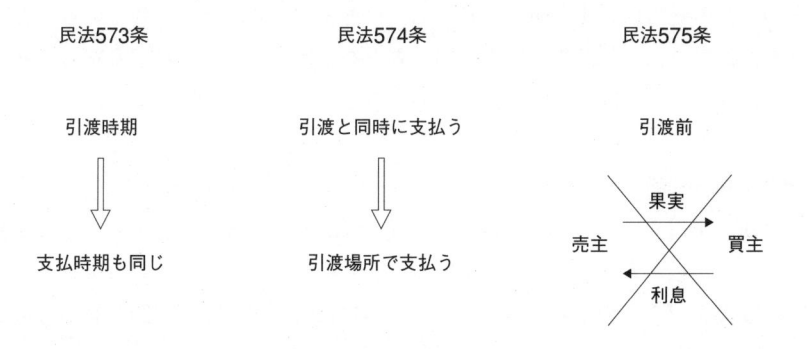

| 民法573条 | 民法574条 | 民法575条 |
|---|---|---|
| 引渡時期 ⇩ 支払時期も同じ | 引渡と同時に支払う ⇩ 引渡場所で支払う | 引渡前　果実→買主／利息←売主（×） |

物品と民法　77

時期も同じである，② 引渡と同時に支払う定めだけがある → 引渡場所で支払う．つまり，支払時期・支払場所について契約上の定めがない場合に，関連する定めから推測しようという規定である．また，民法 575 条は引渡時までの果実・利息に関する規定であり，目的物から生じる果実は売主に帰属するが，買主は代金につき利息を払う必要はないとするものである．売買契約と同時に所有権が移るという考え方（民法 176 条参照）をそのまま認めるならば，契約時に所有権移転が生ずるので，果実は買主に帰属し，その代わりに，買主は利息を支払うとすることも考えられる．しかし，このようにわざわざ果実と利息とを交換することをせずに，いわば両者を相殺（「そうさい」と読む．対立する同種の権利を同額で消滅させること）してしまおうというのが，この規定の趣旨である．

**その他の取引条件**　売買におけるその他の取引条件について，民法典は何も定めていない．たとえば，引渡の時期・場所についての定めはない．これらの取引条件や義務の履行の詳細に関することがらについては，当事者が自由に定めることができるのが原則である（前述の「**内容決定の自由**」）．実は，この点は民法 573 条～575 条が定めていることがらについても同様である．さらに言えば，担保責任についても同様である．たとえば，573 条・574 条は推定と言っているので，推定の内容とは異なることを契約で定めていれば，それによることは明らかである．しかし，このように書かれていなくても，特に問題がない限り，当事者は，民法の規定と異なる内容を決めてもよい．

　当事者が定めを置かない場合に備えて，一応の内容を定めるものであり（デフォルト・ルールという），これと異なる内容を定めることを許さないというものではない規定，これを**任意規定**と呼んでいる（民法 91 条）．これに対して，その規定に反することを定められない規定を**強行規定**と呼ぶ（例．民法 572 条）．売買などの契約の効力に関する規定の多くは，任意規定であると解されている．もっとも，最近では，任意規定により強い効力を認めようという見解も有力であるが，これについては後に別の機会に触れることにしよう．


[条文をもう一度]

　　第 555 条【売買】　売買は当事者の一方が或財産権を相手方に移転することを約し相手方が之に其代金を払ふことを約するに因りて其効力を生ず．

　　第 570 条【売主の瑕疵担保責任】　売買の目的物に隠れたる瑕疵［かし］あり

たるときは第五百六十六条〈地上権等による制限等がある場合の売主の担保責任〉の規定を準用す．但強制競売の場合は此限に在らず．

第91条【任意規定と異なる意思表示】 法律行為の当事者が法令中の公の秩序に関せざる規定に異なりたる意思を表示したるときは其意思に従ふ．

[他の概説書では]

大村・消費者法58〜68頁，118〜128頁，大村Ⅰ29〜34頁，105〜116頁，内田Ⅱ109〜151頁

[図書館で探すなら]

池田清治『契約交渉の破棄とその責任』(有斐閣，1997)

潮見佳男『契約責任の体系』(有斐閣，2000)

森田宏樹『契約責任の帰責構造』(有斐閣，2002)

## Pause café 5 ●リボンと香水

　文明開化の明治日本には，欧米から多種多様な「舶来品」が到来した．衣食住については，洋服・洋食・洋間，いずれも今日では普通のものとなった．洋品（洋装用の装身具や化粧品など）もそうである．しかし，当時は，それ一つでハイカラな雰囲気を作り出せる小道具であった．

　「野々宮君は早速店に這入つた．表に待つていた三四郎が，気が付いて見ると，店先の硝子張の棚に櫛だの花簪だのが列べてある．三四郎は妙に思つた．野々宮君が何を買つているのかしらと，不審を起して，店の中に這入つて見ると，蟬の羽根のようなリボンをぶら下げて，「どうですか」と聞かれた．……」(『三四郎』2の6)

　「三四郎は其夕方野々宮さんの所へ出掛けたが，時間がまだ少し早過ぎるので，散歩かたがた4丁目迄来て，襯衣（シャツ）を買ひに大きな唐物屋に入つた．小僧が奥から色々持つて来たのを撫でて見たり，広げて見たりして，容易に買はない．訳もなく鷹揚に構えていると，偶然美禰子とよし子が連れ立つて香水を買ひに来た．……」(『三四郎』9の6)

　漱石は巧みな布石をしており，これらの小道具は後で意味を持つ．ところで，当時，リボンや香水はどの程度まで普及していたのだろうか．リボンは『三四郎』出版時に流行していたというが，香水については定かではない（そばが2〜3銭の当時，香水は20銭〜2円50銭だったというので，大変な高級品であったことは確かだ）．

## B 欠陥の責任を追及する

### 1. 問題の所在

　売買契約の目的物(購入した物品)が,予想した通りの性質を備えておらずがっかりしたという経験を持つ人は多いだろう.もっとも,商品自体には特に問題はなく,問題があるのは消費者の期待の持ち方の方であるということもある.どの程度の品質・性能であるのか,あるいは,自分の欲しいものであるのか,商品をよく確認すれば防げる落胆もある.しかし,これとは別に,通常は予想される程度の品質・性能を備えていない商品も,確かに存在する.ここではこれらを広く「欠陥商品」と呼んでおこう.

　「欠陥商品」の中には,品質・性能が劣っていることによって,①予定した使用目的に合致しないという形で消費者に損害を与えるものと,②使用中に事故を発生させるという形で消費者に損害を与えるものがある.また,こうして発生する損害は,財産損害と人身損害に分けることもできる.たとえば,購入したファンヒーターに欠陥があったとしよう.これが作動しないために,せっかく買ったのに使うことができなかった.このように目的物そのものについて生じる損害が①の損害である.これに対して,このファンヒーターが急に大きな炎をあげて,近くのカーテンが燃え,消そうとしてやけどを負った.このように目的物以外のものについて生ずる損害が②の損害である.そして,ファンヒーターそのものやカーテンに関する損害が**財産損害**であるのに対して,やけどを負ったというのは**人身損害**である.

　このように商品の欠陥によって損害が生じるということは少なくない.たとえば,「食品公害・薬害」は,食品や薬品に有害物質が含まれていたために,これを摂取した者の生命・身体に損害が発生するというものである.すでに触れた「サリドマイド」や(PCBという化学物質が食用油に混入したことによる)「カネミ油症」のほかに,キノホルムという化学物質を原因とする「スモン病」などが大きな被害をもたらした(スモンの患者は全国で1万人以上に達し,各地で訴訟が提起された)[2].あるいは,自動車や家電製品の欠陥によって人身に被害の及ぶ事故が

---

[2] スモン病訴訟につき,淡路剛久『スモン事件と法』(有斐閣,1981)を参照.

起きることもある[3]．ごく最近の例では，雪印食品による食中毒や三菱自動車のリコール隠し（いずれも 2000 年夏）などが記憶に新しい．

　このような様々な損害が生じた場合，物品の購入者（売買契約における買主である消費者）としては被害の救済（具体的には損害賠償）を求めたい．では，誰に対して，何を根拠にして，損害賠償を求めることができるだろうか．以下，この問題について検討を加えたい．まず，民法上の取り扱いについて見た上で (2.)，特別法によって導入されたルールについて説明することにしよう (3.)．

## 2. 民　法

　欠陥商品に関する民法上の取り扱いを見ていくには，まず，一方で，誰に対して責任を問うかを考えなければならない．大きく分けて，直接の売主（小売店）の責任を問う場合 ((1)) と製品を製造したメーカーの責任を問う場合 ((2)) とが

---

[3] 欠陥自動車問題につき，大嶽秀夫『現代日本の政治権力経済権力』（三一書房，1979）第 2 章「社会的紛争と企業権力——事例研究 ① 欠陥車問題」を参照．

ありうる．他方，法律によって課される責任だけではなく，保証書によって引き受けられた責任についても考慮に入れる必要がある((3))．

## (1) 売主の責任

本節 A でも述べたように，売買契約における売主は，買主に対して目的物を引き渡す義務を負うが(民法 555 条)，ここでいう「目的物」は「契約によって約束された性質を備えた目的物」にほかならない．たとえば，家具屋で大量生産品のイスを買って配達してもらったら，イスの脚が 1 本折れていたというのでは，「目的物」を引き渡したことにはならない．ここでの「目的物」は脚の揃ったイスであり，仮に売買の際に，買主が「脚は 4 本ともちゃんと揃っていますよね」と確認しなくても，このことは当然の前提となっているはずである(契約の解釈によってそうなる)．別の言い方をすると次のようになる．**売買契約における売主は，契約で決めた内容に適合した目的物を買主に引き渡す義務を負っている．**イスを引き渡したとしても，契約適合性を欠いているのであれば，売主は義務は履行したことにはならない(民法 415 条．この規定については第 2 節で説明する)．

もっともここで，脚 1 本が折れていてもよい，ということで買主が引き取ると，売主の責任は消滅する．ただし，引き取った時点では分からなかったような欠陥(「隠れたる瑕疵」)については，欠陥を知ってから 1 年間に限り，買主は売主の責任を追及することができる．本節 A でもふれたが，**瑕疵担保責任**と呼ばれるものである(民法 570 条 → 民法 566 条)．なお，この瑕疵担保責任は，目的物自体に生じた損害だけでなく，買主の所有物に生じた損害(カーテンが燃えた／イスが倒れてガラスがわれた)や人身損害(やけどをした／イスから落ちて腰を打った)もカバーする．ただし，買主は，損害が製品の欠陥によって発生したことを主張・立証する必要がある．

## (2) メーカーの責任

では，買主は，売主ではなくメーカーの責任を追及することはできないだろうか．もちろん，売主が賠償をしてくれれば被害の救済ははかられる．しかし，直接の売主は小規模な小売店であり，十分な資力を持たないことが多い．また，製品の安全性に注意すべきは，流通機構の末端の小売店ではなく，製品を設計・

製造し大きな利益を上げているメーカーであるとも言える (危険責任・報償責任の思想). そこで, メーカーを相手に責任追及がなされることになる. これまで社会問題となった欠陥商品問題でも, ほとんどの場合にメーカーの責任が問われてきた (このようなメーカーの責任をかつては広く「**製造物責任**」と呼んでいた).

しかし, 法的に見た場合, メーカーと卸売店, 卸売店と小売店, 小売店と消費者の間にはそれぞれ契約があるものの, メーカーと消費者との間には直接の契約関係はない. そこで, 多くの国では, この場合のメーカーの責任は契約によるものではなく不法行為によるものだと考えられている. 公害などの場合と同様に, メーカーの過失が原因で, 消費者が被害を受けたかどうか問題とされるわけである. すなわち, ここでも「過失」や「因果関係」の立証が必要となるのであるが, それが必ずしも容易なことでないのも, 公害などの場合と同様である.

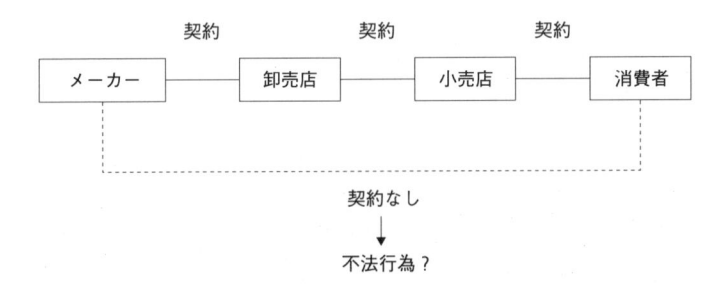

```
       契約         契約         契約
メーカー ─── 卸売店 ─── 小売店 ─── 消費者
   └────────────────────────────┘
                    ↓
                  契約なし
                  不法行為？
```

とはいえ, これも公害などと同様, 製造物責任に関しても, 判例は, 広い範囲で過失や因果関係を認定してきた. たとえば, スモン事件に関するある判決は次のように述べている.

> 「予見義務の内容として, 製薬会社に第1次的に要求されるのは, 国の内外を通じて, 主としてヒトに関する臨床上の副作用情報の収集に努めることであるといわなければならない」「疫学面での調査・検討の結果認められたスモンとキノホルムの間の高度の関連性が……によって, より一層緊密の度を加えるに至ったことからすれば, ……キノホルムとスモンとの間の因果関係は, 優にこれを認めるに足り, 発症機序の解明がなお完全といい得ないことは, なんら右結論の妨げとなるものではない」(東京地判昭53・8・3判時988号48頁──東京スモン判決).

このように, 少なくとも薬害などに関しては, 判例は, 事業者の責任を厳し

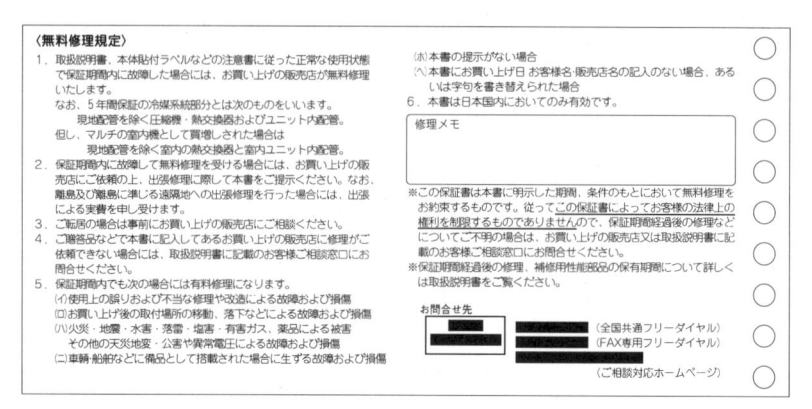

保証書の一例

く追及していた．もっとも，自動車や家電製品による事故については，原因が不明であるとして，責任を否定した例も見られた．

### (3) 保証書

　以上のように，売主は契約上の義務違反を理由に，メーカーは不法行為法上の義務違反を理由に，欠陥商品につき責任を問われることがあるが，これとは別に，義務違反の有無にかかわらず，**保証書**に基づいて被害の救済がはかられることもある．なお，保証書はかつてはメーカーの発行するものが主体であったが，最近では販売店が(場合によっては有償で)発行する例も増えてきている．

　保証書は，通常，責任の所在を問わず無償で修理をすることを内容としている．メーカーや売主の過失の証明をしなくてよいばかりか消費者の側に原因があったとしても，修理をしてもらうことができる．ただし，保証期間は制限されており(1年とか3年とか)，保証対象も限定されている(当該製品の修理のみであり，そのほかの損害はカバーしない)．

　しかし，保証書による責任は民法による責任とは別個独立のものであるので，これによって民法上の契約責任・不法行為責任が制限されるわけではないと考えるべきだろう(たとえば保証書によって期間制限などを受けない．最近の保証書には，このことを確認する文言が含まれていることが多い)．

## 3. 特別法

欠陥商品につき，民法上の責任ルールに修正を加える法律としては，製造物責任法((1))と住宅品質確保促進法((2))が重要である．

### (1) 製造物責任法

**立法の背景**　製造物責任立法については1970年代に研究が始められ，75年には製造物責任法要綱試案が公表されていた．しかし，すでに述べたように，実際に起きた問題に対しては，判例が一定程度までの対応をはかったために，立法の実現に向けて社会的なコンセンサスが形成されるには至らなかった．その後，1980年代の後半になって，製造物責任立法を行うべきだとする議論が再燃する．その時の議論は，アメリカからの市場開放の要求に応じて，当時，非関税障壁であると非難された安全性に関する各種の事前規制を撤廃するには，事後的な救済を厚くする必要があるというものであった．また，1985年に製造物責任に関するEC指令が発せられたこともあって，日本でも，自主的にこれとの調整をはかるべきだとも説かれた．

しかし，産業界の抵抗は強く，一時は立法は挫折するかに見えた．また，通産省（現・経産省）は，立法を行うとしても，（経企庁所管の）一般的な立法ではなく，各業種ごとの立法をすべきだと考えていた．ところが，1993年に自民党政権が崩壊し，生活者優先を掲げる細川連立政権が成立したことによって，風向きは大きく変わった．その後も紆余曲折があり，当初予定されていた（過失や因果関係に関する）推定規定が落とされるなど，内容は後退したものの，結局，1994年7月に**製造物責任法（PL法）**が成立することとなった．

**法律の内容**　PL法は，「製造業者等」に，「製造・加工・輸入」あるいは「氏名等の表示」を行った「製造物」の「欠陥」によって「他人の生命，身体又は財産を侵害した」ときに，責任を課している（PL法3条．今日では，この責任が「製造物責任」と呼ばれる）．

ここでいう「製造業者等」には「製造業者」に加えて「輸入業者」や「氏名表示者」が含まれる（PL法2条3項）．「製造物」とは「製造又は加工された動産」を指し（PL法2条1項），「不動産」や「自然産品」を含まない．また，損害は「生命，身体」に生じたものに限られないが（cf.自賠法），「当該製造物」について生

> **製造物責任制、導入へ**
> **各省、前向きに転換**
> **次国会にも法案提出**
>
> 1993.10.22（朝日）

じたものは除外されている（PL法3条但書．やけどだけでなくカーテンも含まれるが，イス自体は含まれず，一般の不法行為責任または売主の瑕疵担保責任の問題となる）．なお，被害者は「消費者」にも「自然人」（一般の「人」で「法人」を含まない）にも限定されておらず，事業者でも法人でもよい（cf.消費者契約法）．

　そのほかに重要なのは，推定規定の要否とともに中心的な争点の一つとなった，いわゆる「開発危険の抗弁」（製品開発段階の知見では欠陥を認識できなかったと主張すること）が認められた点である（PL法4条1号）．ただし，「科学又は技術に関する知見」には「業界において相当な」と言った限定はないので，客観的に最高水準のものが想定されている．

　もっとも中心的な要件は「欠陥」である．民法709条の「過失」に代えて導入された「欠陥」は，「当該製造物が通常有すべき安全性を欠いていること」と定義されている（PL法2条2項）．この要件が導入されたことによって，「過失」の

証明がされなくても「欠陥」の証明ができればよいこととなった．しかし，「欠陥」の存在につき推定規定（損害が発生していれば欠陥ありと推定し，事業者の方で欠陥がなかったことを主張・立証してはじめて責任を免れる）を置くことが断念された結果，「欠陥」の存在は，原則通りに，請求を行う被害者の側で主張・立証しなければならないこととなった．

つまり，被害者は，損害 →（欠陥）→ 過失までの立証は不要だが，損害だけでは足らず，損害 → 欠陥までの立証の負担を負うこととなったわけである．このことが何を意味するかは，実は，PL法の今後の課題と密接に関連しているので，項を改めて検討しよう．

**今後の課題**　検討のための素材となるのは，松下テレビ発火事件判決（大阪地判平6・3・29判時1493号29頁）である．PL法の成立直前に現れたこの判決は，PL法を強く意識したものであり，同時に，同法の将来を占うものとなった．この事件は，待機状態（コンセントは繋がっているがスイッチは入っていない状態）で発火したテレビにつき欠陥の存在を認めたというものである．裁判所は，テレビからの発火を認定したことによって欠陥ありと判断し，発火の原因となった部分の特定や発火メカニズムの解明を求めなかったのである（これらを「欠陥原因」と呼んで「欠陥」と区別した）．

これは何を意味するだろうか．次の二つの見方がありうる．一つは，抽象的な欠陥概念を定立することによって，欠陥の存在の証明を緩和したというものである．そうすることによって，欠陥の推定規定がないことのデメリットは解消される．これとは別に，もう一つ，これは因果関係の推定を認めたものにほかならないという理解も可能である（因果関係はテレビまでたどればよい．公害の場合の門前理論を想起せよ．54頁参照）．そうすることによって，因果関係の推定規定がないことのデメリットが解消される．以上の二つの見方は，どちらが正しくどちらが間違っているというわけではない．二つの見方は，欠陥と因果関係とが密接不可分な関係にあることを示しているというべきなのである．

**松下テレビ発火事件判決の理解**

このような理解に立って，この判決から教訓を引き出すと次のようになる．① この判決の決め手は「欠陥」であり，「過失」はほとんど問題になっていない（欠陥があれば過失があるとしている）．そうだとすると，「過失」が不要になったこと自体にはあまり意味はなく，むしろ「欠陥」とは何かが問題であることになる．② この判決は「欠陥」あるいは「因果関係」につき被害者に有利な見方を採用している．今後，判例が常にこのような見方をとるという保証はないが，このような見方をとるならば，PL法は被害者救済に大きな威力を発揮しうる．したがって，問題はこのような見方が採用されるか否かにあるということになる．学説には，この見方を理論的に正当化することが期待される．

### (2) 住宅品質確保促進法

<small>立法の背景</small>　前述の通り，PL法は，その適用を「製造又は加工した動産」に限っている．立法過程においては，自然産品（農作物．特にバイオ製品）や不動産（土地建物．特に規格住宅）などを適用対象に含めるべきだとする主張もあったが，関係団体の影響力などによってこれらは除外された．しかし，その後，住宅に関しては，いくつかの社会問題が生じた．**秋田住宅問題**（秋田県などの出資する第三セクターが欠陥住宅を供給した後に破産したという事件）が世間を騒がせたほか，内装などに用いられる化学物質によるアレルギーなどのシックハウス症候群も問題とされるようになった．これに，住宅不況からの脱却をはかるための市場整備・活性化という政策目標が加わる．こうした諸事情を背景に，1999年に**住宅品質確保促進法**（**品確法**）が成立した．

<small>法律の内容</small>　品確法は，大きく分けて三つの方策を講じている．①「住宅性能表示制度」の創設，② 住宅紛争処理体制の充実，③ 特殊な瑕疵担保責任の創設，がそれである．品確法は，9章98ヵ条からなる法律であるが，目的規定と定義規定からなる第1章「総則」と第8章「雑則」第9章「罰則」を除く本体部分の六つの章のうち，第2章「日本住宅性能表示基準」，第3章「住宅性能評価」，第4章「住宅型式性能認定等」，第5章「特別評価方法認定」が ① に対応し，第6章「住宅の係る紛争の処理体制」が ② に，第7章「瑕疵担保責任の特例」が ③ に，それぞれ対応する．なお，法文の分量としては，① の部分が大半を占めるが（3条～61条），民法との関連が深いのは ③ である．

以下，それぞれの制度につき，その概要を示そう．

> **住宅「10年保証」義務づけ**
> 欠陥住宅問題で建設省新法案
> **紛争処理機関設置も**
>
> | 住宅の新たな品質表示例 | | |
> |---|---|---|
> | 構造安全性 | 建築基準法で定められた構造強度と比べ何倍かを示す | |
> | 採光・換気性 | 壁全体に占める窓など開口部の面積の割合を％で表す | |
> | 火災安全性 | 耐火時間を表示する | |
> | 壁・床の遮音性、省エネルギー性、耐久性 | 数段階にランクづけする | |
>
> 欠陥住宅問題の解消に向けて、建設省がまとめた「住宅品質保証促進法案」の骨子が、明らかになった。住宅メーカーなどの「基本構造部分」について、一律十年間の瑕疵担保責任を業者が負うとしたうえで、住宅性能評価の基準も定め、評価結果を示すことで消費者の選択肢を広げる。瑕疵をめぐって業者と消費者との間で住宅の性能をめぐるトラブルが起きたとき、解決にあたる第三者機関「住宅紛争処理機関」も各地に新設することも盛った。来月はじめに開議決定する方針だ。今国会に提出する。
>
> この法案では、欠陥住宅をなくすため、専門知識がなくても瑕疵を立証しにきた消費者保護のために「基本構造部分」に負わせることにした。これまで、住宅の品質保護をめぐるトラブルが増加し、住宅メーカーなど業者を相手に裁判を起こすケースも立つどのため独立した音声の評価は、強度や遮音性のほか、風通しや日当たりなどで判断が分かれ、耐火性などで対象となる。建設省の指定した住宅性能評価機関が申請に基づいて検査し、評価書を交付する。現状では、「耐震性」などに限るなど著者の利用は約款に限られている。請負人は「住宅の品質の表示」を
>
> 1999.2.24（朝日）

　第一に，住宅性能表示制度について．この制度は，一方で住宅性能評価のための基準を定めるとともに（国土交通大臣が定める．「**日本住宅性能表示基準**」および「**評価方法基準**」．品確法3条），この基準を適用して評価を行う評価機関（「**指定住宅性能評価機関**」）が，申請に対して評価書（「**住宅性能評価書**」）を交付するという仕組みを骨子としている（品確法5条）．第二に，住宅紛争処理体制について．この制度は，「住宅性能評価書」が交付された住宅の請負・売買に関する紛争を，裁判外で処理するものとして構想されている（品確法63条）．具体的には，弁護士会がこれにあたることが想定されている．この「**指定住宅紛争処理機関**」は，当事者の申請により，紛争のあっせん・調停・仲裁を行う．

　第三に，瑕疵担保責任の特例について．民法上の瑕疵担保責任は，請負では，石造りなどの建物は引渡から10年，その他は5年，売買では瑕疵を知ってから1年に制限されている（民法638条1項，民法570条→民法566条3項）．これらの規定は任意規定であるため，従来の標準約款（四会連合協定工事請負契約約款．2000年に民間連合協定工事請負契約約款と改称）では，木造は引渡から1年，それ以外は2

年という期間が定められていた（旧約款23条．現約款27条でも同じ）．これに対して，品確法は，請負・売買の双方につき，「住宅の構造耐力上主要な部分等」については，10年の期間を定めた（品確法87条1項，88条1項）．また，売買につき，従来，議論のあった瑕疵修補請求権を明文で認めた（品確法88条3項）．これらの規定に反する合意のうち，消費者（注文者・買主）に不利なものは無効とされる（品確法87条2項，88条2項）．

```
         民 法              約 款           品確法
請負＝石造り：10年 ──┐  その他：2年 ┄┄┄→ 主要部分：10年
請負＝その他 ： 5年 ──┼→ 木 造：1年 ┄┄┄┘
売買      ： 1年 ┄┄┄┘
```

**今後の課題** これまでPL法の適用対象外に置かれ，民法の適用に関しても，標準約款で消費者側に不利な規定が置かれていた住宅取引につき，品確法が，一方で性能表示制度を設けるとともに，他方，瑕疵担保責任の特則を置いた意義は大きい．その意味で，品確法は，これまでの立法の空白を埋めたものと評価することができる．また，建築紛争の技術的困難さを考えると，裁判外の紛争処理制度を設けるとともに，これを支援する方策を講じた点も重要である．しかし，品確法には残された問題がないわけではない．ここでは，瑕疵担保の問題に限って，問題点を指摘しておこう．

第一は，瑕疵担保の特例の適用範囲に関する．まず，品確法の定める10年の期間は，「住宅の構造耐力上主要な部分等」に限って適用され，その他の細かな造作等については適用はない．これらの点についても期間の延長（たとえば2年にする）を考える必要は全くなかったのだろうか．次に，この期間は，新築住宅にしか適用されない．中古住宅の売買に関しては，瑕疵担保責任は依然として1年である．これでよいかどうかも検討を要するところである．

第二に，瑕疵の証明の問題についてである．PL法は「過失」を「欠陥」に置き換えることによって，（実際にはあまり意味はないが）ともかく消費者の立証の負担を軽減しようという姿勢を見せていた．品確法はこれに対応する措置を講じていない．実は，立法過程においては瑕疵の存在を推定する規定を設けるか否かも論じられたようであるが，結局は見送られてしまった．そうなると，PL法の場合と同様，運用が問題となる．

[他の概説書では]
　大村・消費者法 149〜164 頁，内田 II 479〜486 頁
[図書館で探すなら]
　「製造物責任の現状と課題」別冊 NBL24 号（商事法務研究会，1992）
　経済企画庁編『逐条解説製造物責任法』（商事法務研究会，1994）
　加藤雅信編著『製造物責任法総覧』（商事法務研究会，1994）
　伊藤滋夫編著『逐条解説住宅品質確保促進法』（有斐閣，1999）

## Pause café 6 ●ライスカレーと葡萄酒

『三四郎』には洋品だけでなく洋食も頻繁に登場する．たとえば，三四郎は，知り合ったばかりの与次郎からライスカレーをご馳走されて友達になる．

　「昼飯を食ひに下宿に帰らうと思つたら，昨日ポンチ絵をかいた男が来て，おいおいと云ひながら，本郷の通りの淀見軒と云ふ所に引つ張つて行つて，ライスカレーを食はした．淀見軒と云ふ所は店で果物を売っている．新しい普請であつた．……」
（『三四郎』3 の 3）

あるいは，三四郎が再び広田先生を見かけるシーンは次のように語られている．

　「(青木堂に) 這入つて見ると客が二組あつて，いづれも学生であつたが，向ふの隅にたつた一人離れて茶を飲んでいた男がある．……茶を飲んでは，烟草をふかし，烟草をふかしては茶を飲んでいる．手の出し様がない．三四郎は凝と其横顔を眺めていたが，突然手杯 (コップ) にある葡萄酒を飲み干して，表へ飛び出した．さうして図書館に戻つた．」（『三四郎』3 の 5）

西洋料理は明治維新前から知られてはいたが，徐々に普及するのは明治 20〜30 年代，カレーライス・トンカツ・オムレツなど日本化された洋食の登場によるところが大きい．また，明治 10 年頃には殖産興業の一環として葡萄酒の国産化も始まっている（大日本山梨葡萄酒会社．ただし明治 19 年解散）．他方，神谷伝兵衛（今も浅草に残る神谷バーの創始者）によって輸入葡萄酒を改良した甘い香竄葡萄酒も作られ人気を博したという．

## C 契約の無効・取消を求める

第 1 節の前半では，売買 (A) およびそれに由来する欠陥商品 (B) をめぐる民法上の問題を取り上げてきた．ところで，売買は，賃貸借などとともに，契約

の一つの類型をなすものである(最も重要な契約類型である). 後半のC・Dでは,売買を念頭に置きつつも,契約一般にあてはまる無効・取消という考え方について説明する. やや抽象的・技術的な話も出てくるが, 契約法の基本をなす重要な点である. まず, 契約の無効・取消の要件 (C) を, 続いて, 効果 (D) を, 見てみることにしよう.

## 1. 無効・取消とは？

### (1) 契約（法律行為）の仕組み

契約は, いったん成立すると, そこで定められた内容通りの効力を持つ. このことはすでに述べた通りである (A). しかし, 契約から内容通りの効力が発生するのには, 本当は条件がある. フランス民法1134条が明言するように, 「適法に」「成立した」ことが必要なのである.

単に契約が「成立した」というためには, 合意が存在すればよい. このこともすでに述べたところである (A). そして, 「成立した」契約は, ほとんどの場合に「適法に」「成立した」ものである. とはいえ, 例外的には, 「適法」とは言えない場合がある. その場合には, 契約は無効となる (あるいは, 取り消されて無効となる). 別の言い方をすれば, 「成立した」契約は, 後になって, 無効とされたり取り消されたりしない限り, 内容通りの効力を持つ. あるいは, 一応は「成立した」契約は, 無効・取消の原因がなければ, 完全に「成立した」ことになると言ってもよい.

たとえば, AさんとBさんとが署名押印した売買契約書があるとしよう. これもすでに述べたように, 契約書自体は売買契約に必要不可欠なものではないが, 契約書はABの間の合意の存在を証明する有力な証拠となる. 契約書が偽物であることが証明されない限り, 合意はあった, 契約は成立したということになるだろう. しかし, Aが契約書を持ち出して合意はあった (契約は成立した) ことを証明したとしても, それだけでは契約は完全に成立したことにはならない. すぐ後で述べるように, たとえば, Bが, この契約の内容は反社会的だとか (民法90条), Aにだまされてこの契約を締結した (民法96条) と主張し, 裁判所がこれを認めると, この契約の効力は否定される――無効か取消可能となる. 両者の違いは後に説明する (→D) ――ことになるからである.

> ところで，条文を見ると，民法90条は「**法律行為**」という言葉を，96条は「**意思表示**」という言葉を使っている．ここでいう法律行為（「法的な意味を持つ行為」という意味）とは，主として契約のことを指すと考えてよい（ただし，遺言なども含まれる）．また，意思表示とは，契約や遺言の内実をなす意思表明のことである．なお，契約は2個の意思表示から，遺言は1個の意思表示からなる法律行為であり，この意味で，法律行為は契約・遺言などを包摂する上位概念となっている．

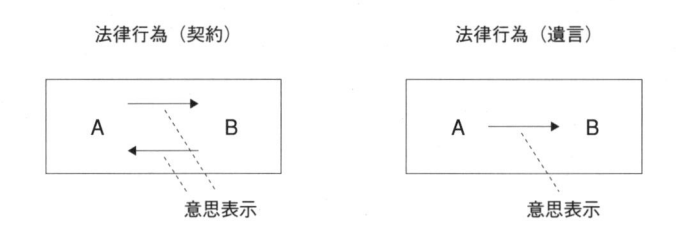

法律行為（契約）

A → B
A ← B
意思表示

法律行為（遺言）

A → B
意思表示

## (2) 様々な無効・取消原因

「成立した」契約の効力を失わせてしまう無効・取消原因には，どのようなものがあるだろうか．民法典は，契約が無効となる場合，契約が取り消しうるものとなる場合を定めている．具体的には，無効原因としては，すでに触れた90条のほかに，93〜95条にあたる場合，取消原因としては，これもすでに触れた96条のほかに，4条2項，12条4項，16条4項にあたる場合などをあげている．これらは大きく分けると次の三つになる．

① 意思の不完全性に関するもの（民法93〜95条，96条）
② 内容の不当性に関するもの（民法90条）
③ 能力の制限に関するもの（民法4条2項，12条4項，16条4項）

それぞれについて簡単に説明しておこう．

①は，「まちがえた・だまされた・おどされた」（錯誤・詐欺・強迫）などによって契約を締結してしまったという場合に，契約を締結する意思がなかった（あるいは不完全だった）として，契約の効力を否定するものである．これに対して，②は，契約内容が「社会的に見て妥当といえない」（公序良俗に反する）場合に，効力の発生を否定するものである．①と②は主要な無効・取消原因である．というのは，**私たちの社会が契約に拘束力を与えるのは，その契約が，本当に当事者の意思によるものであり，かつ，社会的にも許される内容のものである場**

**合に限られる**からである．①か②のいずれかにあたる契約は，一応は成立しても，法的な拘束力を否定されるべきものなのである．あるいは，次のように言ってもよい．いったん成立した契約は，意思の完全性・内容の妥当性という二つの観点からチェックを受けた上で，このチェックをパスしたものに限り，完全な拘束力を与えられる，と．

③はどうか．③は，「**未成年**（満20歳未満）**である**」あるいは「**成年後見・保佐・補助に付されている**」（229頁以下で説明する）といった者が，一人で契約を結んでしまった場合に，効力の発生を否定するものである．これらの者は，十分な判断力を持たないとされており，保護者の同意を得て初めて有効な契約を締結することができる．つまり契約をする法的能力が制限されているのである．この③は，独立の無効・取消原因であると考えることもできるが，むしろ意思が不完全な場合が定型化されたものと考えた方がよいだろう．そう考えると，③は①のヴァリエーションとして位置づけられることになる．なお，この場合に，誰が保護者になるのかが重要であるが，この点については後に改めて説明する（→第2章）．

以上をふまえて，意思の完全性にかかわる無効・取消原因，内容の妥当性にかかわる無効・取消原因について，順に見ていこう．

## 2. 意思の完全性

### (1) 民　法

規定の構造　民法典は，意思の完全性に関する規定として，93条（心裡留保），94条（虚偽表示），95条（錯誤），96条（詐欺・強迫）を置いている．**心裡留保**とは，真意ではない意思表示をすること（冗談で言うなど），**虚偽表示**とは，相手方と通謀して虚偽の意思表示の外観を作り出すこと（架空の契約書を作成するなど）である．また，すでに述べたように，錯誤は「あやまって」，詐欺・強迫は「だまされて・おどされて」，意思表示をすることである．

民法典は，これらを二つのグループに分けて考えている．第一は，意思が欠けているというグループであり，本来は無効である．心裡留保・虚偽表示・錯誤がこれにあたる（ただし，心裡留保は，原則として有効とされ，相手方が真意を知っていた場合か知ることができた場合にのみ無効とされる）．第二は，意思はないわけではなく，その形成過程に問題があるというグループで，詐欺・強迫がこれにあ

たる．意思の不完全さの度合いは，第一のグループの方が大きいということで，第一のグループの効果が無効であるのに対して，第二のグループの効果は取消とされている．民法典は，第一のグループを「意思の欠缺（けんけつ）」（民法101条参照），第二のグループを「瑕疵ある意思表示」（民法120条2項）と呼んで，用語の上でも区別している．

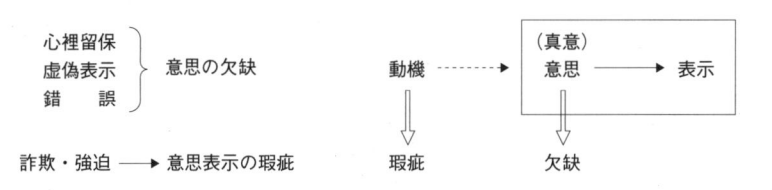

```
心裡留保 ┐
虚偽表示 ├ 意思の欠缺      動機 ----→ (真意)意思 ──→ 表示
錯　誤 ┘                  ↓         ↓
                          瑕疵      欠缺
詐欺・強迫 ──→ 意思表示の瑕疵
```

**規定の運用**　　民法典の考え方はありうる考え方ではある．ある意味では理屈は整っているとも言える．しかし，現実の取引に即してみた場合には，心裡留保や虚偽表示は例外的なケースであると言える．実際に問題になるのは，このように意図的に真意でない意思表示をしたのではなく，意図せずに真意でない意思表示をしてしまった場合，すなわち，錯誤・詐欺・強迫の場合である．

錯誤・詐欺・強迫に関しては，最近では，錯誤と詐欺・強迫を区別するのではなく，これらを一連の制度として理解する見解が有力に説かれている．もちろん，一口に，意図せずに真意ではない意思表示をしてしまったと言っても，錯誤の場合には，「まちがった」のは自分であり，相手方の作為によるわけではないのに対して，詐欺・強迫の場合には，「だまされた」「おどされた」のは自分であるが，これは相手方の作為（「だました」「おどした」）によるものである．この点で，相手方の責任の度合いには差がある．

しかし，考えてみると，錯誤と詐欺の間の差はごく小さい．どちらも「まちがった」点では同じであり，違うのは，その「まちがい」に対する相手方の関与の度合いにすぎない．また，かつては，真意を形成する以前の判断過程は「**動機**」と呼ばれて，その錯誤は考慮されなかった．これに対して，詐欺はまさに「動機」にかかわるものだった（たとえば，明日は運動会だと思ってコンビニ弁当を買ったが，運動会はなかったという場合，錯誤により無効とはならない．しかし，明日は運動会だとだまされて弁当を買った場合には，詐欺による取消が可能）．ところが，最近では，「動機」であってもそれが契約に際して両当事者に考慮されていれば，

その錯誤は考慮されるべきだと考えられるようになっており，この点でも錯誤・詐欺のちがいは相対的なものとなっている（A小学校近くのコンビニで明日のA小学校の運動会用のお弁当として売られていたが，運動会がなかったという場合には，錯誤により無効となる）．むしろ，**情報の認知を誤った錯誤・詐欺と認知は誤っていない（判断を強制されただけの）強迫との間に線が引ける**．

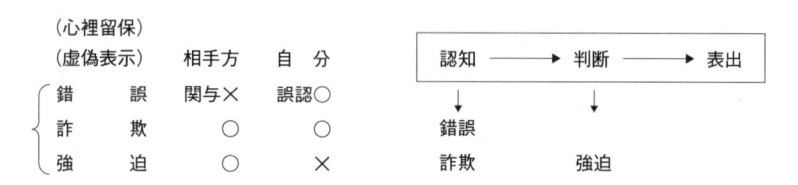

|  | （心裡留保）（虚偽表示）相手方 | 自 分 | 認知 → 判断 → 表出 |
|---|---|---|---|
| 錯　誤 | 関与× | 誤認○ | 錯誤 |
| 詐　欺 | ○ | ○ | 詐欺　強迫 |
| 強　迫 | ○ | × |  |

　ところで，錯誤・詐欺・強迫による無効・取消は，実際にはどの程度認められるのだろうか．錯誤はかなり事例が多いが，契約内容に取り込まれたかどうか（民法 95 条でいう「要素」にあたるか否か）の判断は微妙なところであり，裁判所の判断にはばらつきがある．これに対して，詐欺・強迫は比較的認められにくい（違法性と故意が必要とされているため）．全体としての評価はなかなか難しいが，そう広く認められているわけではなく，判断が微妙な点にも問題がある，とは言えるだろう．

## (2) 特別法

　民法 95 条や 96 条が適用されるような意思の不完全性を伴った契約は，通常の取引にそれほど多いわけではない．もちろん，取引には多少とも「まちがい」や「だまし」が伴うが，事業者間の取引であれば，各当事者が注意をして「まちがい」「だまし」から自分自身を守ることが期待される．ところが，消費者と事業者との間の取引（消費者契約）については，話はやや異なってくる．契約当事者の間に**情報**や**交渉力**の格差があるので，消費者側は「まちがい」「だまし」に遭遇することが多くなる．当事者の自己責任に委ねていては，公正な取引を導くことが困難になる．そこで，消費者契約に関してはいくつかの特別法が制定され，対応がはかられている．

　**特定商取引法**　最初になされたのは，個別の取引類型ごとに問題点を見出して，これを規制するという立法であった．様々な法律が制定されているが，その中核をなすのは**特定商取引法**であろう．1976 年に制定されたこの法

律は，当初は，訪問販売法という名であったが，「訪問販売」のほかに「通信販売」「連鎖販売取引(マルチ商法)」，さらにその後に「電話勧誘販売」「特定継続的役務提供」「業務提供誘因販売」などが規制対象に加えられたために，最近，名称も変更された．この法律は，これら各種の取引が，消費者に不利な構造(たとえば，訪問販売の場合には，軽率に買いやすい)を持っていることに着目して，一連の規制を行っている．

訪問販売を例に，具体的に見てみよう．

① 事業者の**書面交付義務**(特商法4条・5条)．
② **不実告知・威迫困惑行為**の禁止(特商法6条)．
③ **クーリング・オフ**の導入(特商法8条)．
④ 契約解除時の**違約金額の制限**(特商法10条)．

①は事業者に一定の情報提供をさせる趣旨である．③の**クーリング・オフ**とは，契約の撤回権のことである．頭を冷やして再考して軽率に締結した契約を撤回することを認めているのである．クーリング・オフには理由はいらないが(錯誤・詐欺・強迫の主張・立証は不要)，権利が行使できるのは短い期間内(特商法10条では8日間)に限られている．

**消費者契約法**　特定商取引法をはじめとする個別の特別法が存在するならば，消費者はそれらを利用することができる．しかし，このようなやり方では，まだ法律のできていない問題は解決できない．そこで，すべての消費者取引に適用される一般的な特別法(民法に対しては特別法，個別の特別法に対しては一般法)の制定が望まれていた．この要望には，1999年に制定された**消費者契約法**によって応答がなされた．

消費者契約法は，次のような行為類型を定め，事業者の行ったこれらの行為によって，消費者が誤認・困惑して契約を締結した場合に，消費者に取消権を与えた．

① **誤認型**：不実告知(消費者契約法4条1項1号)
　　　　　　断定的判断の提供(同2号)
　　　　　　不利益事実の不告知(消費者契約法4条2項)
② **困惑型**：事業者の不退去(消費者契約法4条3項1号)
　　　　　　消費者の退去不能(同2号)

これらの規定は，一方で，錯誤・詐欺(「誤認型」)や強迫(「困惑型」)の要件をや

や緩めることを，他方，特定商取引法などがすでに規制していた不実告知・威迫困惑行為を一般化することを，意図するものであった．その意図は，部分的には実現されたが，問題点も多く残されている．たとえば，誤認型につき，当初，期待されていた「情報提供義務」の導入は，不利益事実の不告知に置き換えられたが，後者の場合には，利益事実の告知と故意が要件として加えられており，適用範囲は非常に狭い．また，困惑型についても，当初は「状況の濫用」法理（有利な関係や状況を濫用して締結された契約の効力を否定する考え方——外国法に例がある）の導入が説かれていたが，結果としては，ごく限られた行為類型のみが定められるにとどまった．

　消費者契約法は相対的に詳しく要件を書いているので，これを緩やかに解釈適用するのはなかなか難しいが，拡張・類推の努力はなされるべきだろう．あわせて，今後は，消費者契約法の精神を活かしつつ，民法の錯誤・詐欺・強迫を解釈・運用していくことも必要だろう．

最近では，インターネット等を通じた「**電子取引**（e-commerce）」が盛んになっており，事業者間取引（B2B＝bussiness to bussiness）だけでなく消費者取引（B2C＝bussiness to consumer）も行われている．電子取引には様々なメリットがあるものの，問題点も少なくない．誤ってキーを押してしまい契約が締結されてしまうというのも，その一つである．この点に対応するため，2001 年の**電子消費者契約特例法**は，一定の場合には，民法 95 条が定めている「表意者に重過失のないこと」という要件を適用しないという特例を定めている（同法 3 条）．ただし，事業者は確認画面を設ければ，この特例法の適用を免れることができる．

## 3. 内容の妥当性

### (1) 形式的な分類

**個別規定による場合**　民法典（あるいはその他の法律）は，「～（する）ことを得ず」という表現を伴う規定をあちこちに置いている（民法 278 条 2 項・349 条・572 条など）．これらに反する契約は多くの場合に無効であると考えられている．あるいは，このように禁止の趣旨が現れていなくても，「公の秩序（公序）に関する規定」と抵触することを，契約で定めることはできない，定めても無効であると考えられている（民法 280 条参照）．これに対して，規定があってもそれが「公の秩序に関せざる規定」であれば，これと異なる契約は有効である（民法 91 条参照）．すでに触れたように，前者を強行規定，後者を任意規定と呼んでいる．

　このように，個別の強行規定に反する契約は無効とされるが，その理由は，すでに述べたように「公序」に反する点に求められる．法が保護すべき社会秩序を害するような契約は，その内容の不当性に着目して，効力が否定される．そして，このような「公序」を個別具体的に示す規定が強行規定と呼ばれているのである．

**個別規定によらない場合**　では，民法典（あるいはその他の法律）に置かれた個別具体的な公序規定に反しない限り，契約は，常に有効だろうか．この点については，民法 90 条が置かれている．90 条は，「公の秩序又は善良の風俗（公序良俗）」に反する契約は，無効であると定めている．ここでは，公序に関する「規定」に反することが求められていない点に注意する必要がある．実際のところ，90 条が置かれたのは，個別具体的な規定がなくとも，公序

良俗に反する契約を無効とすることができるようにするためであった．

> 行政上の禁止規定には，違反に対して行政処分・刑事罰などを課するが，これに違反してなされた契約の効力を否定する趣旨か否かがわからないものがある．かつては，原則として効力には影響しない（効力規定ではなく単なる取締規定）とされていたが，今日では，法令違反は90条違反の要素として考慮し，かつ，原則として無効とすべきではないかとする考え方も有力である[4]．

### (2) 実質的な分類

政治＝家族<br>的な秩序

「公序良俗」とは，具体的には何を指すのだろうか．今日，この言葉には実質的な意味はなく，公序良俗に反するとは社会的妥当性を欠くということにほかならないとされることが多い．しかし，もともとは，公序は政治秩序（統治機構）を，良俗は家族秩序（性風俗）を指していた．公序良俗とは，このような国家＝社会の基本的秩序のことであったわけである．たとえば，公共工事入札の際の談合は公序違反，愛人契約は良俗違反，とされてきた．

ところで，**時代の移り変わりによって，習俗は変化する**．かつては良俗違反とされたものが今日ではそうではない，と判断されることもある．たとえば，愛人に対する贈与は，最近では一定の要件の下に有効とされるに至っている（無効＝大判大9・5・8民録26輯773頁，有効＝最判昭61・11・20民集40巻7号1167頁）．逆に，最近では，憲法秩序に反する契約は，広く公序良俗違反とすべきだとする考え方も有力になっている．たとえば，男女別定年制を定める労働協約（使用者と労働組合の約束で個々の労働者の雇用に影響を与える）は男女平等に反するとして無効とされている（最判昭56・3・24民集35巻2号300頁）．

経済＝社会<br>的な秩序

民法典の起草者たちは，経済や労働問題につき公序良俗違反が問題になるという事態を想定していなかった．経済に関しては取引の自由が産業の発展をもたらすと考えられていたし，労働問題は起草者たちの考慮の外にあった．

ところが，日本では1920年代から，取引に関して公序良俗違反を問題にすべきだとする考え方が出てくる．具体的には，当事者の一方が他方から暴利を得

---

4) 大村「取引と公序」同『契約法から消費者法へ』（東京大学出版会，1999）や山本・後掲書を参照．

**男女の定年差別無効**
**日産自の上告棄却**
最高裁初の判断

1981.3.24（朝日）

るような契約は無効とすべきだというのである（暴利行為）．このような動向は，1930年代の半ばに判例によって承認され（大判昭9・5・1民集13巻875頁），この法理にもとづいて過大な利息・違約金あるいは担保を定める契約が無効とされるようになった．そして，1970年代に入ると，この法理は消費者契約に適用されるようになる．70年代にはもう一つの動きがあった．労働協約が公序良俗違反とされるという例が増えたのである．こうして最近では，経済＝社会的な秩序もまた公序良俗の一環をなすと考えられるに至っている．

なお，消費者問題・労働問題に90条が適用される場合には，そこでの「公序」の内容は，消費者や労働者に一定の保護を与えることと限りなく接近している．これらの場面では，**90条は，社会全体の秩序維持と同時に（あるいはそれ以上に）契約の一方当事者の利益保護の手段となりつつある．**

> 経済的な公序が問題になる場面では，契約の内容そのものに加えて契約締結の過程も考慮に入れられるようになってきている．この意味では，90条は95条・96条を補完する役割をはたしている（たとえば，勧誘に問題があったが錯誤・詐欺・強迫には当たらない場合でも，内容の不当性をあわせて考慮に入れて，90条違反とする）．ま

た，90条違反の効果は無効であるが，経済的な公序違反の場合には，一部無効とされることが増えている（一定の割合を超えた部分につき利息・違約金が無効となる）．以上のように，現在では90条は，より広く・より柔軟に利用されている．

[条文をもう一度]
　第90条【公序良俗違反】　公の秩序又は善良の風俗に反する事項を目的とする法律行為は無効とす．
　第95条【錯誤】　意思表示は法律行為の要素に錯誤ありたるときは無効とす．但表意者に重大なる過失ありたるときは表意者自ら其無効を主張することを得ず．
　第96条【詐欺・強迫】　①　詐欺又は強迫に因る意思表示は之を取消すことを得．
　　②　略
　　③　詐欺に因る意思表示の取消は之を以て善意の第三者に対抗することを得ず．

[他の概説書では]
　大村・消費者法68～118頁，大村Ⅰ41～73頁，内田Ⅰ63～87頁，257～282頁，山本Ⅰ152～270頁

[図書館で探すなら]
　森田宏樹「民法95条」広中俊雄＝星野英一編『民法典の百年Ⅱ』（有斐閣，1998）
　大村敦志『公序良俗と契約正義』（有斐閣，1995）
　山本敬三『公序良俗論の再構成』（有斐閣，2000）
　「消費者契約法――立法への課題」別冊NBL54号（商事法務研究会，1999）
　経済企画庁『逐条解説消費者契約法』（商事法務研究会，2000）

## Pause café 7 ●三越の看板

　世界初のデパートはフランスで1852年にオープンしたボン・マルシェ（現存）であるとされるが，日本初のデパートは1905年の三越である．三越は様々な販売戦略を導入したが，その一つが広告ポスターの活用であった．『三四郎』でも，この現象がとらえられている．

「三四郎は朝のうち湯に行つた．閑人の少ない世の中だから，午前中は頗る空いている．三四郎は板の間に懸けてある三越呉服店の看板を見た．奇麗な女が書いてある．其女の顔が何所か美禰子に似ている．能く見ると目付が違つている．歯並が分からない．美禰子の顔で尤も三四郎を驚かしたものは目付と歯並である．……」（『三四郎』6の9）

戦前に三越のポスターを担当した画家としては杉浦非水が有名であるが（本章扉絵を参照），彼が三越に入社したのは1908年，最初のポスターを書いたのは1914年なので，三四郎が見たポスターは彼の作品ではない（元禄衣装の売れっ子芸者をモデルにした絵であるという）．朝日連載時の挿絵（名取春仙画）には美禰子を描いたものが何点かあるが，非水の女ではなく（画家原口のモデルとされる）橋口五葉——彼も三越のポスターを描いた——の女の方に近いようだ．

## D 無効・取消の後始末をする

民法典は様々な無効・取消原因を定めているが，Cでは，その主要なものを見てきた．ところで，これらの諸原因は，ある場合には無効を，ある場合には取消を認めている．では，無効と取消とでは，どこがどう違うのだろうか(1.)．また，契約が無効となる（取り消される）というのは，その効力が否定されるということであるが，「効力が否定される」とは具体的にいかなることか(2.)．

### 1. 無効・取消の対比

無効と取消の対比にあたっては，まず，もともと二つの制度はどのようなものとして構想されていたかを述べる必要がある((1))．続いて，今日では，両者の相対化が進んでいることを示そう((2))．

#### (1) 制度の趣旨

**基本的な異同**　無効と取消の基本的な異同から始めよう．「無効」はその言葉通り「効力がない」ということであるが，「取消」は「取消たる行為は初より無効なりしものと看做す」（民法121条）とされているので，いったん取消がなされれば，その効果は「無効」と同じになる．結果としては，無効も取消も「効力がない」ことになる点では共通である．

しかし，以上の説明にも窺われるように，「無効」は何もしなくても「効力がない」のに対して，「取消」の場合には「取り消す」という行為が必要である．そして，この行為（取消の意思表示．民法123条）がなされるまでは「無効」という効果は発生せず，取消がなされると「初より」無効であったことになる．これは，取消までは一応は有効である（取消可能な状態であるが，取消をしなければ有効のままである）ことを意味する．取消によって遡って有効が無効に変化するのである（**遡及効**という．このことの意味は後述する）．以上のように，取消の場合，契約が無効となるか否かは取消という行為をするか否かに依存しているのである（取り消すか取り消さないか選択の余地がある）．この点で，無効と取消とは異なっている．

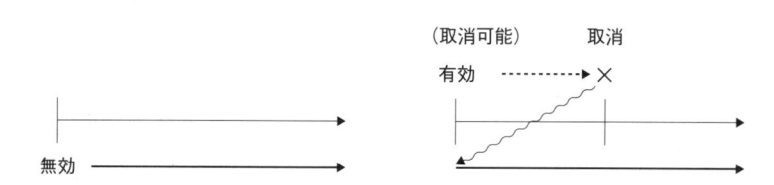

　**付随的な異同**　他にも，無効・取消はいくつかの点で異なっている（共通点もある）．主な相違は次の点にある．①**主張権者**：無効は原則として誰でも主張できるが，取消については取消権者のみが取り消せる（民法120条）．②**主張期間**：無効の主張には期間制限はないが，取消権は一定期間内に行使しないと消滅する（民法126条）．つまり，無効はいつでも誰でも主張できるのである．③**追認**：取消可能な契約は追認すると，初めから確定的に有効となる（もはや取消権を行使できなくなる）．これに対して，無効の場合には，追認しても効力は生じない．ただし，無効原因の存在を知って追認した場合には，新たに契約がなされたとみなされる（錯誤を知って契約すると新契約をしたことになる．もっとも，公序良俗違反の場合には新契約も無効）．なお，一定の行為を行うと，もはや取消権の行使は許されなくなる旨の規定が置かれているが，これを**法定追認**と呼んでいる（民法125条）．

## (2) 制度の現状

　**相対化の進行**　以上に見てきたように，少なくとも民法典においては，無効と取消とは異なる制度として構想されている．これもすでに見た

ように，いったん取り消されてしまえば，初めから無効でも取り消された結果としての無効でも，無効という点では同じである．両者の相違は，取消権には各種の制限がかかっていて，その結果として，取消がなされずに契約が有効となる場合があるという点にある．この相違は，無効原因と取消原因の相違に由来するものと考えられる．たとえば，社会秩序（公序良俗）の維持（民法90条）と制限能力者の保護（民法4条，12条，16条）とを比べると，前者では契約の効力を否定する必要性が高いが，後者の場合には取消権者の選択に委ねればよい．また，同じく意思の不完全性にかかわると言っても，かつての考え方によれば，「意思の欠缺」である錯誤（民法95条）と「瑕疵ある意思表示」にすぎない詐欺・強迫（民法96条）とを比べると，後者よりも前者につき，より強く効力を否定する必要がある．このように考えられてきたのである．

しかし，すでに示唆したように，一口に公序良俗違反と言っても，今日ではその中に，特定の者（消費者・労働者など）の保護という色彩を強く帯びたものが含まれるようになってきているが，この場合には制限能力者の保護と大差がない．また，錯誤と詐欺の差が縮まっていることも，すでに述べた通りである．

このような事情を背景に，最近では，無効と取消の間にあった差異が消滅しつつある．すなわち，両者の相対化が進みつつあると言われている．具体的には，無効の場合にも主張権者を制限する（**相対無効**と呼ばれる．本来の無効を**絶対無効**という）とか，後に述べるように，無効の範囲を縮減する（**一部無効**と呼ばれる．本来の無効を**全部無効**という）といったことが提案され，現に行われている（相対無効については民法95条の例があり，一部無効は公序良俗違反につき判例が認める）．

**相対化の是非** 以上のように，効果の次元での相対化の進行は，要件の次元での相対化の進行と密接に結びついている．では，この両次元での相対化はどのように評価されるべきだろうか．

この点については，一方で，意思と内容，錯誤と詐欺・強迫を対比するという二元法に支配された思考様式には必然性がない，より柔軟な法理を開発するために，それぞれの制度の要件効果を相対化していくのは，当然かつ必要なことであるという見方がある．不当な契約を締結させられた消費者を救済するという観点からは，このように説かれる．他方，契約の効力が否定される理由を説明し，有効・無効を分ける基準を明確にするためには，すべてを一括して判断するというのではなく，いくつかの具体的な制度を設けることに意味がある

という見方もある．契約法の理論を重視する観点からは，こちらの見方が支持される．

　おそらくは，真理は中間にある．というよりも，双方に真理がある．思想・技術の裏付けのある個別具体的な制度を用意することは重要であるが，それを固定的にとらえて絶対視することは避けなければならない．法制度は，社会的な要請に応えて，自ら姿を変えていくべきものである．他方，無効・取消に関する法制度はたくさんの問題を抱えているが，これを一挙に解決する方策を求めてはならない．「魔法のポケット」のような何でも可能な漠然としたルールではなく，慎重に再調整された個別のルールが必要だろう[5]．

## 2. 無効・取消の帰結

　無効・取消の後はどうなるか．この点に関しては，一方で，契約の相手方との関係（(1)）で，他方，第三者（契約当事者以外の者）との関係（(2)）で，考えていく必要がある．

### (1) 相手方との関係

返還請求の範囲　（取消によるものも含めて）無効とは「効力がない」ということである．ここで，**「効力がない」とは，当事者間に契約に基づく法的義務が発生しないということである**．たとえば，売買契約が無効になれば，売主は目的物引渡義務を負わないことになり，買主は代金支払義務を負わないことになる．それでは，「義務を負わない」とはいかなることか．

　二つに分けて考える必要がある．契約にもとづく義務が，① まだ履行されていない場合と ② すでに履行されてしまった場合，である．① の場合には，話は簡単である．義務を負わないのだから，履行をする必要がない．売主は目的物を引き渡す必要はないし，買主は代金を支払う必要がない．問題は ② の場合である．この場合には，売主は引き渡しをすませてしまっている（あるいは，買主は代金を支払ってしまっている）．しかし，義務を負わないのだから，この目的物引渡（代金支払）には理由がなかったことになる（取消の場合には，当初は理由があっ

---

[5] 大村「契約内容の司法的規制」同『契約法から消費者法へ』（東京大学出版会，1999）を参照．

たが，事後的に当初から理由がなかったことにされる．これが遡及効の意味である）．引渡（支払）をしてしまった者は理由なく目的物（代金）を失い，引渡（支払）を受けた者は理由なく目的物（代金）を手にしたことになる．そこで，このような状態を解消するために，売主（あるいは買主）は引き渡した目的物（支払った代金）の返還を求めることができる．これを**不当利得**の返還請求という（民法703条）．

　確認しておこう．契約が無効となったがすでに履行が終わってしまっている場合には，履行を終えた当事者は相手方に対して，不当利得の返還請求を行うことができる．これが原則である．しかし，この原則にはいくつかの細則や例外がある．これらを順に見ていこう．

　第一に，返還請求の範囲について．いったい何の返還を求めることができるのか．もちろん，目的物や金銭の返還を求めることができるわけだが，話はそれだけでは終わらない．一方で，目的物の使用の対価や金銭の利息を支払う必要がないかが問題となる．他方，目的物が滅失・毀損していたり，金銭を使ってしまったという場合にはどうなるのかも問題となる．この点につき，民法典は相手方が**善意**であるか**悪意**であるか（無効・取消原因を知っていたか知らなかったか）によって，異なる扱いをしている．悪意の場合には利息を付けて全額を返す必要があるが，善意ならば「現に利益の存する限度」（**現存利益**）で返還すればよい．したがって，利息を付ける必要はないし，滅失・毀損があった場合には手元にある物を返せばよい．また，金銭を使ってしまった場合も同様である（ただし，この金銭で必要な支払をした場合には，その借金がなくなったという利益が残っているとされている）．なお，相手方が制限能力者の場合には，善意悪意にかかわらず現存利益を返すだけでよい（民法121条但書）．制限能力者を保護する趣旨である．

　第二に，例外的に，返還請求が全く許されない場合がある（返還請求の範囲ゼロと言ってもよい）．**不法原因給付**と呼ばれる場合である（民法708条）．これは，不法な理由で引き渡された物の返還請求は認めないという趣旨である．たとえば，麻薬の取引で，Aが代金を支払ったが，Bは目的物を引き渡さずに契約の無効を主張したとしよう．麻薬取引は法律で禁止されており，契約は公序良俗違反で無効である．そうなると，Aは代金の返還請求ができそうだが，この請求は認められない．このように汚れた（違法に収受された）金銭の返還に裁判所は手を貸さない，ということである．

**無効・取消の範囲**　以上は，完全に（契約全部が）無効になった場合に，どの範囲で（ゼロの場合も含めて）返還請求ができるかという話だった．これとは別に，返還請求の前提となる無効・取消自体の範囲をどう画するかという話がある．すでに触れた一部無効などにかかわる問題である．もし契約の一部が無効になるにすぎないならば，義務がなくなるのも一部ということになり，返還請求も全部ではなく一部になる．したがって，結果としては，返還請求の範囲に影響が出ることになる．

```
┌─────────────────────┐           ┌──────────────┐
│                     │           │  一部＝無効   │
│    （全部）無効      │           ├──────────────┤
│                     │           │  残部＝有効   │
└─────────────────────┘           └──────────────┘
```

　日本民法典は一部無効を認める明文の規定を置いていないが，一部無効を認めることは可能であると考えられており，判例には，実際に一部無効を認めるものが多い．一部無効は，契約の量的部分（金額・数量・日数）などについては認めやすいが（相手方が義務を履行しない場合に備えて予め違約金を定めておく違約金条項につき，一定額以上の部分を無効とするなど），質的部分について認められることもないわけではない（自分が義務を履行できない場合に備えて予め賠償額を制限しておく責任制限条項につき，過失の場合と故意の場合を分けて，後者については無効とするなど）．なお，一部取消については従来はあまり論じられてこなかったが，最近では若干の議論がある．

> 　なお，一部無効とは反対に，無効な契約と「一体不可分」であることを理由に，別の契約が無効とされることもある．一部無効が無効範囲の縮小をもたらすのに対して，「一体不可分」無効は拡大をはかるものである．たとえば，判例には，次のようなものがある．戦前，貧しい農家ではお金を借りるために娘の「身売り」を行った．もっとも，民法上は「人」を売ることはできないので（民法555条の「財産権」に入らない），実際には「売った」のと同様の拘束ができる仕組みが考案された．**芸娼妓契約**と呼ばれるもので，AがBからお金を借りるが（前借金），これを返すために，Aの娘A′がB（またはB′）の下で芸娼妓として働く（足抜けに備えて高額の違約金を定める），というものである．戦前から判例は，この契約のうちの労働契約は人身の自由を拘束するものであり無効だが，前借金はこれとは独立の契約であり有効であるとしてきた．しかし，戦後の判例は，労働契約と一体不可分の前借金契約も無効で

> あるとしたのである．

## (2) 第三者との関係

**無効・取消に着目して**　ここまで第三者との関係については触れて来なかったが，(取消の場合も含めて) 契約が無効になると，第三者が影響を受けることがある．たとえば，AからBに，BからCに，同一の目的物が売却されたが (目的物は書籍，A＝出版社，B＝書店，C＝消費者，あるいは，目的物は土地，A＝地主，B＝不動産業者，C＝購入者，など)，AB間の契約が，Bの詐欺を理由にAによって取り消されたとしよう．取消がなされると，契約は初めから無効だったことになる．そうすると，Cは，目的物につき所有権を持たない (当初は持っていたが，遡及効によって持っていなかったことになる) Bとの間で契約をしたことになってしまう．Bが他人の物を売り払っても，これを買ったCは所有権を取得しない (契約自体は有効．民法560条)．したがって，Aから返還請求を受けたら，所有権を取得できなかったCは，これに応じなければならない．しかし，常に，このような結果が生ずるとすると，Cの地位は極めて不安定なものとなる．そこで，いくつかの手段によって，Cの保護がはかられている．

$$A \xrightarrow{\times} B \longrightarrow C$$
取消

まず，意思の完全性にかかわる規定自体に，Cを保護する規定が組み込まれている場合がある．民法94条2項，96条3項の場合である．これらは，ABの契約から見た第三者Cが，**善意**で (ABの契約が虚偽表示・詐欺によることを知らずに，という意味である) Bと契約を結んだ場合には，Aはこのような C に対して，契約の無効・取消を主張することができない．これらの規定は，次のように説明される．AB間の契約が無効となった場合，本来の権利者Aはすでに給付した目的物を取り戻すことができるのが原則である．しかし，Aの側にも責任がある場合には，AではなくむしろCを保護すべきだろう．そして，虚偽表示の場合にはまさにAに責任があるし，詐欺の場合もAに責任がないわけではない (これに対して，強迫の場合にはAに責任はない)．なお，心裡留保の場合にはやはりAに責任があり，CだけでなくBにも責任がないことがあるので，AB間でも契約は原則として有効であるとされているのである．

**占有・登記に着目して**　実際にはあまり生じない虚偽表示の場合を除くと，無効・取消の主張を制限するという形で第三者を保護する規定は，詐欺の場合の民法 96 条 3 項に限られる．これでは第三者の保護は必ずしも十分とは言えない．しかし，次の点に留意する必要がある．

　それは，動産については**占有**を信頼した（占有者を所有者だと信じた）者を保護する規定が置かれているということである（民法 192 条．ただちに権利を取得するという意味で**即時取得**と呼ばれる．かつては「瞬間時効」と考えられていた）．動産の場合には，誰が所有者であるかがわかりにくいし，調べるのも大変だから，というのがこの規定の趣旨である．この規定があることによって，先ほどの書籍の例で，AB 間の契約の効力が失われて B が無権利者になっても，B の占有を信頼した C は，善意無過失であれば権利を取得することになる．この場合には，AB 間の契約の無効・取消原因が何であるかは問題にならない．無権利の B が動産を占有している場合一般に，この規定は適用される．AB 間に取引がない場合であってもよい（預けた・貸したなど．ただし，盗まれた・紛失した場合には例外がある．民法 193 条）．つまり，所有者 A は，動産を他人である B に占有させた以上，B がこれを勝手に処分してしまうリスクを負担することになるわけである（A がこれを防ぐには，C を悪意か有過失にする必要がある．たとえば，「A 所蔵」などと書いたシールを貼るなどして，B の所有物でないことを明示しておけばよい）．

　では，不動産の場合にはどうだろうか．不動産の権利関係の移転は「**登記簿**」に記載されることは以前に述べた通りである．では，この登記簿を見て，B 所有の土地だと信じて取引をした C は，動産につき占有を信じた場合と同様に，保護されるだろうか．原則としては保護されないが，（ただし，しばらく前から例外が広がりつつある）．これが答えである．動産に比べてより重要な財産である不動産に関しては，A の所有権を失わせるのにより慎重でなければならない．そこで，日本法の下では，第三者 C を保護する規定は置かれていない．A の不動産が B 名義で登記されていても，この登記を信じた C は保護されないのが原則なのである．

---

　とはいえ，このような真実から離れた登記（不実の登記）がなされていることにつき，A の責任を問うことができる場合には，話は別であり，例外的に C を保護すべきである．最近ではこのように考えられるようになってきている．具体的には，**民法**

| 順位番号 | 事項欄 |
|---|---|
| 壱 | 所有権移転<br>昭和参五年八月壱〇日受付<br>第■号<br>原因　同年同月八日売買<br>所有者　文京区■弐丁目番■号<br>■<br>法務大臣の命により順位八番の登記を移記<br>昭和四参年壱〇月弐四日 |
| 弐 | 所有権移転<br>昭和四五年七月参日受付<br>第■号<br>原因　同年同月弐日売買<br>所有者　文京区■弐丁目番■号<br>株式会社■ |

甲区（所有権）

| 順位番号 | 事項欄 |
|---|---|
| 壱 | 壱弐番根抵当権抹消<br>昭和五〇年参月弐七日受付<br>第■号<br>原因　昭和五〇年弐月弐八日解除 |
| 壱四 | 壱四番根抵当権変更<br>昭和五〇年六月壱参日受付<br>第■号<br>原因　昭和五〇年六月四日変更<br>極度額　金五千万円 |
| 付壱七 | 根抵当権設定<br>昭和六〇年八月八日受付<br>第■号<br>原因　同年七月参日設定<br>極度額　金五千万円<br>株式会社■<br>持分 |

乙区（所有権以外の権利）

登記簿の記載例（その1）——コンピュータ化以前のもの

全部事項証明書 (土地)

東京都文京区■2丁目■

調製 平成14年6月20日　地図番号 余白

## 【 表 題 部 】 （土地の表示）

| 【所在】 | 文京区■一丁目 | | | | |
|---|---|---|---|---|---|
| 【①地番】 | 【②地目】 | 【③地積】 m² | | 【原因及びその日付】 | 【登記の日付】 |
| 3番2・3番3 合併8 | 宅地 | 640 | 79 | 余白 | 昭和42年11月27日 |
| 6番8 | 余白 | 余白 | | ①変更 | 昭和63年法務省令第37号附則第2条第2項の規定により移記 平成14年6月20日 |
| 余白 | 余白 | 余白 | | 余白 | |

## 【 権 利 部 （甲 区） 】 （所有権に関する事項）

| 【順位番号】 | 【登記の目的】 | 【受付年月日・受付番号】 | 【原 因】 | 【権利者その他の事項】 |
|---|---|---|---|---|
| 1 | 所有権移転 | 昭和45年7月3日 第■号 | 昭和45年7月2日売買 | 所有者 文京区■二丁目■番■号 株式会社■■ 順位2番の登記を移記 |
| 2 | 所有権一部移転 | 昭和46年12月15日 第■号 | 昭和46年10月16日売買 | 共有者 文京区■二丁目■番■号 持分121275分の27570 社団法人■■ 順位3番の登記を移記 |
| 3 | 持分一部移転 | 昭和46年12月15日 第■号 | 昭和46年7月1日売買 | 共有者 文京区■二丁目■の■号 持分121275分の3171 |

* 下線のあるものは抹消事項であることを示す。

登記簿の記載例（その2）――コンピュータ化されたもの

94条2項の類推適用が広く行われるに至っている．ABが通謀して虚偽の登記をすれば，それはまさに虚偽表示であり，第三者は94条2項の適用により保護される．しかし，通謀はなくても，（Bの関与なしに）Aが不実登記を作出している場合はもちろん，（Bが勝手に行った虚偽の登記を）Aがこれを承認している場合・放置している場合には，やはりAの責任を問うべきではないか，というわけである．この場合，民法94条2項にぴったりとはあてはまらないが，その考え方（「法意」などと呼ばれる）を参考にして類似のルールを導くことになる．このような操作を類推適用という．

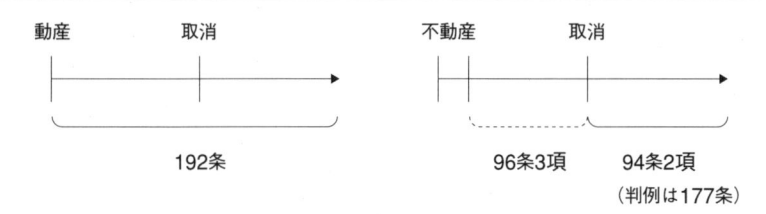

```
動産       取消                        不動産      取消
├────┼────────▶          ├──────┼────────▶
└─────────┘                    └──────┘└──────┘
    192条                         96条3項   94条2項
                                        （判例は177条）
```

[条文をもう一度]

　第703条【不当利得の要件・効果】　法律上の原因なくして他人の財産又は労務に因り利益を受け之が為めに他人に損失を及ぼしたる者は其利益の存する限度に於て之を返還する義務を負ふ．

　第94条【虚偽表示】　①　相手方と通じて為したる虚偽の意思表示は無効とす．

　　②　前項の意思表示の無効は之を以て善意の第三者に対抗することを得ず．

[他の概説書では]

　大村 I 75〜103頁，内田 I 283〜289頁，山本 I 271〜283頁

[図書館で探すなら]

　川井健『無効の研究』（一粒社，1979）

　椿寿夫編『法律行為無効取消の研究』（日本評論社，2001）

## Pause café 8 ●様々な見せ物

デパートめぐりは都会の愉しみだったかもしれないが，様々な見せ物の存在も見逃せない．『三四郎』には，様々な見せ物が登場する．娘義太夫・活動写真・競馬……．いずれ

も当時流行の見せ物である（『虞美人草』では，上野の勧業博覧会の様子も描かれている）．そして，大衆娯楽を代表するものとして重要だったのが，菊人形．幕末に始まった団子坂の菊人形はいったんは途絶え，明治7年に再興されて同45年まで続いた．漱石は，三四郎・美禰子の「デート」にこれを利用している．

　「一行は左りの小屋に這入つた．曾我の討入がある．五郎も十郎も頼朝もみな平等に菊の着物を着ている．ただし顔や手足は悉く木彫りである．……よし子は余念なく眺めている．広田先生と野々宮君はしきりに話しを始めた．……三四郎は外の見物に隔てられて，一間ばかり離れた．美禰子はもう三四郎よりも先にいる．……美禰子は……振り返つた．……野々宮のいる方を見た．……美禰子は又向をむいた．見物に押されて，さつさと出口の方に行く．三四郎は群集を押し分けながら，三人を捨てて，美禰子の後を追つて行つた．」(『三四郎』5の6)

こうして賑やかな人通りから離れて，二人は小川にそって二人だけで歩き始める．鮮やかな場面転換だ．

………………………………………………………………………………………

# 第1章第1節・まとめ

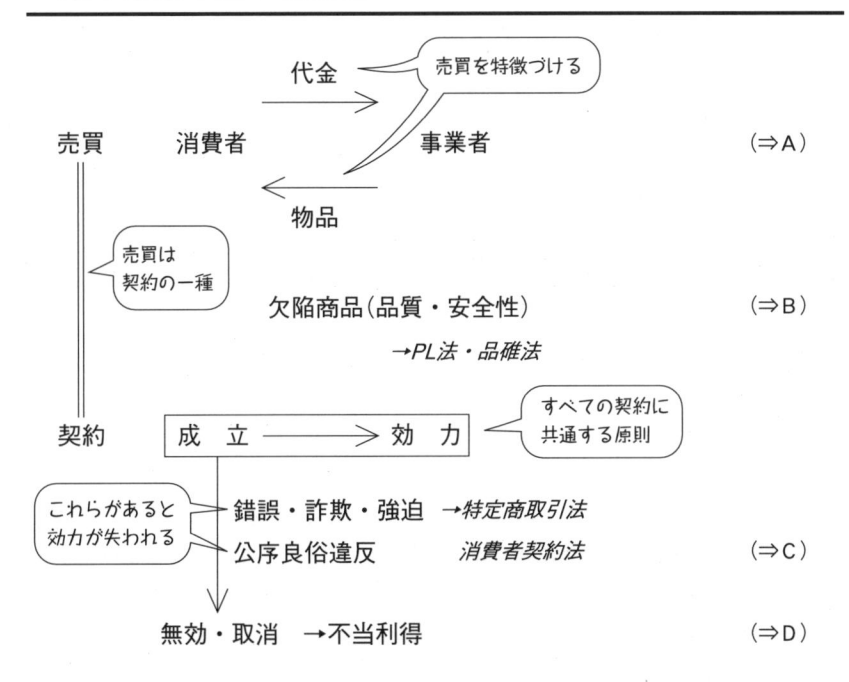

```
                  代金    ┌─ 売買を特徴づける ─┐
              ┌─────→─────┤                    │
売買   消費者              事業者              （⇒A）
  ‖                ←─────
  ‖                  物品
  ‖    ┌─売買は
  ‖    └─契約の一種
  ‖                欠陥商品（品質・安全性）    （⇒B）
  ‖                  →PL法・品確法
契約   成 立 ────→ 効 力   ┌─ すべての契約に ─┐
                           └─ 共通する原則    ┘
       │
┌これらがあると┐ 錯誤・詐欺・強迫  →特定商取引法
└効力が失われる┘ 公序良俗違反        消費者契約法   （⇒C）
       ↓
       無効・取消  →不当利得                    （⇒D）
```

物品と民法

# 2 役務と民法

## A 仕事を頼む

### 1. 役務提供契約の位置づけ

#### (1) 役務提供契約の社会的位置づけ

<サービス化の傾向> 消費生活という言葉から連想されるのは，かつては「物」であった．「消費」という言葉は，ある物を壊してそこから効用を得る，という意味を持っているが，この語義は食糧や衣料についてはよくあてはまる．また，1960～70 年代にかけて消費社会の象徴であった家電製品は，「耐久消費財」と呼ばれたが，それらも年数をかけてではあるが，使うことによって徐々に壊れていくものであった．このような意味で，私たちは生きるために，「物」を「消費」してきた．

ところがある時期から，私たちの消費生活において，有形の「物」ではなく無形の「サービス」が占める割合が増大しはじめた[1]．各種スペクタクル（演劇・音楽・映画・スポーツ）のほかに，美容・学習（エステサロン・英会話教室），あるいは旅行・通信（パックツアー・携帯電話）などが，消費者個人にとって，また，産業としても，その重要度を増してきている．このような「サービス化」の傾向は 20 世紀後半にすでに始まっていたとも言えるが，1980 年代に顕在化し，90 年代に一層加速したと言えるだろう．そして，今後も，たとえば，子育てや高齢者介護に関するサービスなども含めて，この傾向はさらに進展していくことだ

---

[1] 佐和隆光編『サービス化経済入門』（中公新書，1990），松原隆一郎『消費資本主義のゆくえ』（ちくま新書，2000）などを参照．

| GNP 構成比 | 1960 | 1970 | 1980 | 1988 |
|---|---|---|---|---|
| 第1次産業 | 13% | 6% | 4% | 3% |
| 第2次産業 | 42% | 44% | 39% | 38% |
| 第3次産業 | 40% | 45% | 51% | 53% |
| （うちサービス業） | 7.5% | 9.6% | 11.7% | 14.6% |

| 就業者数 | 1970 | 1980 | 1988 |
|---|---|---|---|
| 第1次産業 | 20% | 13% | 10% |
| 第2次産業 | 35% | 34% | 33% |
| 第3次産業 | 38% | 44% | 48% |
| （うちサービス業） | 12.7% | 16.1% | 19.7% |

（佐和・前掲注1）による）

ろう．以上の傾向を大ざっぱに示すデータを掲げておく．

> 「第3次産業」は「第1次産業（農林水産業）」「第2次産業（鉱工業）」以外の産業として定義されてきたが，具体的には，電気・ガス・水道業，卸売・小売業，金融・保険業，不動産業，運輸・通信業，そして狭義の「サービス業」が含まれており，広い意味でのサービス業であると言える．これに対して，狭義の「サービス業」には，レンタル・ホテル・映画娯楽・放送・情報広告・医療保険・宗教・教育・社会福祉・専門サービス（法律・税務・デザイン・著作など）などが含まれる．

**サービスのための契約**　以上のようなサービスの提供は，物の提供が売買契約によってなされるのと同様，契約によってなされる．舞台やコンサートのチケット，あるいは，航空券を買うのも契約にほかならない．ただし，これらの場合，事業者が代金を得る代わりに提供するのは，物品ではなく，芝居を見せる・演奏を聞かせる，あるいは，飛行機に乗せる，というサービスである．「チケットを買う」と言っているが，もちろん消費者は「チケット」という紙片がほしくて契約するわけではない．ここでの「チケット」は各種のサービスを受けることができる地位（契約による）を表象しているにすぎない．

ところで，このようなサービスのための契約は，古い時代にはそれほど重要なものではなかった．すでにあげた例からも窺われるように，サービスの具体的な内容は，娯楽・余暇・教養・美容・交通・通信などであるが，これらは最近になって商業化されたものである．もちろん，古くから「見せ物」「家庭教師」「伝令」などは存在するが，それらは，一方では，広い意味での「家族」（使用人

も含む)の内部で,他方,様々な「社交」の輪の内部で,(近代的な意味での)契約によることなく消費されてきた.

そのため,サービスのための契約(学問的には「役務提供契約」と呼ばれることが多い)に関する法理論は,最近まで必ずしも十分に発達していると言えなかった.このことを確認するには,民法典における「役務提供契約」の取扱いを見てみるとよい.

### (2) 役務提供契約の法的位置づけ

**法典中の位置づけ**　民法典には13種の契約類型が定められている.このうち,贈与・売買・交換は「物」の所有権の移転に関するものであり,使用貸借・賃貸借・消費貸借は「物」の使用権限の付与に関するものであるが,広い意味ではいずれも「物」に関する契約(「物品型」と呼んでおく)であると言える.これらのうち,今日,大きな意味を持つのは,金銭を対価とする有償の契約である売買と賃貸借である.

| 贈与・売買・交換 | |
| 使用貸借・賃貸借・消費貸借 | } 物品型 |
| 雇傭・請負・委任・寄託 | → 役務型 |
| 組合・終身定金・和解 | → その他 |

これに対して,「役務(サービス)」に関連する契約(「役務型」と呼んでおく)としては,雇傭・請負・委任・寄託がある.それぞれがいかなる内容の契約であるかについては,すぐ後で説明するが,ここでは次の二つのことを指摘しておきたい.第一に,雇傭・請負・委任・寄託の四つの中から,売買のような中心的な契約類型を取り出すことはできない,ということ.これは何を意味するかというと,これらはいずれも特殊な「役務提供契約」であり,そのままでは「役務提供契約」の基本形となりえないものである,ということなのである.別の言い方をすれば,**民法典に存在する役務提供契約は,歴史的に認められてきた特殊なものの集積である**,と言うこともできる.第二に,少なくとも最近までは,「物」を目的物とする契約こそが重要な契約であった,ということ.そのため,雇傭・請負・委任・寄託に関する規定は,売買や賃貸借に関する規定と比べると,必ずしも充実したものとは言い難い.学説もまたこれらの契約に対し

て，あまり関心を払っては来なかった．

　もっとも，**委任**契約に関しては，長い歴史的な伝統がある．ローマの昔から，特別な信頼にもとづいて他人から事務を委ねられた者には重い責任が課されてきたのである．そのため，委任に関する法理は比較的発達している．他方，**請負**は建築請負などを中心に発達してきたものであるが，その他のタイプの請負についてはあまり検討されて来なかった．また，**雇傭**は，産業革命以降は重要な契約類型になっており，今日では，労働法という独立の法領域が成立するに至っている（すでに序章第2節「労働と民法」で触れた）．なお，物を預ける契約である**寄託**は，かなり特殊な契約類型である（後に第1章第4節「貯蓄と民法」で若干触れる）．

> 　物品型の契約のうち，贈与・使用貸借はそれぞれ売買・賃貸借に対応する無償契約（対価なしの契約）である．これらについては，第3章の「社交生活と民法」で扱う（284頁以下参照）．また，交換が売買のヴァリエーションとしてとらえられることはすでに説明した通りである（70頁参照）．なお，消費貸借は金銭その他の消費物に関する特殊な貸借であり，その意味では賃貸借・使用貸借のヴァリエーションである．しかし，そのうちの利息付金銭消費貸借は，社会的には極めて大きな役割を有するものである．これについては，本章第3節「信用と民法」で扱う．13種の契約類型のうち残されたのは，組合・終身定期金・和解の三つであるが，和解については交通事故との関連ですでに触れた（57頁参照）．終身定期金も特殊なものであるが，これについては，親族間での扶養を補うものとして第2章「家族生活と民法」で簡単に触れる（234頁参照）．組合は「団体」を作るための契約であるが，これについても第3章の「社交生活と民法」で扱う（280頁以下参照）．

**理論的な位置づけ**　ここまで見てきたように，民法典においては，役務型の契約は，物品型の契約に比べると，副次的・後発的な性格を持っていると言える．しかし，歴史的な経緯を離れて理論的に考えるとすると，ことがらの見え方は少し違ってくる[1]．

　少し遠回りになるが，契約とは何か，という問題から出発してみよう．これまでにも何度か述べたように，契約とは当事者間にその内容通りの義務を発生させる合意のことである．では，契約から義務が発生するとはいかなることか．それは，契約の当事者の一方が他方に対して，「何かをしなければならない」と

---

[1] 沖野・後掲論文参照．

いうことである．ここで注目すべきは「しなければならない」の内容である．「しなければならない」のは何かと言えば，大きく分けて，「物」を引き渡すか，「役務」を提供するかである．前者を「**与える債務**」，後者を「**なす債務**」，あるいは，前者を「**引渡義務**」，後者を「**行為義務**」などと呼んでいる．

しかし，簡単にわかるように，「与える」というのは「なす」の一形態にすぎない．「引渡」は「行為」の一種であると言ってもよい．物品型の契約では，「与える」あるいは「引渡」が義務内容となるが，これは「物」を対象とした特殊な「なす」債務である，あるいは特殊な「行為義務」であると言うことができる．こうして見てくると，物品型の契約が主，役務型の契約が従，ととらえるのではなく，理論的にはむしろ，役務型こそが原型であり，物品型はその一類型であるととらえる方がよいことになる．

およそすべての契約からは義務が発生する．その意味で，契約の当事者は相手方に対して「何かをしなければならない」．つまり，役務の提供をしなければならない．この意味では，すべての契約は広義の役務提供を含むが，その中で，その役務の内容が「物」にかかわるのが物品型の契約，かかわらないのが(狭義の)役務型の契約である，というわけである．ただ，民法典に規定があるのは，特殊なタイプの役務型契約であり，すべての契約の原型をなすような単純な「役務提供契約」に関する規定は置かれていない．

```
                                    (特殊類型としての)
  物品型 ⇔ 役務型         物品型        役務型
   (主)   (従)              ⇧            ⇧
                            契約＝役務提供
```

## 2. 役務提供契約の内容

### (1) 役務提供契約の種類

**民法典の契約類型**　すでに述べたように，民法典には，役務型の契約として，雇傭・請負・委任・寄託の4類型が定められている．ここで改めて，これらの契約について説明し，あわせて相互の区別について触れよう．

**雇傭**は，「労務に服すること」と「其報酬を与えること」とを要素とする契約である（民法623条）．「服する」という表現にも窺われるように，雇傭における

役務提供は，相手方(使用者)の監視・命令の下で行われる．すなわち，そこには支配・従属の関係が存在する．つまり，どんな仕事をするのかを決めるのは使用者であり，労働者はそれを実行するだけである．

**請負**は，「或仕事を完成すること」と「之に報酬を与えること」とを要素とする契約である(民法632条)．ここでは請負人の義務は「仕事を完成する」ことである．結果が問題であり，プロセスは問われない．つまり，仕事が完成するのであれば，どのようなやり方をとるかは請負人が決めることがらであり，注文者がいちいち口出しするところではない．

**委任**は，「法律行為をなすこと」の「委託」と「承諾」を要素としている(民法643条)．委任については三点を付け加える必要がある．一つは注意義務について．受任者は委任者に対して「善良なる管理者の注意」をもって事務を行わなければならないこと(「**善管注意義務**」と呼ぶ．民法644条)．もう一つは準委任について．委任はもともとは本人に代わって法律行為を行うこと(代理)を中心に発達してきたが，これ以外の「事務」を行うことを義務内容とすることも可能である．これを準委任と呼んでいる(民法656条)．今日では，こちらがむしろ原型となっている(法律行為を行うのは委任の一類型にすぎない)．最後の一つは報酬について．雇用や請負とは異なり，相手方の**報酬**の支払は要素とはなっていないが，これは委任が特殊な信頼関係を基礎に発達してきたことによる．それゆえ，今日でも法典上は，特約をしない限りは無償なのが原則である(民法648条)．もっとも，実際には，受任者が事務処理を業として行っている場合には，明示の合意がなくとも，特約があると認定すべきだろう(たとえば，弁護士に事件を頼むのは，はっきり言わなくても普通は有償)．なお，報酬ではなく**費用**については，受任者はその償還を請求することができるだけでなく，前払の請求もできる(民法650条，649条)．

**寄託**は，「相手方の為めに保管をなすこと」を「約束」して「或物を受取る」ことを要素としている(民法657条)．「保管」は一種の事務であるとも言えるが(民法665条は委任の規定を準用)，ここでは「物」を預かる点にポイントがあり，目的物を受け取ることによって初めて契約が成立する(「**要物契約**」という)．

最後に，四つの契約を相互に，あるいはそれ以外の契約(売買)との関連で，対比しておこう．第一に，雇用と請負・委任の区別であるが，前者が従属的な役務提供を行うものであるのに対して，後者は独立的な役務提供を行うものであ

る．第二に，請負と委任の区別であるが，前者が「仕事の完成」の義務を負うのに対して，後者は「善管注意義務」を負う．別の言い方をすると，後者は「結果」を出すことまでは要請されず，個々の場面で「ベストを尽くす」(何かをする，という形で事前に特定はされてはいない)ことが求められる．第三に，委任と寄託の区別についてはすでに触れた通りである．第四に，請負と売買の区別であるが，物の製造(たとえば建築)が目的である場合には，請負は売買に近づく．現にある目的物を引き渡すのが売買であるのに対して，未だ存在しない物を作って引き渡すのが請負である．

| 雇傭 ⇔ 請負・委任 | 請負 ⇔ 委任 | 請負 ⇔ 売買 |
|---|---|---|
| (従属)　(独立) | (完成)　(注意) | (未完)　(既存) |

**現実の個別契約**　ところで，物品型の契約の場合，ある個別の契約が「売買」であるかどうかを判別するのは，さほど難しいことではない．実際のところ，私たちが物品の入手に際して締結している契約のほとんどは売買であると言えるだろう．これに対して，「売買」に対応するような，中心的・包括的な役務型の契約類型を欠いている役務型の契約の場合には，話はそれほど簡単ではない．特に，ある個別の契約が請負であるか委任であるかを決める(「性質決定」という)のは，なかなか微妙な作業である．

　たとえば，次の例で考えてみよう．Aは旅行会社Bのパック旅行で，サッカーのワールドカップ観戦に出かけた．Bは事前にチケットの手配をしていたが，旅行(試合)の直前になって十分な数のチケットが入手できないことがわかった．そのためパック旅行参加者のうち抽選にもれた者は試合を見ることができなかった．この場合の「パック旅行」契約は，いかなる契約として性質決定されるだろうか．端的に言って，これは請負か委任か．もし請負ならば，BはAに対して，「ワールドカップを見せる」という仕事を完成する義務を負っているので，チケット入手ができなかった場合には義務を履行しなかったことになる．しかし，もし委任であれば，BはAに対して，「ワールドカップが見られるようにする」という事務を行うにつき善管注意義務を負っているのであり，必要な手当をしたのにチケットが入手できなかった場合には，義務違反はなかったということになる．

　ここでのポイントは二つある．一つは，ある契約は見方によって請負とも委

> **アレ！行けないの？**
> 待ちに待って"Wの悲劇"
> **「原因分からぬ」連発**
> チケット騒動
>
> 1998.6.11（朝日）

任とも性質決定しうるということ．もう一つは，その際の判断の分かれ目は，結果をもたらす義務までを負ったのか (**結果債務**という)，それとも，最善の手段を尽くす義務を負ったにすぎないのか (**手段債務**という) にあるということ．つまり請負か委任か，どちらの性質決定もありうるが，役務提供者が負うべき債務が結果債務 (→「仕事の完成」→ 請負) か手段債務 (→「事務の委任」→ 委任) かに着目して，どちらかに性質決定すべきことになるのである．別の例で言えば，診療契約における医師 (病院) の義務は，病気が治ることまでも保証するものではなく，最高の医療水準に従って治療を行うことを内容とするものであると考えられている．そうだとすると，診療契約は委任であるということになる．

> 世の中で行われている契約には多種多様のものがあり，それらがすべて民法典の定める13種の契約類型に簡単に収まるわけではない．もちろん，典型的な売買や典型的な委任も少なくない．しかし，よく観察しないと，どの契約類型にあてはまるかが明らかにならないこともあるし，よく観察したとしても，既存の契約類型には収まらないこともある (「非典型契約」と呼んでいるが，正確には「個別非典型契約」と呼ぶ方がよい)．このような場合には，類似の契約類型を参照しつつ，当該契約にふさわ

役務と民法 | 123

しい法的処遇を模索していく必要がある．もっとも，同じような非典型契約が社会一般に行われているとなると，それは類型としての意味を持つようになる（「(非法定の)非典型契約類型」と呼ぶことができる）．

## (2) 役務提供契約の特徴

　以上に見てきたように，民法典の定める役務型の契約類型は複数あり，現実の個別契約がそのうちのどれにあたるかは，場合によっては微妙な判断を要する．そして，どの契約類型にあたるかによって，当該個別契約は異なる法的処遇を受けることになる．しかし，どの類型にあたるのであれ，およそ役務提供契約であることによる（いわば類型横断的な）特徴もないわけではない．以下では，二つの点から役務提供契約の特徴を見ていきたい．

　<small>不確定性：義務の内容</small>　第一の特徴としては，役務提供契約における役務提供者の義務内容は，しばしば不明確・不確定なものであることをあげることができるだろう．たとえば，英会話学校やエステサロンなどは，実際に行ってみないと，そのよしあしはわからない．すでにあげた例で言えば，旅行会社の義務，医師（病院）の義務は，一義的に明らかなわけではなかった．これは役務提供契約の目的物が役務という無体物であることに由来する．

　対比のために物品型の契約を考えて見ればよい．たとえば売買の場合には，目的物は有体物であり，典型的には目の前にある「この物」である．「この物」は「この物」であり，「この物を引き渡す」という義務の内容は，多くの場合には明らかである．ところが，請負や委任の場合には，なすべき「仕事」や「事務」は目の前にはなく，当事者が言葉によって記述し，さらに債務者が行為によって実現することによって，その義務内容が明らかになる．つまり，目に見えないという点で不明確であり，そして，未だ実現していないという点で不確定なのである．もっとも，考えてみると，売買の場合にも，不明確性はないわけではない．「この物」と言ってみても，見えるもの・分かることは表面的なことがらに限られるからである．「隠れた瑕疵」については特別に瑕疵担保責任が認められているのは，そのためであろう（なお，瑕疵担保責任は請負にも認められている．民法634条以下）．

　以上のような義務の（不明確性をも含む）不確定性から当事者（権利者＝注文者や委任者）を保護するには，いくつかの方策が考えられる．

## 公取委方針

# 大手エステに排除命令

## 「楽にやせる」は不当表示

「ダイエットでは無理なきれいな身体をつくり知られるエム・エス商事（東京都）は、北海道から九州まで各地に直営店約八十のエステティック勧誘広告を展開するエステ業界ではどの広告に著しくやせられるような誤認させる不当表示があるとして、公正取引委員会は、大手エステティック業者に不当景品類及び不当表示防止法違反で近く排除命令を出す方針を決めた。実質にはかなりのカロリー制限を課しているのに、「簡単にやせる」などと、最大手の一社で、痩身エステでの「健康食・やせる」ことの効果の表示をした初めてのケースになる模様。実際には、公取委によると、痩身食事コースの契約者に対し、摂取カロリーを一日当たり一二〇〇ないし一五〇〇キロカロリーに制限していたという。

「体重を落として気になる部分のサイズダウン」「辛い思いをすることなく体重を落とす」「ダイエットでは無理だったこの変化」「プロの技術です」「やっぱり食事指導の基本は三食きちんと。よく三食きちんと食べる事がベストプロポーションへの近道と考えます」「無理な食事制限はしません」。私たちはバランスのよい食事による当社の技術により容易に著しい痩身効果が可能であるような記載をしましたが、実際には痩身コースの顧客に対し、摂取カロリーを一日当たり一二〇〇ないし一五〇〇キロカロリーの食事をとるように指導しており、このような表示は当社の行う痩身サービスについて実際のものよりも著しく優良であると一般消費者に誤認される表示でした。今後、このようなことがないようにいたします。

平成一五年二月二五日
東京都文京区湯島九丁目八番七号
株式会社　○○エステ・サービス
代表取締役　本郷　××

訂正広告

当社は不当景品類及び不当表示防止法第六条第一項の規定に基づく公正取引委員会の排除命令に従い、一般消費者の誤認を排除するため、次の通り公示致します。

当社は、平成一四年四月三〇日から平成一五年一月七日までの間に配布した三種類の新聞折りこみビラにおいて、「信頼の技術で達成」

1993.6.6（朝日）

役務と民法　125

その一つは，義務内容を予め明確に記述して特定するというものである．「仕事」や「事務」の内容がこのような形で特定可能な場合には，これは有効な方策である．そして，特別法の中には，このような方向を目指していると評しうる規定も存在する．たとえば，**特定継続的役務**（英会話教室・エステサロン・学習塾など特定商取引法が規制対象とするもの）について，**書面交付義務**が課されているのはその一例である．情報開示によって契約内容を予め明らかにすることが期待されるからである（特商法 42 条）．あるいは，新築住宅について，その性能評価を行ってその評価書を添付するというのも別の一例である．この場合には，原則として評価書の内容は契約内容に取り込まれる（品確法 5 条・6 条）．同様の考え方は，役務提供契約一般にも広げることができる．ただし，契約内容を特定することがそもそも難しい場合には，この方策はあまり有効ではない．

もう一つは，将来において事情が変動することを考慮に入れて，義務内容を特定することはあえてせずに，状況に応じて「仕事」や「事務」を依頼した者の利益を考慮するような高い義務（**忠実義務**）を課すというものである（民法上は 644 条の解釈によることになる）．これも有効な方策であり，信託の受託者や会社の取締役などにはこのような義務が課されているが，これをより広く役務提供契約に認めることも考えられるだろう．もっとも，このような高度の義務を認めるには，当事者の間にそれにふさわしい関係（信認関係）があることが必要であるが，すべての役務提供契約に信認関係を認めるわけにはいかないだろう．

<small>継続性：契約への拘束</small>

第二の特徴として，役務提供契約においては，契約は一定期間にわたり継続するということがあげられよう．もちろん物品型の契約である売買を見ても，その履行には通常は一定の時間がかかる．しかし，観念的には，所有権の移転と代金の支払は瞬時にして終了させることができる．これに対して，役務型の契約である請負や委任などの場合，「仕事」や「事務」の遂行には時間がかかる．役務を提供するということ自体が，一定の時間の幅を含んでいるのである．このことは，民法典が典型的に想定するような場合（建築請負や代理）はもちろん，先にあげたパック旅行や診療契約など様々な現実の契約にもあてはまる．

継続的な契約においては，当事者は将来にわたって契約に拘束される．これはある意味では当然のことである．当事者は将来に向けて互いに相手方を拘束するために契約するのだから．しかし，この拘束をあまりに強いものとするこ

とには問題がある．たとえば，いかなる理由があっても未来永劫にわたりやめることができない契約を締結するのは，非常にリスキーなことである．普通の人はこのような契約を締結するのにためらうだろう（たとえば，離婚のできない婚姻や脱退できない団体を想起せよ）．これは，物品型の賃貸借などにも生じるものではあるが，とりわけ役務型の場合に問題は深刻になる．というのは，すでに見たように，拘束されるのが，内容の不確定な契約だからである．

　そこで，請負にせよ委任にせよ（省略するが，雇傭や寄託の場合も），将来に向けて契約から離脱する途が開かれている．具体的には，**請負**については「請負人が仕事を完成せざる間は注文者は何時にても損害を賠償して契約の解除を為すことを得」（民法641条），**委任**については「委任は各当事者に於て何時にても之を解除することを得．当事者の一方が相手方の為めに不利なる時期に於て委任を解除したるときは其損害を賠償することを要す．但已むことを得ざる事由ありたるときは此限に在らず」（民法651条）とされている．規定からわかるように，解除権を持つ者（請負では注文者のみ，委任では双方），損害賠償の要否（請負では常に，委任では不利な時期に解約し，かつ，已むことを得ざる場合についてのみ）などにつき相違が見られるが，少なくとも，注文者・委任者が賠償をして契約を解除することは共通に認められている．

　なお，このように将来へ向けての解除（解約という）を容易にするというのは，実は義務内容の不確定に対応するための手段ともなりうる．① 予め内容をはっきりさせるのでもなく，② 相手方に高い義務を課すのでもなく，③ いったん契約をして自分で内容を確認した上でイヤならばやめる，という第三の方策もありうるのである．そして，これらの方策は三者択一の関係にあるわけではない．そこで，上記の特定商取引法は ① に ③ を加えている．8日のクーリング・オフ期間（特商法48条）が尽きた後であっても，「将来に向かつてその特定継続的役務提供契約の解除を行うことができる」としているのである（特商法49条1項）．この場合には損害賠償は必要であるが，事業者が置いている違約金条項の効力には制限が設けられている（特商法49条2項）．

[条文をもう一度]

　　第643条【委任】　委任は当事者の一方が法律行為を為すことを相手方に委託し相手方が之を承諾するに因りて其効力を生ず．

第644条【受任者の注意義務】 受任者は委任の本旨に従ひ善良なる管理者の注意を以て委任事務を処理する義務を負ふ.

[他の概説書では]
大村・消費者法141〜149頁,内田II253〜286頁

[図書館で探すなら]
中田裕康『継続的取引の研究』(有斐閣,2000)第4章および第6章第1節・第2節

沖野眞已「契約類型としての『役務提供契約』概念」NBL583,585号(商事法務研究会,1995)

森田宏樹『契約責任の帰責構造』(有斐閣,2002)第1章

大村敦志『典型契約と性質決定』(有斐閣,1997)

## Pause café 9 ●様々な習い事

三四郎に登場する女性たち(美禰子とよし子)は,様々な習い事をしている.たとえば次のくだり.

「三四郎は挨拶に窮した.見ると縁側に絵の具函がある.描きかけた水彩がある.『画を御習ひですか』『ええ,好きだから描きます』『先生は誰ですか』『先生に習ふほど上手ぢやないの』……」(『三四郎』5の1)

「『さう云う関係(美禰子の亡くなった上の兄と広田先生が友達だった)で美禰子さんは広田先生のうちへ出入をなさるんですね』『ええ.死んだ兄さんが広田先生とは大変仲善しだつたさうです.それに美禰子さんは英語が好きだから,時々英語を習ひに入らつしやるんでせう」(『三四郎』5の2)

ほかにも,二人はヴァイオリンを習っている様子である(『三四郎』9の7).以上に見るように,美禰子やよし子が現にしていたり,していそうな習い事は「ハイカラ」なものではある.しかし,習い事自体は江戸時代からの伝統に繋がるものだろう.そして,それは英会話教室やカルチャーセンターなど今日の「習い事」文化に至ることになる.

## B 債務を履行する

### 1. 履行の仕組み

#### (1) 債務の履行

**債務の発生**　本節 A でも述べたように，契約は，当事者間にその内容通りの義務を発生させる．ある「仕事」や「事務」を行い，それに対価を支払う契約（請負や委任）が締結されたとすると，当事者の一方（請負人・受任者）は，その契約で定められた「仕事」や「事務」を定められた通りに行う義務を，他方（注文者・委任者）はやはり契約で定められた対価を支払う義務を，それぞれ負うことになる．「仕事」や「事務」として具体的に何を行うのか，あるいは，対価として具体的にいくら支払うのか．これらのことがらは契約によって決められる．そして，契約によってどのような義務を負うかは，（公序良俗に反しない限り）当事者が自由に決められるのが原則である（「**内容決定の自由**」という．「契約の自由」の最も重要な内容をなす）．たとえば，「パック旅行」を例に考えてみよう．パック旅行契約の法的性質についてはいくつかの考え方がありうるが（委任に近いか請負に近いか），いずれにしてもそれは物品ではなくサービスの提供を目的とするものである．すなわち，当事者の一方（旅行会社）は，契約で定められた行程に従って，他方（顧客）に「旅行」をさせる義務を負い，これに対して，顧客は，やはり契約で定められた代金を旅行会社に支払う義務を負う．

　このように，契約はその内容に従って義務（法的な義務を「債務」とも言う．以下，この言葉を用いる）を発生させる．逆に言うと，契約から発生する債務の内容は契約によって定まる（「**約定債務**」という）．これに対して，契約によらず（当事者の意思とは別に）法律の規定に従って債務が発生することもある（「**法定債務**」という）．これまでにも見た不法行為や不当利得はその例であり，たとえば，民法 709 条の要件を満たす場合には，（契約によってではなく）この規定の存在によって加害者は損害賠償債務を負うことになる．

　約定債務の場合には，法定債務の場合と異なり，その内容は契約によって定まる．したがって，**債務内容を明らかにするためには，契約の内容を明らかにする必要がある**．別の言い方をすると，契約の内容が不明瞭であると，債務の内容もはっきりとしないことになる．こうしたことは，目的物が目に見える形

で存在しない役務型の場合には，しばしば生じうる．たとえば，パック旅行で「パリのホテルに宿泊」と定められていた場合，どの地区のどのクラスのホテルに泊める義務が発生するのかが問題となる．同じことは，物品型であっても生じないわけではない．目の前にある「この物」が目的物である場合には問題は生じにくいが，たとえば，電話で産地直送の食品販売会社に「みかん1箱」を注文したという場合，どの程度の品質の「みかん」が目的物とされたのか，といった問題が生じうる．

　契約内容が不明瞭な場合，当事者が確認のための協議をして，双方の合意によって内容が明確化されれば問題は生じない．たとえば，旅行客が確認の電話をして，サービスの具体的内容（「シャンゼリゼ地区の高級ホテル・ジョルジュⅤ」）を確認した場合が，これにあたる．しかし，当事者の双方が異なる理解に基づいて行動してしまい，後でトラブルになることもある．事業者は「最高級の」みかんを配送したが，注文した消費者の方は「一番安い」みかんを頼んだつもりだった．そこで受け取りを拒否したといった場合である．このような場合には，いったいどのようなみかんを送るという契約がなされたのか，事後的に契約を解釈することによって決定しなければならなくなる．

　ところで，解釈によって契約内容（＝債務内容）を確定する際の手がかりになる規定を民法典は用意している．それらのうち，売買なら売買，委任なら委任にかかわるものは，それぞれ別々に配置されているが，およそ債務一般にかかわるものは，債権（債務に対応する権利）の総則の部分に配されている．たとえば，品質に関する規定（民法401条），履行の時期に関する規定（民法412条），履行の場所（民法484条），履行の費用（民法485条）などがその例である．

**債務の履行**　債務は，その内容通りに履行されなければならない．たとえば，上の例で，「一番安い」みかんを配送することが事業者の債務であったとすると，「最高級の」みかんを配達しても債務を履行したことにはならない．それゆえ，債務が履行されたかどうかの判断の前提として，債務の内容を確定することが必要になるわけである．では，債務内容が確定すれば，後はその通りに履行すればよいのか．原則としてはそうである．しかし，いくつかの細則や例外がある．二点について触れておく．

　第一に，債務の履行の当事者について．原則として，債務は，債務者が債権者に対して履行（債務者から見て「**弁済**」ともいう．以下，この言葉を用いることもあ

る) すべきものである．もっとも，弁済をすべき者・受けるべき者として債務者・債権者以外の者を契約で定めることは可能である．みかんの配達を宅配便によって行うことや，配達先を親戚・友人宅とすることはよくあることだろう．これらと異なり当事者の予想しない形で，債務者ではない者が債務を履行し，債権者でない者が弁済を受けることは通常はない (履行したことにはならない)．ただし，細かな (場合によっては重要な) 例外として，次のようなものがある．

> ① 債権者に対する弁済が無効な場合：債権の**差押え** (強制執行の前段階として権利者による処分を禁止する手続き) によって支払いが禁止されている場合 (民法 481 条)．② 債権者でない者に対する弁済が有効な場合：債権者のように見える者に対して弁済した場合 (民法 478 条・480 条)．

第二に，債務の履行の過程について．債務の履行にあたっては，債権者の側の行為が必要なことがある．たとえば，配達されたみかんを「受け取る」ことがこれにあたる．厳密に言えば，債権者 (消費者) がみかんを受領してはじめて債務の履行は完成する．もし受け取りが拒絶されると債務者としては履行を完成されることができなくなる．このような場合にまで，履行がされていないということで債務者を非難することはできない．そこで，債務者は履行のために自分がなすべき行為を終えていれば，不履行の責任を負わない．このような行為を「**弁済の提供**」という (民法 492 条)．

> なお，債権者が受領を拒む時には，債務者は，**供託** (供託所に債務の目的物を預ける) をして債務を免れることもできる (民法 494 条以下および供託法)．

第三に，第二とも関連するが，より広く債権債務関係における当事者の関係について．すでに見たように，債務の履行に際して，当事者は共に債権債務関係にあることから一定の行動をとることが要請される．このことを「**信義誠実の原則**」(信義則ともいう) と呼んでいる (民法 1 条 2 項)．信義則は当事者の法律関係を調整する原則として，様々な制度の適用を制御する．たとえば，パーティー会場に 12 月 24 日午後 6 時までにケーキを届けるという債務を負った者が，6 時 5 分に会場に到着したという場合，厳格に言えば債務不履行であるとも言えるが，債権者は通常は 5 分の遅刻をとがめるべきではなかろう．この場合には，信

義則に照らして，不履行責任を問うことはできないとされるのである（債権者のある程度の寛容さが要求される）．

## (2) 債務の不履行

　　　　　　　　契約によって発生した債務が履行されていないという（かつ信義
　**不履行とは何か**
　　　　　　　　則に照らしても不履行と評価される）状態が発生したとしよう．この場合には，一定の要件の下では，債務者は不履行による責任を負う．逆に言うと，一定の要件の下で，債権者は救済を受けることができる．以下，不履行責任を追及するための要件を明らかにしたい．なお，説明の都合上，外見上，債務が履行されていない状態を「広義の不履行」，このうちで，責任発生の要件を満たした不履行を「狭義の不履行」と呼んでおく．

　**債務者に対して債務不履行の責任を追及するためには，それを正当化する事情（帰責事由）が必要である**．「広義の不履行」があったとしても，帰責事由がなければ，「狭義の不履行」があるとは言えない．具体的には，「広義の不履行」は，①履行は可能だが債務者に履行しなくてよい事情がある場合，②履行が不能となり債務者に帰責事由がない場合，③履行が可能か不能かにかかわらず債務者に帰責事由がある場合，の三つに分けられる．

　このうち①②は「広義の不履行」にはあたるが，これらの場合には不履行責任は発生せず，別の法理が働く．たとえば，①は「**同時履行の抗弁**」（民法533条）が存在する場合である．「同時履行の抗弁」とは，双務契約（売買などのように契約当事者の双方が互いに義務を負う契約）においては一方が履行しないと（弁済の提供をしないと），他方は不履行責任を負わない，というものである．たとえば，旅行会社は，顧客が代金を払わない限り，旅行に連れて行くというサービスの提供を拒むことができる．②は「**危険負担**」（民法534条以下）の法理によって処理される．すなわち，帰責事由なしに履行不能が生じた場合には債務は消滅する．これに伴い，相手方の債務も消滅するのが原則である（民法536条）．たとえば，特殊な伝染病の発生を理由にみかんの取引が禁止されたという場合，売主の引渡義務は履行不能になるが，これは売主に帰責事由のない不履行であり，引渡義務は消滅する．これに伴い買主の代金支払義務も消滅する．①も②も広い意味で帰責事由がないと言える．

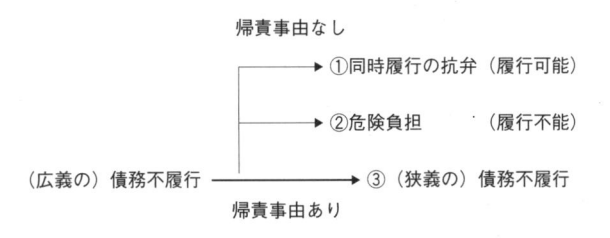

```
                          帰責事由なし
                          ┌────→ ①同時履行の抗弁（履行可能）
                          ├────→ ②危険負担      （履行不能）
  （広義の）債務不履行 ────┴────→ ③（狭義の）債務不履行
                          帰責事由あり
```

　残るのは③であるが，この場合にはじめて債務者には不履行責任が生ずることになる．具体的にはどうなるのか，この点が次の問題である．

**不履行の帰結**　債務者に帰責事由のある債務不履行が発生したとすると，債務者はどのような責任を負うのだろうか．逆に，債権者はどのような形で責任追及を行うことができるのだろうか．債権者には，次の三つのルートが開かれている．

　第一に，債権者は，その債権を裁判所を通じて実現することができる．これを**履行強制**と呼んでいる（民法414条）．具体的には，①強制履行，②代替執行，③間接強制などの手段がある．①は，債務が引渡債務（与える債務）である場合には，物理力を行使して目的物を引き渡させたり（特定の不動産や動産が目的物の場合，たとえば，購入した住宅や自動車の引渡を求める場合），債務者の財産を差し押さえて売却し，代金から配当を受ける（金銭が目的物の場合，たとえば，貸したお金の返済を求める場合）というものである．②は，債務が行為債務（なす債務）のうち代替可能なものであれば（たとえば，エアコンの修理をすることを求める場合），別の人に代替してもらい債務者からその費用を取り立てるものである．③は，債務が代替可能でない場合（たとえば，高名な画家に肖像画を描くことを求める場合）やあるいは不作為である場合（たとえば，午後10時過ぎは営業をしないことを求める場合）に，債務の不履行に対して一定の金銭を支払う義務を課すことによるものである（民執法172条）．

　第二に，債権者は，契約によって自分自身も義務を負っている場合（売買・賃貸借などの**双務契約**の場合）には，その契約を**解除**して，自身の義務を免れることができる（民法541条）．目的物が代替物であるとすると，履行強制をするよりも解除して別の契約相手を見つける方が簡便である．たとえば，Aという酒屋さんにビール1ダースを注文したが配達がされない場合には，解除してBコンビニで買った方が手早い．解除は，履行可能なのに履行がない場合だけでなく，履

行不能でかつ債務者に帰責事由がある場合にも認められる（民法543条）．Cに家庭教師を頼んだところCが自己の不注意でケガをして入院した場合などがその例である．この場合にも，契約を解除して別の人（D）に頼むことになる．履行が可能な場合には「催告」（履行をせよと促すこと）が必要だが，履行不能の場合には，催告には意味がないので，不要である．なお，契約が解除されると，当事者は**原状回復**の義務を負う（民法545条）．

　第三に，債権者は，債務不履行によって被った**損害の賠償**を求めることもできる（民法415条）．履行不能でかつ債務者に帰責事由がある場合にも同様なのは，この点も同じである（民法415条後段）．なお，履行に代わって賠償を求めることができるだけでなく，履行強制や解除をしたが，それでも損害を被ったという場合には，それらの措置とあわせて損害賠償の請求をすることもできる（民法414条4項，545条3項）．

## 2. 履行過程のコントロール

　これまで見てきたように，債務不履行があると，債務者は，契約を解除されたり損害賠償の請求をされたりする．逆に，債権者は，契約を解除したり損害賠償の請求をしたりすることができる．そして，解除の要件あるいは損害賠償請求の要件は民法典が定めている．ところが，実際には，解除や損害賠償につき民法典の定めるのと異なる処理がなされていることがある．とりわけ，事業者と消費者との間での消費者契約に関しては，そのような例が少なくない．というのは，附合契約あるいは約款と呼ばれる現象が広く行き渡っているからである．結論を先取りすると，**附合契約**あるいは**約款**とは，債務の履行過程を契約当事者の一方（事業者）が予め制御するための法的手段である．その存在には一定の合理性があるが，これらが濫用されると，他方当事者（消費者）の利益は大きく損なわれることになるので，一定の法規制が必要とされることになる．

### (1) 付随条項の存在

**附合契約と約款**　　「附合契約」「約款」は，20世紀の初めにフランス，ドイツなどでそれぞれ用いられた用語である．両者はほぼ同じ現象を指している．すなわち，ある特定の事業者が多数の顧客と取引をするに際して，一定の（しばしば自己に有利な）契約内容を予め定め，これを承諾することを条件

として契約を締結する，という現象にかかわるものである．たとえば，運送や保険の場合などを考えればよい．もっとも，「附合契約」と「約款」とでは，やや視点を異にしている．「附合契約」というのは「附合する (adhérer)」という語に由来する表現であり，一方が作成した契約に，他方が「交渉の余地なく同意する」という面に光を当てて「附合する」と表現したものである．したがって，そこには当事者の力のアンバランスが含意されている．これに対して，「約款」は，このような契約に際して，一方当事者が予め作成した「一般的契約条件」を指す表現である．そこには，その内容が知られていない・その内容が不当なことがありうるという含意がある．

　「約款」によって契約条件を定め，それに相手方を「附合させる」という契約の仕方には一定の合理性がある．たとえば，運送契約を例に考えてみよう．東京―上野間の鉄道旅客運送契約を締結する際に，鉄道会社としては，利用者（消費者）との間で1回ごとに個別に交渉して契約条件を決めるのでは手間がかかって仕方がない．一律に，運賃は180円と決めてしまって，それでイヤな人にはご遠慮いただいた方が面倒がない．一見すると，これは不遜な態度であるように見えるが，利用者側にもメリットがないわけではない．毎日，東京駅の切符売場の前に行列して，1回ごとに交渉を繰り返して切符を買うのでは，いつになったら電車に乗れるのかもわからないからである．

　もっとも，すでに述べたように，「附合契約」「約款」には大きなデメリットが伴う．約款を作ったのは事業者であり，そこにはどうしても事業者に有利な内容が盛り込まれがちである．また，消費者側は約款の内容を知らずに契約をしていることもあり，また，内容を知って変更を求めても事業者側の譲歩が得られることはまずない（東京―上野の運賃が180円から150円になったりはしない）．つまり，**情報**の点でも**交渉力**の点でも消費者は不利な地位に置かれており，不利な内容の契約を強制されがちなのである．「附合契約」や「約款」に対する規制が必要とされる理由はここにある．

中心条項と付随条項　　ところで，「附合契約」において「約款」中に規定が置かれている条項は，どのようなもので，何を定めているのだろうか．例をあげてみよう．JRの定期乗車券の裏面には，次のような趣旨のことが記載されている．

**定期券使用上のご注意**

1　特急料金等特別の料金を必要とする列車に乗車される場合は、特急券等のほか乗車券をお求めください。(別に指定した区間・列車では特急券等をお求めのうえご利用いただけます。)
※　新幹線定期券は、新幹線の普通車自由席をご利用ください。なお、券面区間内の在来線については普通列車の普通車に限りご利用になれます。
2　定期券は、係員から請求があるときは、いつでもお見せください。
なお、通学定期券にあっては、証明書等を必ず携帯してください。
3　送迎の際は、別に入場券をお求めください。
4　列車等の運行休止により引き続き5日以上使用できなかった場合は有効期間の延長等の取扱いをいたします。
5　新幹線定期券は、新幹線が遅延した場合であっても特急料金の払いもどしはいたしません。
6　券面表示事項に違反して使用されたり、次のような場合は、定期券を無効とし回収し、その期間の全区間の普通運賃と2倍の増運賃（料金を含む場合は当該料金と2倍の増料金を含む）をいただきます。
　　(1) 使用資格、氏名、年齢、乗車区間その他の事実を偽って購入して使用されたとき。
　　(2) 券面表示事項を改変して使用されたとき。
　　(3) 区間の連続しない他の乗車券類をあわせて使用し、その各券片に表示された区間と区間との間を無札で乗車されたとき。
7　不要になった場合は、使用された月数（1箇月未満は1箇月に切上げ）相当の定期運賃と手数料とを差し引いた残額を払いもどしいたします。
　　（払いもどし額がない場合もあります。）
8　有効期間が切れた場合は直ちにお返しください。
※　自動改札機のある駅では、自動改札機をご利用ください。なお、定期乗車券の取り違え等にご注意ください。

JR 定期券

①1ヵ月に○○日以上運休した場合には、その日数に対応する料金を払い戻します。
②不正乗車の場合には、定期券を没収し所定の正規運賃の×倍の割増運賃を徴収いたします。

　これらは、一言で言えば、債務の履行過程における契約当事者の権利義務を調整するための規定であると言える。別の言い方をすると、履行過程において生じうる債務不履行につき、予め対処しておくものであると言ってもよい。このような観点から、①②を見てみよう。
　①は、事業者(JR)の債務不履行について責任を制限するものであると言える。「○○日以上運休した場合には、……払い戻します」というのが、親切な契約条項のように見えるが、実は「運休日数が○○日未満の場合には、払い戻しはしません」ということを意味している。この運休につきJRに帰責事由があるのならば、債務不履行責任が発生するはずだが、そのような場合にも責任を負わない、と定めているのである（**責任制限条項**という）。逆に、②は、消費者（利用者）の債務不履行について責任を加重するものであると言える。利用者側は、乗車の区間に従って料金を支払う義務があるので、乗車をしながら料金を支払わない（免れようとする）のは債務不履行にあたる。だから、JRに損害が生じていれば、それを賠償しなければならない。しかし、損害額はいくらだろうか。通常は、料金＋α（若干の費用）であろう。「×倍」の支払義務を課している②は、実

コインロッカーの使用約款

損害以上のペナルティ（違約金）を利用者に課そうというものなのである（**違約金条項**という）．

①②のような契約条項は，契約の目的物や代金など本質的要素について定めるものではなく，不履行の場合の後始末について定めるにすぎない．このような契約条項を「**付随条項**」と呼んでいる（これに対して，目的物・代金などを定める条項を「**中心条項**」と呼ぶ）．多くの場合に，約款はこのような付随条項を定めている．そして，そうであるがゆえに問題が生ずる．というのは，付随条項は，債務不履行があって初めて発動される契約条項であるが，通常，消費者はこれから結ぶ契約が不履行になるという事態を想定していない，あるいは，想定していたとしてもそのことの意味をあまり深刻にはとらえていない（結婚する際に，離婚のことはあまり考えていない．考えたとしても，たとえば財産の分配・子どもの監護につき生じる問題の意味を実感することは難しい）．ここにも，法的規制が必要な理由がある．

### (2) 付随条項の規制

民法典　付随条項に関する法規制は，民法典も全く行っていないわけではない．たとえば，責任制限条項について．売買における瑕疵担保責任に関す

役務と民法 | 137

る民法典の規定は，基本的には任意規定である．したがって，当事者がこれと異なる合意をすれば，そちらが優先する．たとえば瑕疵担保責任を負わないという条項を設けることもできる．ただし，事業者が瑕疵を知っていたという場合には，この条項は効力を持たない (民法 572 条)．あるいは，違約金条項について．民法典は，違約金は当事者が自由に定めることができ，裁判所は違約金条項を変更することができないとしている (民法 420 条)．しかし，判例は，あまりに不当な違約金を定める条項は，**公序良俗**に反し無効であるとしている．

　もっとも，以上のような処理は例外的なものである．特別な規定 (民法 572 条のような) があるか，一般条項 (民法 90 条) が使えるような場合でない限りは，当事者が定めた契約条項は原則として有効であり，内容が不当であるということでその効力を否定することはできない．しかし，このような制限的・部分的な規制をしていればよいのだろうか．これは 1970 年代にヨーロッパ諸国で熱心に論じられた問題である．そして，多くの国が激論の末に立法に踏み切った．たとえば，ドイツは 1976 年に，イギリスは 1977 年に，フランスは 1978 年に，それぞれ特別法を制定した．その内容は異なるものの，一定の要件の下で，契約の自由を制限して**契約における正義**を実現する方策が講じられたのである．

　その後，統合の進んだヨーロッパでは 1993 年に不当条項規制に関する指令が発せられ，加盟国の立法の調和が図られた．具体的には，英独仏 3 国の最大公約数的な基準が作られ，これに従って法改正が進められた．そして，日本でも，この指令を横目でにらみつつ立法作業が開始され，**消費者契約法**が 2000 年に成立し，2001 年 4 月 1 日より施行されている．次に，この法律について見ていこう．

> 　1970 年代の英独仏の立法と 93 年の EU 指令の関係は，次のように整理できる．① イギリス：適用対象を約款による取引にも消費者取引にも限らない，② ドイツ：適用対象を約款による取引に限る (消費者取引には限らない)，③ フランス：適用対象を消費者取引に限る (約款による取引には限らない)，④ 指令：適用対象を約款による取引かつ消費者取引に限る．

**消費者契約法**　日本の消費者契約法は，ヨーロッパ諸国の立法と比べると，非常に大きな特色を持っている．不当条項の規制に加えて，契約の締結に関する規制が行われているからである．ただし，契約の締結に関する

規制については，すでに説明を終えているので(97頁以下参照)，ここでは原則として不当条項規制のみを取り上げよう．この点に限って見ると，日本法の特色は次の三点にまとめられる．

第一に，規制対象を画する基準としては，「消費者契約」のみを用いていること．その意味ではフランス法のアプローチに近く，学説の一部が熱心に主張したドイツ法のアプローチは採用されていない．その背後には，契約の締結に関する規制と不当条項に関する規制を同時に行う立法がなされたという事情がある．前者については「消費者契約」を規制対象としたので，後者についてもこれとあわせる必要があった．なお，EU指令にならって「約款」であること（より正確には「交渉のなかったこと」）も考慮すべきだとする意見も強かったのだが，この点については，約款を用いた点に着目して特別扱いをする必要はないということに落ち着いた．EUのようにドイツに配慮する必要がなかったので，二重の基準を採用することにはならなかったのだろう．

第二に，規制の枠組みはEU指令(もともとはドイツ法)のそれを踏襲している．すなわち，いわゆる不当条項リスト(消費者契約法8条，9条)＋一般条項(消費者契約法10条)という複合方式が採用されている．不当条項リストとは，不当条項となる(なりうる)契約条項を具体的に列挙するものであり，一般条項とは，不当な契約条項の効力が否定されることを一般的に宣言したものである．一般条項の採用は，経済界などの反対によって一時は危ぶまれていたが，どうやら生き残ることとなった．

第三に，リストの対象とする事項・範囲について見ると，リスト規制は極めて貧弱だと言わざるをえない．リストの対象事項は，責任制限と違約金のみに限定され，しかも，絶対的に不当な条項のみを限定的に取り出したいわゆるブラックリストが採用されており，評価余地のある条項にも規制を及ぼすいわゆるグレーリストは設けられていない．

以上に見たように，消費者契約法の規制はそれほど大きな革新をもたらしたとは言いにくい．しかし，このような最小限の立法でも，立法が実現されたことの**象徴効果**は無視しがたい．契約に不当条項を盛り込んではならないということが宣言されたことによって，事業者・消費者・行政関係者の意識は影響を受けるだろう．それによって，事業者の約款作成や紛争処理などにも変化は生じうるだろう．もっとも，これは予想にすぎない．製造物責任法のケースも含め

て，象徴効果の程度を実証的に計測した上で，立法の意義を論ずることが必要だろう．

[条文をもう一度]
　第 415 条【債務不履行による損害賠償の要件】　債務者が其債務の本旨に従ひたる履行を為さざるときは債権者は其損害の賠償を請求することを得．債務者の責に帰すべき事由に因り履行を為すこと能はざるに至りたるとき亦同じ．

　第 541 条【履行遅滞による解除権】　当事者の一方が其債務を履行せざるときは相手方は相当の期間を定めて其履行を催告し若し其期間内に履行なきときは契約の解除を為すことを得．

[他の概説書では]
　大村・消費者法 166〜190 頁，内田 II 85〜106 頁，内田 III 115〜116 頁

[図書館で探すなら]
　北川善太郎『契約責任の研究』（有斐閣，1963）
　潮見佳男『契約規範と構造と展開』（有斐閣，1991）
　潮見佳男『契約責任の体系』（有斐閣，2000）
　河上正二『約款規制の法理』（有斐閣，1988）
　山本豊『不当条項規制と自己責任・契約正義』（有斐閣，1997）
　広瀬久和「附合契約と普通契約約款」岩波講座『基本法学 4 契約』（岩波書店，1983）

## Pause café 10　●大学病院

　三四郎が美禰子を初めて見た場所は，東大本郷構内の池（「三四郎池」）のほとりであったが，その時の美禰子は看護婦と一緒だった．次に遭うのは東大病院に入院していたよし子を見舞った折である．

　「挨拶をして，部屋を出て，玄関正面へ来て，向を見ると，長い廊下の果が四角に切れて，ぱっと明るく，表の緑が映る上り口に，池の女が立っている．はつと驚いた三四郎の足は，早速（さそく）の歩調に狂が出来た．其時透明な空気の画布の中に暗く描かれた女の影は一足前に動いた．三四郎も誘はれた様に前へ動いた．二人は一筋道の廊下の何所かで擦れ違はねばならない運命を以て互ひに近付いて来た．」（『三四郎』3 の 13）

病院を舞台としての再会シーンは，絵心のある漱石らしく巧みに出来ているが，ここで話題にしたいのは，「大学病院」という舞台そのものについてである．美禰子とともに三四郎池に現れた白衣の看護婦が象徴するように，「病院」はまさに西洋の文物なのであった．『三四郎』の登場人物たちは「病院」で，しかも長い廊下の続く大きな大学病院で，「医療」というサービスを享受し始めた人々なのである．

# 3 信用と民法

## 1. 企業金融から消費者金融へ

　明治日本の国家目標であった殖産興業のためには，企業に対する金融（企業金融）を円滑に行うことが重要な政策課題であった．とりわけ日露戦争後の産業革命期には，資金需要が高まった．ところで，融資を得るためには，後に述べるように，不払いの際の引き当てとなる**担保**が必要となる．担保としてまず考えられるのは，不動産（土地・建物）である．しかし，当時，急成長を遂げつつあった鉱工業や運送業の場合には，不動産よりも工場や運送のための諸設備の方が経済的な価値が大きかった．そこで，1905 年の三つの法律によって，これらを担保として融資を得る仕組みが考案されることとなった．工場抵当法・鉄道抵当法・鉱業抵当法である．これらの法律の内容を紹介するのは，ここでの目的ではない．確認しておきたいのは，**民法典制定後の民事立法は，企業の資金調達の容易化をはかることに大きな力を注いできた**ということである．この傾向は今日に至るまで変わらない（たとえば，1998 年の中小企業等投資事業有限責任組合契約法や同年の債権譲渡特例法などは，新たな投資の枠組み（スキーム）を作り出すための立法である）．

　これに対して，消費者に対する金融（消費者金融）は最近まで需要も供給も小さく，これに対する特別な立法措置を講ずる必要もなかった．ところが，すでに触れた高度消費社会の到来によって，事情は大きく変化した．すなわち，1960 年代に入ると，耐久消費財の大量生産・大量消費が始まり，これに伴って消費者に対する信用供与（与信）がなされるようになったのである．その背後には，消費者の購買行動が変わった，信用供与が購買意欲を高める，消費者金融が新たな資金運用先として注目を集めたといった諸事情などが作用している．当初，消

各種クレジットカード——キャッシングもできる

費者金融は，専門の会社（庶民金融・サラリーマン金融と呼ばれた）や割賦百貨店（たとえば丸井）・信販会社（たとえば日本信販）などによって担われたが，やがて銀行もこの分野に乗り出すことになる（消費者ローンや銀行系クレジットカード）．このようにして盛んになった消費者金融は，事業者・消費者の双方にメリットをもたらしたが，同時に，無視しがたい弊害を伴うものでもあった．そこで，続出する問題に対処するために，様々な立法が行われてきた．

以下においては，まず，出発点として伝統的な信用供与について説明した上で (2.)，今日において消費者金融の主要な形態となっている，いわゆるサラ金とクレジットについて，その発展の様子を簡単にたどるとともに，それらが産み出した法律問題について説明することとする (3.)．

## 2. 伝統的な信用供与

### (1) 貸付型

**金銭消費貸借** 金融の方法として代表的なものであり，古くから行われているのが，金銭の消費貸借であり，民法典にも規定が置かれている．消費貸借とは，当事者の一方（借主）が「種類，品等及び数量の同じき物を以て返還を為すこと」を約束して相手方（貸主）より「金銭其他の物を受取る」によっ

て成立する契約である（民法587条）．条文自体が例示するように，目的物として最も重要なのは金銭であるが，それ自体は使ってしまっても，同じ物を返すことができる物ならば，金銭以外の物も目的物とすることができる．実際，かつては米などの穀物を対象とすることもあった．なお，条文上は，目的物の引渡が要件とされているが（諾成契約ではなく**要物契約**），民法典自体がこれとは別に，消費貸借の予約を認める規定を置いている（民法589条）．また，ローマ法において消費貸借が要物契約とされていたのは，無償（無利息）の場合を念頭に置いていたからであることが指摘されており，今日ではとりわけ有償の場合（利息付）には，合意のみによる消費貸借も可能であると考えられている（**諾成的消費貸借**と呼ばれる）．

　契約で返還の期限を定めた場合には，借主はその期限までに返せばよい．返還の期限を定めなかった場合には，貸主は相当の期間を定めて返還の催告をすることができる（民法591条1項）．つまり，貸主は，期限到来までは返還の請求ができず，また，期限の定めがなくても，契約後にただちに返還を求めることはできない．後者は，金銭などを利用させるという契約の趣旨に由来するものであり，一般の場合とは異なる扱いがされている（民法412条3項と対比せよ）．逆に，借主の方はいつでも好きな時に返還することができる（民法591条2項）．貸主としてはいつ返還されても困らないというのがその理由である（民法136条1項・2項前段参照）．ただし，この説明が妥当するのは，無利息の場合に限られる．利息付の場合には期限より早く返還されてしまうと，貸主としては利息を得る機会を失うことになるからである（民法136条2項後段参照）．もっとも，この場合にも利息相当額を支払うのであれば貸主の利益が損なわれることはないので，返還は可能である．

**各種の担保**　一般に金銭の貸付を行う場合には，貸主は，借主の不払に備えて担保をとる（少なくとも，可能ならばとろうとする）．債務の弁済を確保するための手段を総称して**担保**と呼んでいるが，それらは大別して，物的担保と人的担保に分けられる．

　**物的担保**とは，ある特定の物につき他の債権者に優先する権利をいう．債務者が任意に支払わない場合には，債権者はその物を競売した代金から，他の債権者に先立ちまず弁済を受けられるのである．民法典は，このような担保権として，**留置権・先取特権・質権・抵当権**の四種につき規定を置いている．これらの

権利はいずれも物権として位置づけられているので，**担保物権**と呼ばれる．この四種の担保物権のうち，留置権・先取特権が法が定める一定の場合に当然に認められるもの(**法定担保**)であるのに対して，質権・抵当権は，当事者間の設定契約によって設定されるもの(**約定担保**)である．質権は目的物の占有移転を要件とするために(民法344条)，質権を設定してしまうと，設定者である債務者は目的物を利用し続けることができなくなる．この点で，占有の移転を要件とせず(民法369条)，設定後も設定者(多くの場合には債務者)が目的物の利用を継続できる抵当権のメリットは大きい．そのため，実際には抵当権が最も利用されている．

> ただし，質権が動産・不動産・債権(民法352条・356条・362条)のいずれをも目的物とすることができるのに対して，抵当権は不動産(民法369条)のみを目的物とし，動産は目的物とならない．そのために，古くから実務においては**譲渡担保**が普及しており，明治時代以来，判例はその有効性を承認してきている．譲渡担保とは，所有権移転という法技術を使った担保である．すなわち，目的物の所有権を債権者に譲り渡し，債務弁済時に所有権の返還を受けるというものである(弁済しない場合には，債権者は目的物を売却し，代金から弁済を受ける)．不動産のみならず動産をも目的物とすることができる．なお，このように民法典に定めのない物的担保を**非典型担保**と呼んでいる．

**人的担保**とは，債務者以外の人が債務を弁済する義務を負うことをいう．**保証人**(民法446条)がその典型例である．債務者が任意に支払わない場合には，債権者は保証人に対して弁済を求めることができる．もっとも，保証人にも十分な資力がなければ，債権者は弁済を受けることができない．その意味では人的担保は脆弱なものである．しかし，物的担保にとるべき財産がない場合には，人的担保によるしかない．また，人的担保は契約のみによって成立するので，簡便である．

| | | | |
|---|---|---|---|
| 物的担保 | 留置権・先取特権 | →法定担保 | ⎫ 担保物権 |
| | 質権・抵当権 | →約定担保 | ⎭ |
| | 譲渡担保など | (→約定担保) | |
| 人的担保 | 保証など | | |

## (2) 支払猶予型

*弁済の期限*　実際に金銭を貸し付けることだけが信用供与の手段ではない．債権者(とりわけ売主)が債権(売主ならば代金債権)に期限を設けて，支

払を猶予するのもまた，信用供与の一手段であると言える．契約当事者は合意によって履行期を定めることができるので，一方当事者の履行期のみを遅くする（売主先履行とする）ことも可能である．

すでに述べたように，双務契約の当事者は同時履行の関係に立つことによって相手方の履行を促すことができるが，あえて同時履行を求めず支払を猶予するというのは，相手方を信用するということであるが，同時に，期限までの間の金銭利用の機会を相手方に与えるということを意味する．このような支払猶予は，過去にも現在にも日常的に行われている．たとえば，「掛売り」「付け」がこれにあたる．1ヵ月分なら1ヵ月分を月末に清算するというのは，月末まで支払を猶予し信用を供与するということなのである．

さらに，支払を一括して先送りにするのではなく，分割して順次行う（割賦払）という合意をすることも可能である．月に1度ずつ支払うというのが月賦，年に1度ずつ払うというのが年賦である．

**債権の譲渡**　支払猶予をした債権者（たとえば売主）は，当然ながら，弁済期の到来までは債権（たとえば代金債権）の弁済を得ることができない．しかし，債権者としては，債務者に信用供与をしてやりたいが，弁済期まで待つのは資金繰りの点でつらいという場合もある．このような場合に債権者としては，債権を換金するということも可能である．つまり，債権を売却してしまうのである．

今日では，原則として，債権も譲渡可能であるとされている（民法466条1項本文）．例外的に譲渡できない場合としては，その性質からして許されない場合（同条1項但書）と両当事者の合意による場合（同条2項）とがあるが，代金債権はその性質上は譲渡可能な債権であるので，譲渡禁止特約がない限り譲渡は可能である．したがって，90日後に支払期日の来る100万円の債権を90万円で売却するといったことが可能になる．この場合，債権の売主は10万円を失うが現金を手にすることになり，買主は90日待てば10万円を得ることができることになる．

債権譲渡は対抗要件（譲渡の通知・承諾）をそなえれば，債務者・第三者に対抗できるが（民法467条），無権利の者から債権を譲り受けた者は保護されない（民法上の原則であり，規定がない限りこうなる）．また，債権に付着していた各種の抗弁（たとえば，同時履行の抗弁）は，原則として譲受人に引き継がれる（民法468条）．

これらの点で債権の譲受人の地位は不安定であり，このことは債権譲渡の妨げとなりうる．詳細は省略するが，**手形**は，これらの難点を克服した法技術であり（手形法16条・17条），単なる債権を譲り受けるよりは，手形を譲り受けた方が安全である．それゆえ，実際の商取引においては手形が用いられることが多い（銀行などによる手形の譲受を手形割引という）．

## 3. 現代的な信用供与

### (1) サラ金問題

**高利貸から
サラ金へ**　すでに述べたように，銀行の融資先は比較的最近までは企業に限られていた．それ以外の者に対する融資は，いわゆる街の金融業者によって行われていた．また，銀行から融資を受けられない状態にある零細企業もこれらの金融業者に頼らざるをえなかった．これらの金融業者は，一方で，担保もとれないような者を相手にするので貸し倒れのリスクが大きいために，他方で，他に貸し手のないような借主を相手にするので圧倒的に優越的な地位にあるために，高額の金利を要求した．彼らが高利貸と呼ばれる所以である．

やがて，これらの金融業者は消費者を相手にするようになり，庶民金融，サラリーマン金融（サラ金）と呼ばれるようになった．その中には大企業に成長するものも現れた（武富士・アコム・プロミスなど）．そして，サラ金の急成長に伴い，上記の高金利のほかに，無差別の貸付けや強引な取立てなどの問題が深刻化し，1970年代の後半には自殺や夜逃げなども続発した．そこで，1983年には**出資法**が改正されるとともに**貸金業規制法**が制定され，様々な規制がなされるに至った．

**利息の制限**　利息自体は民法典の禁止するところではないので，合意によってこれを付することができる（民法404条参照）．しかし，従来，利息は利息制限法と出資法によって規制されてきた．ただし，次のような規制システムがとられたために，実際上は高金利を得ることが可能であった．すなわち，一方で，利息制限法は貸金額（元本額）に応じて年利15%・18%・20%の3段階に分けて上限金利を定めているが（利息制限法1条1項），条文上は，制限超過金利であっても支払ってしまったものは弁済として有効である（返還請求はできない）とされている（利息制限法1条2項）．他方，83年改正前の出資法は年利109.5%（日歩30銭＝1日あたり100円につき30銭の利息）を超える金利を刑罰をもっ

て禁止していた．この結果，15〜20% から 109.5% までの間の金利による利息は，支払う義務はないが，支払ってしまえば返還する必要がなく刑罰を科されない．サラ金はこのゾーンで営業をしていたわけである．

しかし，このような法システムに対して，判例は，実質的には法改正を行ったに等しい大きな修正を加えた．すなわち，制限超過分は元本に充当するという法理を採用し，さらに，元本の完済後は返還請求ができるとしたのである（最大判昭 39・11・18 民集 18 巻 9 号 1868 頁，最大判昭 43・11・13 民集 22 巻 12 号 2526 頁）．貸金業規制法制定前の法状況は以上のようなものであったが，法制定に際しては二つの対立する動きがせめぎ合った．一つは，この機会に刑罰によって禁止する金利の上限を引き下げるべきだとするものであり，もう一つは，法規制を受け入れる代わりに判例法を否定し従前の法システムを回復すべきだとするものであった．結局，これらの主張はいずれも取り入れるという形で妥協が図られることとなった．すなわち，一方で，出資法による金利規制は強化され（貸金業者についてのみ，段階的に 40% 程度にまで引き下げられた．その後の法改正によって，現在の上限金利は 29.2%），他方，貸金業規制法の定める書面交付義務をはたした場合に限り，任意に支払われた利息は「有効な利息の弁済」とみなされることとされた（貸金業規制法 43 条）．したがって，この要件を満たす貸金業者については，かつての法システムが上限金利を引き下げた形で復活したことになる．

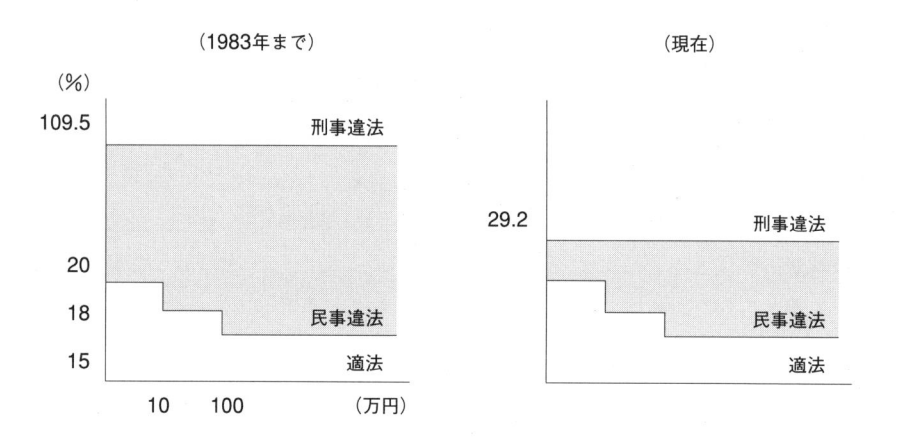

## (2) クレジット問題

**自社割賦から第三者割賦へ**　割賦販売の原型は，売主が買主に対して支払を猶予するというものであった．これを**自社割賦**と呼んでいる．自社割賦は，確かに顧客を増やすのには有効であるが，信用を供与する売主にとってはつらい面がある．商品を売っても代金をすぐには回収できないため，資金繰り（たとえば，小売店ならば仕入先への支払が必要）が困難になるからである．

そこで，販売会社（事業者）と提携して与信を行うことを業とする信販会社が現れることになる．自社割賦との対比で**第三者割賦**と呼ばれるものである（今日，**クレジット**と言うときには，他の信用供与形態は除いて，これのみを指すことが多い．なお，法的には「**割賦購入あっせん**」と呼ばれている．割販法2条3項）．信用供与を業として行う信販会社は，消費者の購入した商品代金を販売会社に対して一括立替払し，後日，消費者に請求する．このやり方ならば，消費者は与信を受けられるが，事業者（販売会社）は自ら与信する必要はない．そして，信販会社は，事業者・消費者の双方から手数料収入（資金の運用益）を得ることができる．このように三当事者のすべてにメリットがあるため，クレジットは急速に普及した．なお，当初は，一回の取引ごとに契約が締結されていたが（個品割賦購入あっせん），その後，予め利用資格を認証しそれを示すカードを用いて取引を行う方式が支配的になる（総合割賦購入あっせん）．このカードが**クレジットカード**である．

もちろん，よいことばかりというわけではなかった．自社割賦の時代からすでに，手数料の表示の仕方や未払の場合の違約金の高さなどが問題視されており，これに対する法的対応もなされていた（割販法3条1項1号～4号，同6条）．また，割賦の魅力に負けて軽率に契約をしがちな消費者に再考の機会を与えるべく，他の法律に先駆けて1972年にはクーリング・オフの規定も導入された（割販法4条の4）．さらに，第三者割賦が普及することによって，従来とは異なる法律問題が現れる．抗弁の対抗と呼ばれる問題であるが，これについては項を改めて説明しよう．

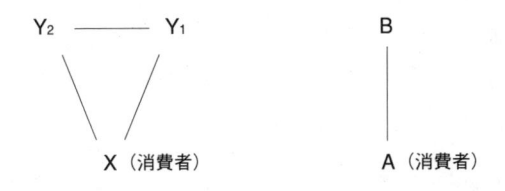

```
Y₂ ——— Y₁              B
  \   /                 |
   \ /                  |
    X（消費者）          A（消費者）
```

**抗弁の対抗**　次のような例で考えてみよう（前頁の図を参照）．

X（消費者）は$Y_1$（信販会社）の発行するクレジットカードを用いて，その加盟店である$Y_2$（販売会社）からある商品を購入した（左図）．しかし，$Y_2$が引き渡した商品に瑕疵があった，あるいは，そもそも商品の引き渡しがなかったとする．もし，これが自社割賦であれば（右図），消費者（A）は販売会社（B）に対して，割賦代金の支払を拒むことができる．Aは，同時履行の抗弁（民法533条）を有するから，Bの履行がない限り自らの債務を履行しなくてもよいわけである．ではクレジットカードを使った場合はどうなるだろうか．Xは$Y_2$との関係では同時履行の抗弁を有することにかわりはない．しかし，代金は$Y_1$から$Y_2$に立替払いで支払われてしまっており，Xに対して請求をしてくるのは$Y_2$ではなく$Y_1$である．このときXは，支払を拒むことができるだろうか．これは法的には，$Y_2$に対して主張できる抗弁を$Y_1$にも主張（対抗）できるかということにほかならない．

かつて信販会社は，$Y_1$と$Y_2$とは別人なのだから$Y_2$に対する抗弁は$Y_1$に対抗できないとしていた（確かに，$Y_2$とは無関係の$Y_1$が消費貸借契約によってXに与信した場合にはそうなる）．これに対して消費者の側は，$Y_1$の債権は$Y_2$の債権と実質的に同じものであるので，抗弁が付着しているとした（確かに，$Y_1$が$Y_2$に債権を譲渡した場合にはそうなる）．そして，1980年代初めの下級審判決は，消費者側の主張に近い立場をとった．すなわち，$Y_1$が抗弁の切断を主張することは，$Y_1Y_2$の「**密接不可分**」な関係からして信義則上許されないとしたのである．これを受けて，1984年には割賦販売法が改正され，現在では，**抗弁の対抗**を認める明文の規定が置かれるに至っている（割販法30条の4）．これによって問題はほぼ解決したが，割賦購入あっせんに類似した取引に対しても同様に考えることができるか，また，未払分の支払拒絶に加えて既払分の返還請求をなしうるかといった問題が残されている（最判平2・2・20判時1354号76頁は，30条の4を限定的に適用する態度を示している）．


## (3) 過剰与信問題

最後に，サラ金・クレジットの双方に共通の問題に触れておこう．それらは過剰与信問題として一括することができる．

**信用供与者の責任** クーリング・オフや抗弁の対抗が認められるのは，広い意味でのクレジットというシステムを利用して顧客を引き寄せて収益をあげる事業者に，一定の責任を負わせるものであると説明することもできる．さらに，信用供与者には，取立に際して**寛容義務**とでも言うべきものが課されていると見ることができる．70年代後半に横行したような暴力的・威圧的な取立てはもちろん許されない（不法行為が成立するとした裁判例がある．今日では貸金業規制法で規制されている）．しかし，それだけではなく，一定の場合には，信用供与者は支払を猶予してやらなければならない（事業者の行動を期限を再付与したものととらえた裁判例がある．今日では，少額事件の特例として，裁判所は「被告の資力その他の事情を考慮して特に必要があると認めるとき」に期限の付与や分割払を命じることができるという規定が新設されている．民訴法375条）．

**消費者の破産・再生** さらに，違反に対する制裁の定めのない訓示規定ではあるが，過剰与信を禁止する規定が置かれるとともに，その実効性を担保すべく**信用情報機関**が設置されている（割販法38条，貸金業規制法30条参照）．しかし，それでも借りすぎる消費者が出てくる．そうした消費者に対しては債務の整理を行って，再出発を促すことが必要になる．そのための手続として**破産**が用いられることが増えている（申立て件数は，1990年には約1万件だったが，91年には4万件強と急増した．その後の状態については次頁の表を参照）．

破産の場合には，支払免責が得られるかどうかが大きなポイントである．免責が得られれば破産手続によって配当のなされなかった債務については責任を免れることができるが（破産法366条の12），免責が不許可になることもある（破産法366条の9）．このような制度に対しては，より広く免責を認めるべきだと説かれる一方で，加重債務を抱えた消費者が安易に免責されることに対する抵抗感も表明されていた．また，破産という重たい手続・社会的不利益の伴う手続によることの不便も説かれていた[1]．

以上のような主張に応える形でごく最近になって導入されたのが，**個人再生手続**である[2]．これによれば，消費者は，より簡単な手続で免責を受けることができるが（債権の変更），同時に，返済計画を立てて債務の一部を返済することが要求されることになる（民再法221条以下，特に同239条以下）．

---

1) これらの点に関しては，宮川知法『消費者更生の法理論』（信山社，1997）を参照．
2) これにつき，始関正光編『一問一答個人再生手続』（商事法務研究会，2001）を参照．

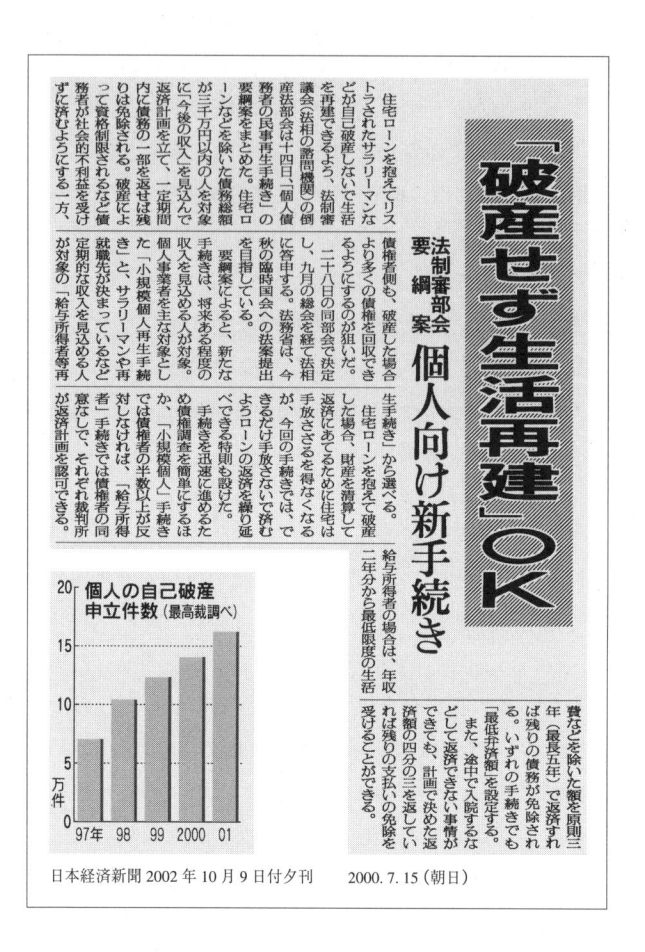

新聞記事（見出し：「破産せず生活再建」OK　法制審部会要綱案　個人向け新手続き）

住宅ローンを抱えてリストラされたサラリーマンなどが自己破産しないで生活を再建できるよう、法制審議会（法相の諮問機関）の倒産法部会は十四日、「個人債務者の民事再生手続き」の要綱案をまとめた。住宅ローンなどで負った債務総額が三千万円以内の人を対象に、一定期間内に債務の一部を返せば残りは免除される。破産によって資格制限されるなど社会的不利益を受けずに済むようにする一方、定期的な収入を見込める人が対象の「給与所得者等再生手続き」では債権者の同意なしに裁判所が返済計画を認可できる。

債権者側も、破産した場合より多くの債権を回収できるのが狙い。住宅ローン」から選べる。住宅ローンを抱えて破産した場合、財産を清算するためには住宅を手放さざるを得なくなる返済にあてるためには住宅を手放さずに済むようローンの返済を繰り延べできる特則も設けた。

二十八日の同部会で決定し、九月の総会を経て法相に答申する。法務省は、今秋の臨時国会への法案提出を目指している。

手続きは、将来ある程度の収入を見込める人を主な対象とした「小規模個人」手続きと、サラリーマンや再就職先が決まっている人など定期的な収入を見込める人が対象の「給与所得者等再生手続き」。「小規模個人」手続きでは債権者の半数以上が反対しなければ、「給与所得者」手続きでは債権者の同意なしに、それぞれ裁判所が返済計画を認可できる。

個人事業者を主な対象とし個人事業者を主な対象として債権調査を迅速に進めるため債権調査を簡単にするほか、新たな手続きによらず、新たな

日本経済新聞 2002年10月9日付夕刊

給与所得者の場合は、年収二年分から最低限度の生活費などを除いた額を原則三年（最長五年）で返済すれば残りの債務が免除される。いずれの手続きでも「最低弁済額」を設定する。また、途中で入院するなどして返済できない事情ができても、計画で決めた返済額の四分の三を返していれば残りの支払いの免除を受けることができる。

2000.7.15（朝日）

個人の自己破産申立件数（最高裁調べ）（万件）
'97年 約7
'98 約10
'99 約12
2000 約14
'01 約16

[条文をもう一度]

第369条1項【抵当権の内容】　抵当権者は債務者又は第三者が占有を移さずして債務の担保に供したる不動産に付き他の債権者に先ちて自己の債権の弁済を受くる権利を有す．

第467条【指名債権譲渡の対抗要件】　①　指名債権の譲渡は譲渡人が之を債務者に通知し又は債務者が之を承諾するに非ざれば之を以て債務者其他の第三者に対抗することを得ず．

②　前項の通知又は承諾は確定日附ある証書を以てするに非ざれば之を以て債務者以外の第三者に対抗することを得ず．

[他の概説書では]
　大村・消費者法 194〜204 頁，242〜245 頁，323〜328 頁，内田 II 237〜251 頁，
　　内田 III 183〜188 頁，303〜309 頁，347〜348 頁

[図書館で探すなら]
　道垣内弘人『担保物権法』（三省堂，1990）
　池田真朗『債権譲渡の研究』（弘文堂，第 2 版，1997）
　小野秀誠『利息制限法と公序良俗』（信山社，1999）
　千葉恵美子「『多数当事者の取引関係』をみる視点」椿古稀『現代取引法の基
　　礎的課題』（有斐閣，1999）

## Pause café 11 ●預金

　以前にも触れたように，三四郎は美禰子から金を借りる．若い男が若い女から金を借りるのは，それだけでも「事件」であったかもしれない．しかも，美禰子は自分名義の預金を持っていたのである．

　　「三十間程行くと，右側に大きな西洋館がある．美禰子は其前で留つた．帯の間から薄い帳面と，印形を出して，『御願ひ』と云つた．『何ですか』『是でお金を取つて頂戴』三四郎は手を出して帳面を受取つた．真中に小口当座預金通帳とあつて，横に里見美禰子殿と書いてある．三四郎は帳面と印形を持つた儘，女の顔を見て立つた．」
　（『三四郎』8 の 7）

　この後には，「幸い，三四郎は国にいる時分，かう云ふ帳面をもつて度々豊津迄出掛けた事がある」と続く．よく知られるように，西洋式の国立銀行の創設は 1873 年（明治 6 年），中央銀行としての日本銀行の創設は 1883 年のことである．三四郎の時代には銀行は社会に定着してはいたが，銀行と無縁の人々も多かった．未婚女性が自分名義の預金を持っていて，自由に出し入れをするのは異例のことだったろう．

# 4 貯蓄と民法

## 1. 借金から貯蓄・投資へ

　全国の勤労者世帯1世帯あたりの負債額は633万円であるのに対して，貯蓄額は1,393万円である (1999年)．1990年代に入ってからはバブル崩壊の影響もあって頭打ちの傾向を見せているが（負債額は年々増えている），それでも貯蓄額は高い水準にある．日本の家計貯蓄率は13.4% (1998年) で，北米諸国 (米: 0.5%, カナダ: 1.2%) はもちろん，欧州諸国 (独: 11%, 仏: 9%) に比べても高い．また，次のデータから分かるように，消費性向（可処分所得に占める消費支出の割合）は，80年代に増加の傾向を見せたものの，その後は減少の傾向にある．

| 1965年 | 1970年 | 1975年 | 1980年 | 1985年 | 1990年 | 1995年 |
| --- | --- | --- | --- | --- | --- | --- |
| 82.8% | 79.7% | 77.0% | 77.9% | 77.5% | 75.3% | 72.5% |

　個々の世帯を離れてマクロの観点からは，次のデータをあげておこう．個人の預貯金の規模・割合とその増加の様子が分かるだろう．

|  | 1970年 | 1980年 | 1990年 | 2000年 |
| --- | --- | --- | --- | --- |
| 個人の預貯金総額 | 41兆 | 208兆 | 467兆 | 711兆 |
| 銀行預金総額 | 36.7兆 | 145.5兆 | 390.9兆 | 470.0兆 |
| 個人（額） | 13.5兆 | 61.4兆 | 196.4兆 | 286.2兆 |
| （割合） | 37% | 42% | 50% | 61% |

　以上の簡単なデータが示すように，現代の日本は貯蓄大国であると言える．これは経済成長の賜であり豊さの現れであると言えるが，最近の消費性向の減少は将来（老後）に対する不安の反映でもある．

光クラブ事件――終戦直後の投資事件（破綻後に学生社長・山崎が自殺した執務室）（毎日新聞社提供）

　この巨大な貯蓄は，すぐ後で述べるように様々な形態で存在しているが，その中には投資性の高いもの（ハイリスク・ハイリターン）も含まれている．もちろん投資で一山あてようという人々は昔からいた．戦前や終戦直後にも投資にかかわる問題はあったし，戦後を通じて様々な投資商法が現れた（たとえば，ネズミ講・マルチ商法や豊田商事事件）．とりわけバブル期には国民全体に投資の風潮が漲り，経済評論家の中には「株を買わない者は世捨人だ」と言う者まで現れた．このような状況を背景に，1980年代に入ると，投資取引に関する法律問題が続発することとなった．80年代の先物取引，90年代の変額保険・ワラント債などが規模の大きなものである．

　以下においては，貯蓄・投資の形態としてどのようなものがあるのかを概観した上で(2.)，貯蓄者・投資者に対する法的保護について説明する(3.)．最後に，貯蓄・投資と離れて，預貯金の支払手段としての側面にも触れておきたい(4.)．

　ネズミ講とは会員が会員を勧誘して組織をネズミ算式に拡大する金銭配当組織，マルチ商法とは，金銭を配当するのではなく，組織加盟者に商品を販売させるシステム，豊田商事事件とは，販売した純金を顧客に渡さずに預かるという形式によって，

> **4大証券へ賠償請求**
> **223件 計472億円**
> **27都道府県で訴訟** 本社調査
>
> 多くがワラント絡み
>
> 1997.5.20（朝日）

純金を渡すことなく代金を集めた事件である．また，先物取引とは貴金属や穀物などの商品の将来における価格変動を予想して行われる取引，変額保険とは支払われる保険金の額が保険料収入の運用実績によって変化する保険，ワラントとは新株引受権付社債から分離された新株引受権証券（株式価格に連動するが変動幅はより大きい）のことであるが，いずれも取引から得られる利益は大きく変動する．

## 2. 貯蓄・投資の諸形態

### (1) 預貯金

　貯蓄・投資の形態として最もポピュラーなのは，もちろん**預貯金**（銀行預金や郵便貯金など）である．これらはいずれも法的には，**寄託**（厳密には**消費寄託**）という契約にあたる．寄託とは当事者の一方（受寄者）が「相手方の為めに保管をなす

こと」を約して「或物を受取る」ことによって成立する契約である (民法657条). 消費貸借と同様に**要物契約である**.

受寄者 (預かった人) は, 善良なる管理者の注意をもって保管を行う必要があるが (民法400条), 無償で預かる場合には注意義務は軽減される (民法658条.「自己の財産におけると同一の注意」). 寄託者 (預けた人) は返還時期の定めの有無にかかわらず返還の請求ができる (民法662条). これに対して, 受寄者は返還時期の定めがなければ何時でも返還ができるが, 定めがある場合には原則としてその時期まで返還できない (民法663条).

受寄者は, 保管の義務を負っているので, 原則として寄託物を使用することができない (民法658条). しかし, 例外的に使用が許される場合がある. そのなかには, その物を消費してしまって同種・同量の物を返還すればよいという場合もある.「消費寄託」と呼ばれるものである. 預貯金はこれに該当する.

消費寄託は消費貸借に極めて近い契約であり, 消費貸借の規定が準用される (民法666条). ただ, すでに述べたように, 返還時期の定めがある場合には, 受寄者は原則としてその時期までは返還できない (消費貸借の借主はいつでも返せる). 逆に, 寄託者の方も消費を許した以上はいつでも返せとは言えなくなる (時期を定めない場合にのみいつでも返せと言える. 民法666条但書. この点になお寄託の性質が残る).

なお, 個人の間でお金を預かることは日常的にも行われているが, 事業としてお金を預かることは, 銀行法などの法律によって厳しく規定されており, 法律の規定によらずにお金を預かることは禁止されている (出資法2条. 8条に罰則). たとえば, 豊田商事事件では, 金地金を「売った上で預かる」とした豊田商事は, 実際には, 金地金の授受を行っておらずお金だけを集めていたために, 出資法違反とされた.

## (2) 生命保険

冒頭に述べた個人の「預貯金」の額には, 狭い意味での預貯金のほかに, 貯蓄性の**保険** (満期金・解約返戻金があるもの) が含まれている. **生命保険・養老保険**などがその例である. 保険については, 日本では, 民法ではなく商法に規定が置かれている (商法629条以下). 歴史的に見て, 保険は海上運送とともに発達してきた. 日本でも最初の保険会社は1879年創立の東京海上であるが, その後,

保険の流行『団団珍聞』明治 29（1986）年 2 月 29 日号（湯本豪一
『図説　明治事物起源事典』柏書房, 1996, 355 頁）

　生命保険（1881 年に明治生命）・火災保険（1890 年に東京火災）などが誕生し，保険は急速に普及した．

　生命保険とは，当事者の一方（保険会社）が「相手方または第三者の生死に関し一定の金額（保険金）を支払ふへきこと」を約し，相手方（保険加入者）がこれに「其報酬（掛金）」を与えることを約することで成立する契約である（商法 673 条）．そのほか，保険契約の詳細については，今日では約款によって定められている．また，銀行などと同様に，保険会社に対しても厳しい規制がなされている（保険業法）．

　生命保険に関連して，次の二点を補足しておく．

　一つは，生命保険は，**相互保険**（営利目的ではなく会員相互の利益のために行われるもの）という形態をとるものが多いということ．この場合には，会社も株式会社ではなく相互会社となる．通常の保険契約者にとっては，それほど大きな相違はない．商法でも，保険に関する規定は相互保険にも準用されている（商法 683 条 → 商法 664 条）．

　もう一つは，生命保険は，生命の長短という不確実な事実に契約の効果をか

東京証券取引所（毎日新聞社提供）

からせるものであるということ．このような契約は「**射幸契約**」と呼ばれ，かつてはその効力が疑問視されていた（典型的な射幸契約である賭博は今日でも無効とされている）．しかし，このような議論はもはやなされていない．生命保険には統計的な予見可能性・合理性があるからである．なお，民法典に規定のある終身定期金（民法689条．日本ではこれまであまり用いられていないが，ヨーロッパでは多い）は，射幸契約の一種であると言えるが，有効であることを前提に規定が置かれている．

### (3) 証券取引・商品取引

　(生命保険を含む)広義の預貯金と並んで，金融資産として重要なのは株券などの**有価証券**である．また，投資のための対象および市場としては，証券取引のほかに商品取引がある．

　有価証券に関する一般的な定義規定は存在しないが，証券取引法は有価証券にあたるものを列挙している．国債・社債・株券・投資信託などがこれにあたる．財産権を証券(紙)と結合・表象し，その流通を容易にしたものである．物に近い扱いがなされ，**無記名証券は物と同視されている**（民法86条3項参照）．証

券取引を行うのが証券会社であるが，証券取引および証券会社に対しては，証券取引法によって規制がなされている．

また，商品取引所法が商品取引と呼んで規制しているのは，商品の取引一般のことではなく，取引所が設けられて**先物取引**が行われる特定の商品の取引のことである（商品取引所法2条）．商品取引所は法人であり，会員がそこで取引を行う（同法77条）．具体的には，穀物・綿花・砂糖・コーヒー・ゴム・貴金属などにつき，取引所が開設されている．

証券取引・商品取引そのものは法的には売買である．しかし，一般の個人は取引所で取引を行う事業者（証券会社など）に対して売買の委託を行っている．この委託は委任契約である．優良な株券は一定の配当をもたらすので，その所有は貯蓄の手段となる．また，証券取引・商品取引には価格変動が伴うので，これを予測しつつ売買を行うことによって利益をあげうる．その意味で，証券取引・商品取引は投資の対象となる．

### (4) ゴルフ会員権

預貯金・株式と並んで資産価値の大きなものとしてしばしば注目されるものにゴルフ会員権がある．

ゴルフ会員権とは，あるゴルフクラブ施設を利用するための社員としての地位（法人形式の場合）あるいは契約上の地位（預託金形式の場合）である．かつては前者が多かったが，今日ではほとんどが後者である．前者は，会員が資金を出し合って法人を設立し，その法人がゴルフクラブ施設を所有・管理し，会員の利用に供するというものである．これに対して，後者の場合には，会員がゴルフクラブ経営会社に対して一定額の金銭を預託し，かつ会費を支払い，会社がその所有する施設を利用させるという契約が締結される．これが1992年に制定されたゴルフ会員権法にいうゴルフ会員権契約であり，この契約に基づく会員の契約上の地位がゴルフ会員権である．

株式などと同様に，会員権は譲渡可能であり優良な会員権は資産価値が大きい．また，現実に取引が行われている．それゆえ貯蓄・投資の対象となる．

## 3. 貯蓄者・投資者の保護

### (1) 情報提供義務

　従来，投資はその性質上危険を伴うものであり，投資者が自己の才覚と責任において行うべきものと考えられてきた．しかし，今日においては，このような考え方は必ずしも妥当しなくなってきた．今日の投資者は，専門的な知識と十分な資産を備えた少数の人々ではなく，手持ちの小さな資金の運用のために投資を行う大量の素人である．彼らは，投資関連の事業者の薦めに従って，取引に参加する．まさに「投資商品を買う」，という意味で彼らは消費者なのである．

　そのような者たちが適正に投資を行うことができるようにするには，さまざまな方策が考えられる．事業者に高度の注意義務を課す(専門家の責任)，あるいは，投資に不適格な人々を勧誘させない(適合性の原則)ということも考えられる．しかし，実際に広く行われているのは，事業者に対して，投資者に一定の情報を提供する義務を課すというやり方である．まずは，様々な個別立法や判例によってこのような義務が課されてきた．しかし，最近になってより一般的な規制を行う法律が制定された．順に，これらを見ていこう．

**個別立法・判例**　証券取引法や商品取引所法は，以前から顧客に対する情報提供に関する規定を設けている(数次にわたり改正されている)．具体的には，「断定的判断を提供して勧誘する行為」が禁止されている(証券取引法42条1項1〜4号，商品取引所法136条の18の1号)．また，保険業法は，「虚偽のことを告げ，……重要事項を告げない行為」や「断定的判断を示し，又は確実であると誤認させるおそれのあることを告げ，または表示する行為」を禁止する(保険業法300条1項1号・7号)とともに，クーリング・オフ規定も設けている(保険業法309条)．ゴルフ会員権法も，不実告知や威迫的な言動などを禁じ(ゴルフ会員権法7条・8条)，クーリング・オフ規定を置いている(ゴルフ会員権法12条)．その他にも，豊田商事事件で問題となったような預託契約(事業者が販売した目的物を引き渡さずに預かる契約)につき規制を行う法律など個別の法律は少なくない．

　また，80年代の**先物取引**(海外市場・私設市場などにおける金先物取引への勧誘が多かった)，90年代の**変額保険**(元本保証による勧誘が多かった)，**ワラント債**(ハイリスク・ハイリターン商品なのに，リスクに関する説明が不十分だった)については，多数

の裁判例が存在する．その多くは，事業者の不当な勧誘に着目して，取引委託契約や保険契約を無効とするか（錯誤または公序良俗違反），損害賠償を命じている（不法行為）．

**金融商品販売法**　以上のように，個別立法や判例によって，投資者の保護はある程度までは図られてきた．しかし，個別立法はその性質上すべての領域に及ばないし，判例による保護は不安定・不確実であった．そこで，広く貯蓄者・投資者を対象として，かつ，より実効的な保護を与えるために，2000 年に金融商品販売法が立法されるに至った．その背景には，金融自由化をはかるためには消費者保護を行うことが必要であるという認識があった．

金融商品販売法は，「金融商品の販売」を一般的には定義しなかったものの，幅広く様々なタイプのものを拾い上げている．具体的には，預貯金（金融商品販売法 2 条 1 号）から始まり，保険（同条 4 号），有価証券（同条 5 号），さらには，有価証券先物取引・有価証券指数等先物取引・有価証券オプション取引・金融先物取引（同条 10 号）など多くのものが列挙され，さらには政令の指定による補充の余地を残している（同条 13 号）．

そして，これらの金融商品の販売につき，事業者に**重要事項説明義務**を課し（金融商品販売法 3 条），その違反に対して損害賠償責任を課している（金融商品販売法 4 条）．このこと自体は，判例も行ってきたことではあるが，この法律で特徴的なのは，事業者の故意過失が要件とされていない上に，損害額を推定する（元本欠損額を損害額と推定する）規定が設けられていることである（金融商品販売法 5 条）．もっとも，これはこの法律の弱点でもある．というのは，「重要事項」が「元本欠損のおそれ」に関するものに限定されているからである．このような限定をすることによって，無過失責任の導入や損害額の推定が行われているのである．

## (2) 倒産からの隔離

投資は別として，貯蓄については，最近まではそれほど問題は感じられていなかった．戦前はともかくとして，銀行が倒産するといった事態は想像の外にあったからである．しかし，銀行が，そして保険会社や証券会社が**倒産**する時代がやってきた．そうなると，貯蓄者のために，預貯金，あるいはより広く事業者が預かっている金銭を，他の一般債権者とは別にして，優先的に確保することが必要になる．なんら措置が講じられないとすると，貯蓄者は，担保権者に

1997.4.25（朝日／夕刊）

劣後し，他の一般債権者とともに，残った財産から債権額に応じた弁済が受けられるに留まる（これを**債権者平等の原則**という）．その結果，たとえば預貯金の額の1～2割が払い戻されるにすぎないといった事態が生ずることになる．

この点については，大きく分けて二つの対策が講じられている．

一つは，事業者が倒産した場合にも，一定額に限り，貯蓄者の権利を保護するという仕組みを設けるというものである．預金保険機構による**預金保険**がその典型である（預金保険法54条参照．ただし，現在はまだ適用されていない．「ペイオフ」というのはこの実施のこと）．同様の仕組みとしては，保険契約者保護機構（保険業法259条以下）や投資者保護基金（証券取引法79条の20以下）

などもある．

**預託金の保全措置** もう一つは，預託金を預かっている事業者にその**保全措置**をとらせるというものである．ゴルフ会員権については，間接的ではあるがこの方策が講じられている．すなわち，預託金の半額以上の返還を担保するための契約を締結した場合に限り，ゴルフ場開設前に会員契約を締結することが認められている（ゴルフ会員権法4条）．もともとは前払式割賦販売などについて用いられた法技術である（割賦法18条の3など）．

## 4. 補論──現金からキャッシュレス化へ

預貯金は，今日では，貯蓄・投資だけでなく**支払手段**としての役割をはたすに至っている．すなわち，銀行の預金口座に給与や年金などが振り込まれ，同時に，口座からの引き落としによって家賃や税金・公共料金の支払いが行われる．さらには，クレジットカードやデビットカードによって，買物などの支払いも行われる．現金の持参や郵送などによるのではなく，預金口座間での資金移転によって決済がなされるようになっているのである．

このような電子化・キャッシュレス化の進展に伴い，様々な問題も生じている．たとえば，誤って他人の口座にお金が振り込まれてしまった場合にどうするか（**誤振込**），あるいは，紛失したカード，盗難にあったカードを何者かが使用して支払がなされた場合にはどうするか（**不正使用**），といった問題がある．

実際問題としては，いずれについても裁判例がすでに存在する．特に，後者に関しては保険などによる対処もはかられつつあるし，さらに，電子取引の場合も含めた対応策が検討されている．また，理論上，前者は，振込という行為の法的メカニズムをどのように理解するかという問題を提起しているが，いくつかの学説が説かれている．後者は，行為の名義・人の同一性をどう考えるかという古くて新しい

日本経済新聞2002年3月30日付

問題に繋がるが，今後の理論的深化が望まれる．

[他の概説書では]
　内田 II 77〜81 頁，285〜286 頁，539〜540 頁
[図書館で探すなら]
　大前恵一郎＝滝波泰『一問一答金融商品販売法』（商事法務研究会，2001）

## Pause café 12 ●為替

　三四郎が与次郎に貸した金は，郷里の母親が送ってよこしたものである．では，送金はどのように行われていたのだろうか．次のような叙述がある．
　「三四郎は立つて，机の抽出を開けた．昨日母から来たばかりの手紙の中を覗いて，『金は此所にある．今月は国から早く送つて来た』と云つた．」「直（すぐ）返事を出して呉れれば，もう届く時分であるのにまだ来ない．今夜あたりは殊によると来ているかも知れぬ位に考へて，下宿に帰つて見ると，果して，母の手蹟で書いた封筒がちやんと机の上に乗つている．不思議な事に，何時も必ず書留で来るのが，今日は三銭切手一枚で済ましてある．開いて見ると，中は例になく短かい．……依頼の金は野々宮さんの方へ送つたから，野々宮さんから受け取れという指図に過ぎない．」（『三四郎』8の1，9の4）
　以上を見ると，送金はどうやら現金書留によってなされたようであるが，当時は，すでに郵便為替も行われていた（1875年にスタート．1898年には電信為替も始まった）．

## 第1章第2節〜第4節・まとめ

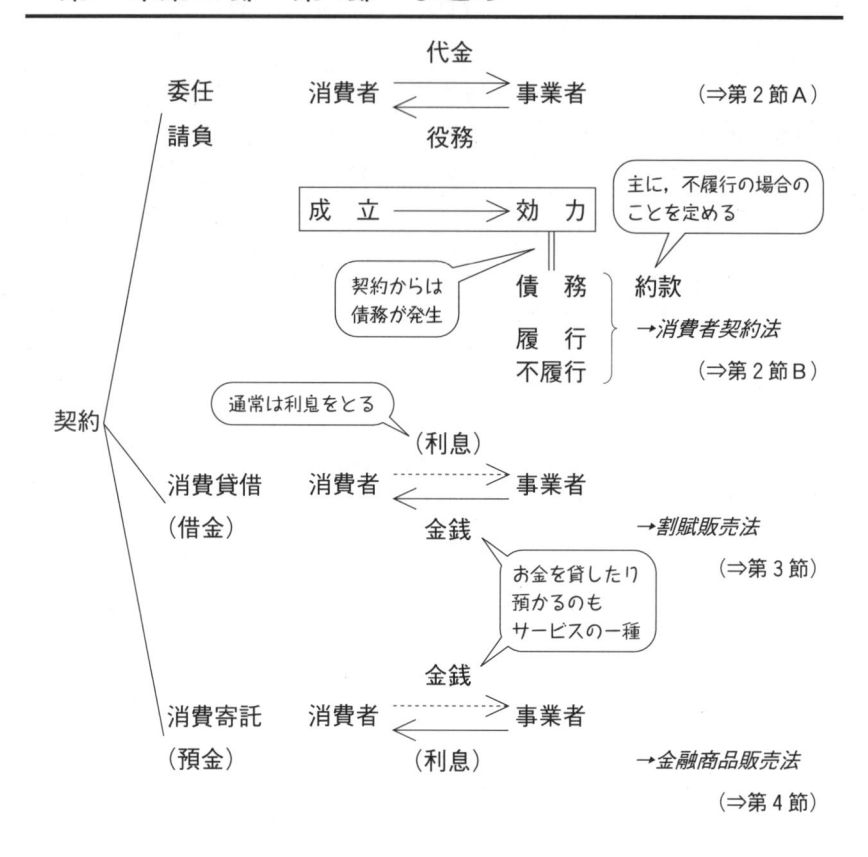

```
                    代金
         委任    消費者 ──→ 事業者        （⇒第2節A）
         請負        ←──
                    役務
                                    ┌─主に，不履行の場合の
                                    │ ことを定める
                ┌成 立──→効 力┐
                │       ╲      ╲
                │  契約からは    債 務  ┐ 約款
                │  債務が発生    履 行  ├→消費者契約法
                │                不履行  ┘
                │                        （⇒第2節B）
                │
                │  通常は利息をとる
                │                (利息)
         消費貸借   消費者 ←---- 事業者
  契約   （借金）          ──→              →割賦販売法
                            金銭              （⇒第3節）

                         ┌─お金を貸したり
                         │ 預かるのも
                         │ サービスの一種

                            金銭
         消費寄託   消費者 ←---- 事業者
         （預金）         ──→
                         (利息)            →金融商品販売法
                                          （⇒第4節）
```

166　消費生活と民法

# 第2章
# 家族生活と民法

竹久夢二「家族双六」(竹久夢二美術館,『新少女』大正5年1月号付録)

「『みかげさん，うちの母親にビビった？』彼は言った『うん，だってあんまりきれいなんだもの．』私は正直に告げた．『だって．』雄一が笑いながら上がってきて，目の前の床に腰をおろして言った．『整形しているんだもの．』『えっ』私は平静を装って言った．『どうりで顔の作りが全然似ないと思ったわ．』『しかもさあ，わかった？』本当におかしくてたまらなそうに彼は続けた．『あの人，男なんだよ．』」

——吉本ばなな『キッチン』（1987年）

# 序
## 「フェミニズムの時代」
### （1980年代）

　日本の女性解放運動は長い歴史を持つが，70年代の新しい運動は「ウーマン・リブ」（Women's Liberation に由来する）と呼ばれた．学生運動が下火になりつつあった72年にピンクのヘルメットで登場した「中ピ連」（中絶禁止法に反対しピル解禁をかちとる女性解放連合）は，マスコミの注目を集めた．こうした運動，あるいはそれをとりまく時代の空気は，紆余曲折を経てではあるが，社会を徐々に変化させてきた．これは日本ばかりではなく，世界的に見られた傾向である．第二次大戦後の高度経済成長によって，先進諸国の人々は物質的には豊かになり，家電製品の普及などによって家事の負担も相対的には減少した．女子の高学歴化が進んだこともあり，自己実現や社会参加を望む女性も増えてきた．実際のところ，1970年代の市民運動を支えたのは，女たちの力であった．また，家族の中での性別役割分担についても，これを疑問視し，桎梏と感じる女たちが増えてきた．「夫が働き妻が家事を行う」というシステムは，戦後ずっと理想的な家族モデルと目されて，実際にも，専業主婦の割合は増え続けていたが（農業の衰退とも関連する），この傾向も1970年代の後半には頭打ちになる．女たちが社会に進出しはじめたのである．

　以上のような状況を示すデータをいくつか掲げておこう．

教育（4年制大学の進学率）

|   | 1955 | 60 | 65 | 70 | 75 | 80 | 85 | 90 | 95 |
|---|---|---|---|---|---|---|---|---|---|
| 男子 | 13.1% | 13.7% | 20.7% | 27.3% | 40.4% | 39.3% | 38.6% | 33.4% | 40.7% |
| 女子 | 2.4% | 2.5% | 4.7% | 6.5% | 12.5% | 12.3% | 13.7% | 15.7% | 22.9% |

労働（女性の労働力）

|  | 1960 | 65 | 70 | 75 | 80 | 85 | 90 | 95 |
|---|---|---|---|---|---|---|---|---|
| 人口（万人） | 1838 | 1903 | 2024 | 1987 | 2185 | 2367 | 2593 | 2701 |
| 労働力率（％） | 54.5 | 50.6 | 49.9 | 45.7 | 47.6 | 48.7 | 50.1 | 50.0 |

意識（性役割分担について）

| | | 1972 | 1979 | 1992 | 1997 |
|---|---|---|---|---|---|
| 女性 | 賛成 | 83.2% | 70.1% | 55.6% | 56.9% |
| | 反対 | 10.2% | 23.8% | 38.3% | 43.6% |
| 男性 | 賛成 | 83.8% | 75.6% | 65.7% | 65.7% |
| | 反対 | 8.7% | 17.4% | 28.6% | 30.8% |

＊『男女共同参画社会の現状と施策』（1997，大蔵省印刷局），『資料集・男女共同参画社会』（ミネルヴァ書房，2001），『平成10年版厚生白書』（ぎょうせい，1998）による．

　すでに述べたように，ウーマン・リブは世界的な動向であった．この動きを受けて，1975年は国連の「国際婦人年」とされ，第1回世界女性会議が開催された．そして，この年から10年間が「国連女性の10年」とされた．このような趨勢の中で，79年には女子差別撤廃条約が採択され，日本も80年にはこれに署名，批准に向けて国内法の整備が必要な状勢となった．こうして，1985年には**男女雇用機会均等法**が成立するに至った（同年，条約を批准）．雇用の世界では，曲がりなりにも男女平等へのドライヴがかかったのである．

　働く女性はもはや例外的な存在ではなく，「寿（ことぶき）退社」も当然のことではない．このことを象徴的に表した形になったのが，1980年のアイドル交代であった．70年代のアイドル山口百恵（73年デビュー）は，「坊やいったい何を教わってきたの」とたんかを切ってはみたが，やがて「日本の母」へと旅立っていく．これに対して，彼女の引退の年に代わって現れた80年代のアイドル松田聖子は，したたかに芸能界をわたって，ほしい物は何でも手に入れるというライフスタイルを示して見せた．

　女性をめぐる大きな動きは，家族や家族法のあり方にも影響を及ぼさないではいない[1]．以上のような動きのあった1980年代には，家族・家族法もその姿

---

1) 社会的・経済的な背景につき，篠塚英子『女性と家族——近代化の実像』（読売新聞社，1995），フェミニズムの現状につき，上野千鶴子『差異の政治学』（岩波書店，2002），江原由美子『自己決定権とジェンダー』（岩波書店，2002）などを参照．

国際婦人年ポスター（『日本20世紀館』小学館, 1999, 809頁より）

を変え始めたのである[2]．この変貌を理解するには，前提として，それまでの家族・家族法の歴史を概観しておく必要がある[3]．

　戦前の日本においては，「イデオロギーとしての家族制度」（川島武宜）が国民の意識を規定していた．これを担っていたのが，民法典のいわゆる家族法部分（相続を含む広義の家族法部分．具体的には，第4編親族と第5編相続．当時は身分法と呼んでいた）であった．すなわち，1898年の民法典においては，「戸主」と呼ばれる

---

2) 狭義の家族法学以外で，このような状況に対応する試みとして，たとえば，金城清子『法女性学』（日本評論社，1991），辻村みよ子『女性と人権』（日本評論社，1997）などを参照．
3) 大村・後掲論文を参照．

1947.7.8（朝日）

　家長の下，同一の戸籍に記載された者たちが「家族」を構成するものとされていた．そして，戸主は家族の構成員たちの居所を指定し，婚姻を許可する権限（戸主権）を有し，このような戸主の地位は家の財産とともに，原則として嫡出の最年長の男子（長男）によって単独で相続される（家督相続）こととされていた．なお，家の一体性を確保すべく，妻の財産は夫によって管理されるものとされており（夫権），また，未成年の子は父の監督に服するものとされていた（父権）．

　戦後の日本国憲法は，「**個人の尊厳と両性の本質的平等**」を家族法の根幹に据えた（憲法 24 条）．これに従って，民法典の家族法部分は全面的に改正された．改正法は当時「新民法」と呼ばれた（改正前の家族法部分を「明治民法」と呼ぶことがある）．この新民法は，新憲法を受けて「個人の尊厳と両性の本質的平等」を解釈原則として掲げるとともに（民法 1 条の 2），「家」の制度を廃止して，婚姻における夫婦の平等，親権における父母の平等を，少なくとも形式的には完全な形で実現した（いかなる形でも夫優先・父優先の規定は残されていない．その意味で，当時のヨーロッパ諸国の立法よりも進んでいた）．

　ところで，現行民法典には「家族」という言葉は存在しない．また，憲法も「家族」という言葉を使ってはいるものの，それがいかなるものであるかを明ら

戸籍の記載例──夫婦と未婚の子が一人の場合

かにしていない．つまり，旧来の「家族」は廃止されたが，これに代わる新たな「家族」概念は，民法でも憲法でも積極的に定立されることはなかったのである．しかし，新民法の起草者たち（我妻栄・中川善之助と奥野健一．前二者は民法学者，最後の者は司法官僚）は，一定の家族像を念頭に置いていたものと思われる．それは，**夫婦と未成年子からなる核家族**であった．

このようなモデルとしての核家族は，法的には，戸籍法によって可視化されることになる．現在の戸籍は，夫婦と未婚の子のみを同一の戸籍に記載するというシステムをとっているからである．やがて，農業の急速な衰退，都市への人口集中により，農家の二三男が上京し，就職・結婚し，未成年子とともに都心のアパートや郊外の住宅地に住むという住居形態が一般化する．こうして，表象の面でも実態の面でも，核家族は**戦後家族**の典型となっていくのである．そして，必ずしも論理必然的なことではないが，核家族と性別役割分担とが結びつくことになる（いわゆる「**主婦婚**」．戦後家族の 55 年体制などと呼ばれることもある[4]）．

主婦婚における妻の地位は，法的にはともかくとして，経済的には脆弱なものである．このことが端的に現れるのは，婚姻の終了時（死別・離婚による）においてである．現行民法典は，夫婦は，財産に関してそれぞれ独立の存在であるという考え方を出発点としているため，夫の財産は夫のもの，妻の財産は妻のものであるのが，原則である．したがって，収入のない妻は，婚姻終了時には十分な財産を持たないことになる．現実には，（夫死亡時の）相続権と（離婚時の）財産分与という制度によって，この欠点はある程度まで是正されている．しかし，70 年代の半ばには，妻の財産上の地位をより強化する必要があるのではないかと考えられるようになった．そこで，1980 年には妻の相続分の増加がはかられた（法律上は「配偶者」――夫から見た妻，妻から見た夫――の相続分が増やされたので，妻死亡の場合の夫の相続分も増えたが，目的は妻の相続分を増やすことであった）．もっとも，この改正はあくまでも妻の保護のための改正であり，戦後家族のモデルを揺るがすようなものではなかった（むしろ，そこには，夫の財産は妻の財産でもあるという夫婦一体の考え方が見られるが，これは戦後家族モデルを強化するものであるとさえ言える）．

ところが，1980 年代の半ばには，少しずつ事情が変わり始める．極端に言え

---

[4] 落合恵美子『21 世紀家族へ』（有斐閣，1997）が提示した見方である．

ば，**戦後家族の終焉へ向けての方向転換が始まる**のである．別の言い方をすれば，**家族の再編の道が模索され始めた**とも言える．このことの制度的な現れとして，次のような立法や判例変更をあげることができる．

　第一は，1987 年の特別養子制度の導入である．これは従来の養子（契約的な色彩が強い）とは異なり，実の親子に近い関係を作り出すものであった．そこでは，「子の利益」が重視され，その観点から実の親子関係が切断され，新たな親子関係が創設されることとされたのである．以後，「子の利益」（この言葉自体は従来から民法典で用いられていたのだが）は，家族法を貫く重要な原理となる．たとえば，現在，立法作業が行われている生殖補助医療によって生まれた子の法的処遇に関しても，「子の利益」はキーワードの一つとなっている．第二に，同じ年に行われた最高裁の判例変更も重要である．それまで認められなかった有責配偶者（夫婦のうち婚姻の破綻につき責任を負う者——多くの場合には不貞行為を行った者）の離婚請求を，一定の要件の下に認めるという方向転換が図られたのである．これによって，離婚の自由化が進むことになり，婚姻の拘束力は弱まることとなった．さらに第三に，1990 年代の前半に進められた選択的夫婦別姓制度の導入を中核とする婚姻制度の改正作業が，これに加わる．この改正に関しては，96 年に改正要綱が作成されたが，自民党内部に反対が強く今日まで実現していない．その理由は，別姓の導入が夫婦の一体性を損なう（家族の絆を弱める）のでは，という危惧にある．第四に，1999 年に導入された成年後見制度に触れなければならない．それまで，精神障害などにより判断力を欠いた人（成年者）については，禁治産の宣告がなされ，その財産は後見人によって管理されていた．これは例外的な制度であり，使いにくく，かつ，社会的な偏見の対象にもなっていた．しかし，高齢化の進展により，痴呆などによる精神障害がめずらしくなくなった今日，高齢者を中心とした精神障害を持つ人々の保護は，重要な社会問題である．そこで，より使いやすい制度が求められ，新しい成年後見制度が導入された．

　以上から，家族と家族法には，次のような変化が生じつつあることがわかる．第一は，「子ども」の重視ということ．20 世紀は「子どもの世紀」と呼ばれることもあるが，「子ども」の重視は，世界的に見ても，時代の大きな流れであった．これを集約するのが 1989 年に採択された**児童の権利条約**（日本は 94 年に批准）である．第二に，これとも密接に関連するが（「個」としての子どもの重視は，場合に

よっては,「夫婦+子ども」という家族の一体性と緊張関係に立つので),「夫婦」の再検討ということ。これまでは,「結婚して子どもを育てる」ことが典型的なカップルのあり方であったが,女性の自律への指向が高まることによって,このようなモデルが批判にさらされている。別の言い方をすると,**家族**の**一体性**よりも「**個**」の**自律**を求める人々が増えつつあることによって[5],従来の家族像は大きく揺さぶられているのである。第三に,「高齢者」の登場ということ。**高齢社会**の出現によって,かつては老年期がそう長くなかったために,顕在化しなかった問題が深刻になっている。高齢者を支えるのは,家族か国家か,あるいはそれ以外の何かか。社会の根幹を揺るがす大問題である(年金や医療・介護など社会保障のことを考えよ)。

以上のように,今日では,家族とは何かが問われている。こうした文脈をふまえて,本章の各節では,子ども(第1節),カップル(第2節),高齢者(第3節)のそれぞれにつき,法的な規律の現状・問題点・将来像を検討していくことにしよう。

[条文をもう一度]
　第1条の2【解釈の基準】　本法は個人の尊厳と両性の本質的平等とを旨として之を解釈すべし。
[他の概説書では]
　大村・家族法3〜35頁,内田IV 1〜13頁
[図書館で探すなら]
　大村敦志「民法典の改正——後二編」広中俊雄=星野英一編『民法典の百年I』(有斐閣,1998)〔大村『消費者・家族と法』(東京大学出版会,1999)所収〕

## Pause café 13 ●この欄の参考文献

この欄で用いている『三四郎』のテクストは,筑摩書房の「明治の文学」シリーズ第21巻,坪内祐三=井上章一編『夏目漱石』(筑摩書房,2000)所収のものである(ただし,一部,かなの用字を改め漢字に読みがなを付けた)。これ自体,岩波版の漱石全集を底本と

---

[5] 早い時期に,この点を指摘したものとして,目黒依子『個人化する家族』(勁草書房,1987)を参照。その後の類書は多い。

しているが，朝日新聞初出時の挿絵が採録され脚注に解説・図版が加えられており，非常に有益である．なお，『吾輩は猫である』(「猫」と略して引用）や『坊つちやん』に関しては岩波版・漱石全集を用いた．

コメントに際しては，かつて読んだ各種の漱石研究（小森・石原両氏の著書や雑誌『漱石研究』所収の諸論文，とりわけ，千種キムラ・スティーブン氏の三四郎論など）から有形無形の影響を受けている．時代背景については，手元の文献を適宜参照した（特に，石井研堂の『明治事物起源』と湯本豪一氏の『図説明治事物起源事典』『図説幕末明治流行事典』のお世話になった）．

ところで，漱石と法の関係については，すでに加藤雅信氏が論じている（「漱石山房の春」判例タイムズ521号，「漱石の法律観」同523号，いずれも1984年）．この欄は，同氏の意図を継承しようというものである．また，この欄は小さなコラムに過ぎないが，アメリカやフランスで進められつつある「法と文学」研究の動向も頭の片隅になかったわけではない．関心のある向きは，PosnerやMalaurieの著書を検索して，直接に参照していただきたい（日本でも，長尾龍一『文字の中の法』（日本評論社，1998）などがある．同書では，漱石にも言及されている）．

# 1 子どもと民法

## A 子どもを育てる

　親が子どもに対してはたすべき責任はいかなるものか．民法典は，この点について定めている．「親権」という制度がそれである．原則として，未成年の子は親の親権に服する．別の言い方をすると，親は自分の子どもに対して責任を負う (1.)．しかし，すべての子どもに親権を行使する親がいるというわけではない．そこで，親権を，あるいは親子関係そのものを補完する制度が必要となる．親に代わって，社会が責任を負うべき場合があることになる (2.)．

> 　児童の権利条約は，「父母又は場合により法定保護者は，児童の養育及び発達についての第一次的責任を有する」（同条約18条1項2文），「締約国は，……父母及び法定保護者が児童に養育についての責任を遂行するに当たりこれらの者に対して適切な援助を与える」（同2項）と定めて，父母（又は法定保護者）と国（あるいは社会）の役割につき，前者が第一次的なものであり，後者は補充的なものであるという考え方を示している．

> 　現行民法典は成年年齢を満20歳としているが（民法3条），児童の権利条約や児童福祉法にいう「児童」とは18歳未満の者を指すので（児童の権利条約1条，児童福祉法4条），両者の間には若干のギャップがある．今日の社会通念を考慮に入れ，かつ，婚姻適齢（男子18歳，女子16歳．民法731条．結婚すると成年とみなされる．民法753条）などとの整合性も考えると，成年年齢を引き下げることが検討されるべきだろう．

## 1. 親の責任

### (1) 親権の内容

**権利か義務か**　現行民法は次のように定めている．「親権を行う者は，子の監護及び教育をする権利を有し，義務を負う」(民法820条)．ここでは，「親権」という用語がなお用いられているものの，それは親の権利(子の義務)であると同時に「義務」であるとされている．実際のところ，子は親権者の決定に従わなければならず，他人はこの決定に介入することができない．その意味では親権はやはり権利性を有する．しかし，親権は「義務」(子に対する義務，さらには，社会に対する義務)でもある．その権利は，子の福祉のために行使されなければならないのである．民法典には，直接にこのことを明示する規定はないが，親権の義務性自体がこれを示していると言えるほか，後にも触れるように，各所においてこのことを前提とした規定が置かれている(児童の権利条約18条1項3文には「児童の最善の利益はこれらの者の基本的な関心事項となるものとする」と定められている)．

なお，厳密に言えば，民法典が「権利を有し，義務を負う」としているのは，「子の監護及び教育」についてのみである．しかし，親権の内容としては，これに「子の財産を管理し，又，その財産に関する法律行為(契約など——注)についてその子を代表する」ことも含まれる(民法824条)．つまり，親権は，子どもの人格・人身の発達についてだけでなく，その財産の管理にも及ぶのである．財産管理に関しては，親権が権利であるか義務であるかの言及が欠けているが，これは，他人の財産を管理する者が一定の権利を有するとともに，義務を負うのは当然のことだと考えているからだろう．このことを前提に，民法典は義務の程度を定める規定のみを置いている(民法827条．一般の場合よりも義務を軽減している例外規定である)．

**監護教育と財産管理**　監護教育と財産管理のそれぞれにつき，もう少し詳しく見てみよう．

**監護教育**については，民法典は，具体的に三つの権限を親権者に付与している．第一は，子どもの生活場所を定める権限である(**居所指定権**．民法821条)．未成年の子は親と一緒に生活するのが普通だろうが，寄宿舎に入れたり下宿をさせるかどうかは親が決める．第二に，**懲戒権**が認められている．条文は

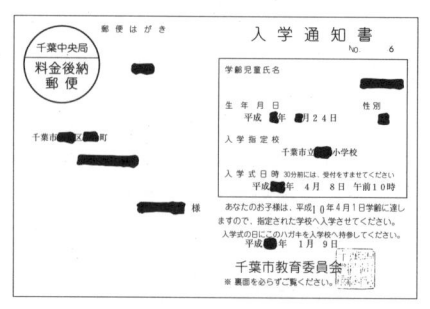

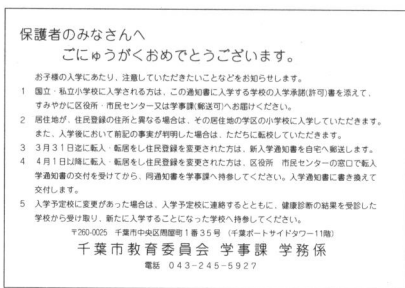

「必要な範囲で自らその子を懲戒」するほか，家裁の許可を得て「懲戒場に入れる」こともできるとしているが（民法822条），現行法の下では，ここでいう懲戒場は存在しない．第三は，子どもの職業について決める権限である．もちろん，親が強要して，子を無理やりに働かせることは不可能だが，子が働きたいと考えても，親の許可がなければ働くことができない（**職業許可権**．民法823条）．今日ならば，アルバイトを考えてみればよい．

　さらに未成年者の就労については労働基準法上の規制がある（労基法56条以下）．たとえば，中学生を雇うことは原則として禁止されている（労基法56条1項）．なお，学校（高校）が校則などによって就労を制限していることがあるが，その当否は問題となりうる．公立高校に関しては，より広く，親の教育権と国の教育権（親の就学義務．教育基本法4条，憲法26条2項）の関係をどう考えるかという問題もある．

　**財産管理**については，かなり詳しい規定を置いている（民法824〜832条）．これは，家産の保護に重点が置かれていた時代の名残である．

　これらの諸規定の定めることがらで重要なのは，次の二つである．一つは，すでに触れたように，親権者は子の財産を管理するだけでなく，子に代わってそ

の財産にかかわる契約を締結する権限を有するということである（民法824条）．条文が「代表する」と言っているのは「代理する」という趣旨である（「代表する」には，法律の規定によって包括的な代理権が与えられている，というニュアンスがある）．もう一つは，そうした契約に際して，親権者とその子の利益が相反する場合には，親権者は自分で契約をすることはできず，家裁に特別代理人の選任を依頼しなければならないということである（利益相反行為という．民法826条）．

　未成年者の財産管理（特に親権者による代理）につき，よりよく理解するためには，代理に関する一般的な説明を補足しておく方がよいだろう．
　第一に，代理の付与について．一般に，人は代理人を選任して，自分の代わりに自分のために契約をしてもらうことができる（**任意代理**という．民法99条）．自分自身で契約はできるが，地理的・時間的制約や専門的知識などの点で，代理人を使うことが便利な場合も少なくない．これに対して，代理人を置くことが必須の場合もある．たとえば，乳幼児を考えてみればよい．赤ん坊はたとえ財産を持っていても（父が死亡し，母と共に相続人になった場合を考えよ），その財産につき自分で契約を締結することはできない．そこで，親権者が代理人として代わりに契約を締結することになる．もちろん，未成年の子といっても一定の年齢に達すれば（たとえば高校生ぐらいになれば），自分で契約をすることも不可能ではない．しかし，未成年の子は十分に分別があるとは言えないので，この場合にも，親権者など**法定代理人**（親権者がおらずに後見人がいる場合には後見人がこれにあたる．この点は後述）に同意を得る必要がある（民法4条1項）．同意を得ずに行った契約は，本人や法定代理人が取り消しうるものとなる（民法4条2項，民法120条1項）．なお，このように，自分一人では有効に契約を締結し得ない者を**制限能力者**（法律行為を行う能力が制限されている者という意味）と呼ぶ．
　第二に，代理権の行使について．代理人は本人のために代理権を行使する義務を負う（契約によって選任される任意代理人につき民法644条，親権者につき民法827条，後見人につき民法869条→民法644条）．このような義務が負わされている以上，定型的に見て，本人の利益を害するような行為を行うことは許されない．そのため，任意代理については**自己契約**（AがBの代理人となって自分自身と契約すること）や**双方代理**（AがB・C双方の代理人となって契約すること）が禁じられている（民法108条）．法定代理において，利益相反行為につき特別代理人の選任が求められているのも（親権者につき民法826条，後見人につき民法860条），同じ趣旨によるものである．たとえば，親権者Aが銀行Bから借金をするのに，子どもCの名義の不動産につき子どもの代理人として抵当権設定契約を結ぶというのは，形式的には自己契約

> でも双方代理ではないが，利益相反行為となる．

## (2) 親権の行使

共同か単独か　「成年に達しない子は，父母の親権に服する」(民法818条1項)．現行民法のこの規定は，「子ハ其家ニ在ル父ノ親権ニ服ス」(民法旧877条1項本文)を，男女平等の観点から書き改めたものである．これを受けて「父母の婚姻中は，親権は，父母が共同してこれを行う」(**共同親権**という．同3項)という規定が置かれた．具体的には，父母は，協議により意見を一致させた上で，親権を行使しなければならないわけである．つまり，一方が同意しただけでは不十分なのである．では，協議によって意見の一致をみない場合にはどうするのか．日本法はこの点に関する手当をしていない(外国法には，最終的には父親優先とするもの，裁判所の判断を求める手続を設けるものなどがある)．そのため，親権の行使はできないことになる．もっとも，第三者との関係では，共同の名義で契約などがなされていさえすれば，一方が反対していたとしても，その効力は損なわれない(民法825条．善意の第三者を保護する規定なので，悪意者には適用されない．同条但書)．

以上の原則が適用されるのは「父母が婚姻中」の場合に限られる．では，「父母が婚姻中」でない場合にはどうなるか．この問題は，二つに分けて考える必要がある．第一に，父母が離婚した場合．この場合には，「父母の一方」が親権者と定められる(民法819条1項2項．3項はやや特殊な場合)．第二に，父母がそもそも結婚していない場合．この場合には，親権は母が行うのが原則であるが，父が認知した場合には，父母の協議により父を親権者とすることができる(民法819条4項)．以上のように，いずれの場合にも，共同親権にはならず**単独親権**となる．

> 父が認知していない場合には母が親権を行うことにつき明文の規定はないが，父の認知前には親権を有するのは母のみなので(母もおらず親権者が欠けていれば，後見人の選任が必要となる)，母が単独で親権を行使するほかなく，そもそも父母のどちらが親権を行使するかという問題が生じない．

親権者の変更　単独親権の場合には，父または母の一方が親権者になる．この決定は，離婚時にあるいは認知後に行われるわけだが，その後

になって親権者を変更した方がよい事情が生ずることがある (たとえば, 離婚後に父が親権者となったが, まもなく, 父が再婚するので母の方で子を引き取ることとなった場合など). このような場合に備えて, 現行民法は親権者の変更を認めているが, 当事者である父母の合意による変更はできず, 家庭裁判所が「子の利益」の観点に立って決定する. 親権者の決定自体は父母の協議で行われるが (民法 819 条 1 項 4 項), いったん決まった親権者を簡単に変更するのは, 一般的に言って「子の利益」を損なうと考えられるからである.

なお, 事情が変わらなくても気持ちが変わって, いったんは手放した子を手元に置きたいと考えるようになることがある. この場合には, **親権者の変更の申立てをするのが本筋だが**, 変更の決定がなされる保障はない. そこで, 親権を持たない親が, 実力を行使して親権を持つ親のもとから, 子を連れ去ってしまうことがある (「子の奪い合い」). この行為に対する対応は難問だが, 現在では, 人身保護法による人身保護請求の申立てをして, 取戻しをはかることが多い. しかしながら, 離婚前で別居中の夫婦 (父母) 間で事件が生じた場合には, 父母の双方が親権者であるため, 人身保護請求は原則として認められない.

## 2. 社会の責任

### (1) 親子に代わる関係

**親権の制限** すでに述べたように, 親権は義務性を帯びているがゆえに, 親権の濫用 (著しく不適切な行使) がある場合には, 申立てにより, 家裁は親権喪失の宣告を行うことができる (民法 834 条). もっとも, この宣告は, その原因が止んだときには取り消されうるので, 「喪失」というよりも「停止」といった方が実体に近いかもしれない.

たとえば, 懲戒権は親権の内容をなす権限である. 親は子どもを懲戒することができる. より具体的に言えば, 他人の子どもの頬をたたけば暴行罪が成立するが, 自分の子を懲戒するために体罰を与えるのは正当な権限の行使とされる. しかし, それにも限度はある. 新聞報道などでよく知られているように, 最近では「体罰」の域を超えた虐待を子どもに加える親たちが急増している.

そこで, 2000 年には児童虐待防止法が制定されるに至った. この法律によって, 教職員や医師には児童虐待を早期発見する努力義務が課され (児童虐待防止法 5 条), 発見者には通報義務が課されている (児童虐待防止法 6 条). 通報がなさ

## 児童虐待相談1万件超す

### 目立つ乳幼児被害

### 昨年度 厚生省まとめ

親が子どもを殴るなどの虐待について、全国の児童相談所に寄せられた相談件数が昨年度は前年度より七割も増え、初めて一万件を超えたことが、厚生省のまとめでわかった。特に乳幼児が被害を受けている割合が増加している。近隣・知人からの訴えが増えていることから、厚生省は「周囲の関心が高まったため」とみている。核家族化を背景に母親の孤立、不安から虐待自体も増えているとの見方も多い。

全国に百七十四カ所ある児童相談所が受けた昨年度の子ども虐待の相談件数は一万千六百三十一件で前年度より四千六百九十九件増えた。調査を始めた一九九〇年度から増え続け、十倍になった。岩手、静岡県以外のすべての都道府県で前年度より増えている。虐待を受けた子どもの年齢をみると、〇歳から就学前が約五割を占

め、前年度より数でも、割合でも増えている。小学生は三四・五％、中学生は一〇・九％。主に虐待しているのは母親で六割による。

相談したのは、家族が三一％で最も多く、近隣・知人一五％、福祉事務所一三％、学校など一二％。家族が占める割合が減り、近隣・知人が増えた。虐待内容は殴る、けるなど身体的な虐待が過半数だが、

表に出にくい言葉や態度による心理的虐待の割合が九・四％から一四・〇％に増えた。相談後の対応は、面接指導が七割で、子どもの施設入所は一七・九％、里親等委託が〇・四％。

発見者の通告義務などが盛られた児童虐待防止法が十一月下旬に施行されるのに伴い、相談は今後さらに増えそうだ。

**児童相談所での児童虐待相談処理件数**

| 年度 | 件数 |
|---|---|
| 1990 | 1101 |
| 91 | 1171 |
| 92 | 1372 |
| 93 | 1611 |
| 94 | 1961 |
| 95 | 2722 |
| 96 | 4102 |
| 97 | 5352 |
| 98 | 6932 |
| 99 | 11631 |

2000.11.2（朝日）

れた場合には、福祉事務所や児童相談所は、児童福祉法上の各種の措置を講ずべきこととされている（児童福祉法25条の2, 26条）．特に、必要に応じて一時保護措置をとるべきことが確認されている（児童虐待防止法8条、児童福祉法33条）．

**後見の開始** 親がいるけれども親権が失われた場合、あるいは、そもそも親がいない場合には、後見という制度が発動される（民法838条1号）．なお、後見は、成年についても、精神障害などにより判断力の欠けている人などについて発動される．成年後見と呼ばれるものであるが、これと区別するために、子どもを対象とする後見は未成年後見と呼ばれる．

未成年後見人は、最後に親権を行う者によって遺言で指定されることもあるが（指定後見人．民法839条）、指定がなされなかった場合には、申立てにより、家裁が選任する（選定後見人．民法840条）．成年後見人の場合と異なり（民法859条

の2参照)，未成年後見人は一人と定められている(民法842条)．父母であっても共同親権はうまく機能しないことがあるので，複数の後見人は避けるという趣旨だと言えるだろう．

　未成年後見人は，子どもの監護教育につき「親権者と同一の権利義務を有する」(民法857条)．ただし，重要な決定(親権者の定めた教育方法・居所の変更や営業の許可・その取消)については，後見監督人が置かれている場合(民法848条，849条)には，その同意を得なければならない(民法857条但書)．また，財産管理に関しては，親権者よりも厳しい義務が課されているほか(民法869条→民法644条)，細かな規制の対象となっている(民法853〜855条，861条，863条など)．その代わりに報酬を得ることができる(民法862条)．多くの場合，後見人になるのは未成年者本人の親族の誰かであるが，後見人は親族とはいえ他人である．だから，親のようには，子どもの利益をはかることを期待できないという判断が，制度の根底には潜んでいる．それ自体は現実的な認識であるが，親であるというだけで子どもの利益が常にはかられるわけではないので，むしろ親の場合にはなぜ義務が軽減されているかを考える必要があるだろう．

> 親権者の場合にも，財産関係の計算が不要なわけではない．しかし，それはいわば事後的などんぶり勘定でよい(民法828条)．これは，日常的・継続的な生活共同体において，細かな計算が行われることは困難だろうという認識に基づくものだろう．同様の考え方は，夫婦の財産関係の清算などに際しても見られるが，これについては後述する．

### (2) 親子に準ずる関係

　**特別養子**　以上のように，親がいない場合，あるいは，親が親権を喪失した場合には，後見人が選任されるのが原則である．しかし，これとは別の形でのサポートがなされることがある．親のない子(あるいは親があっても親がないのも同然の子)で，その年齢が低い場合には，後見人を置くだけではなく「親」が必要なこともある．

　このような要請に応ずるのが**養子**制度である．しかし，日本では養子制度はかなり広く利用されており，実際には，相続や扶養のための契約としての色彩が濃い．制度に即して見ると，縁組は原則として届出のみで可能である(民法799

条→民法739条）．当事者の合意・届出によって婚姻が成立するのと同様である．また，養子となる者が成年でもよく，養親・養子の間の年齢についても，養子が年長でなければよい（民法793条）．つまり，そこには，**年齢の低い子に本当の親に代わる親を与えるという発想が乏しい**．また，養子縁組がなされたからといって，養子と実の親との関係は存続するし（ただし，親権は養親が行使する．民法818条2項），縁組の解消も容易であり**協議離縁**も認められている（民法813条以下）．

　このように契約的で法的地位の脆弱な従来の養子とは異なり，より実の子に近い緊密な養子を可能にするために1987年に導入されたのが，**特別養子制度**である（従来の養子を「**普通養子**」と呼んでいる）．すでに触れたように，特別養子の場合には，縁組は家裁の審判によってなされ（民法817条の2），実親の同意（民法817条の6．ただし，行方不明・重病などで同意ができない場合や虐待・悪意の遺棄などの事由がある場合は不要）のほか，「子の利益のために特に必要がある」（民法817条の7）という要件が満たされることが必要である．また，養親は，婚姻中の夫婦であり，少なくとも一方が25歳以上でなければならず（民法817条の3，817条の4），養子は原則として6歳未満でなければならない（民法817条の5）．しかも**試験**

養育期間が置かれ，養親による監護の適格性が判断される (民法817条の8)．こうしたチェックを経た上で，養子縁組が成立すると，実親との親子関係は切断され (民法817条の9)，離縁が厳しく制限される (民法817条の10)．

　もっとも，現在行われている養子縁組のほとんどは依然として普通養子であり (年間8～9万件)，特別養子はごく少ない (年間1000件に達しない)．

**その他の「親子」**　養子のように法的な親子を創設するのではないが，ある意味で親子に類似した法律関係は，ほかにもないわけではない．

　一つは，**里親制度**である．この制度は児童福祉法に基づくものであり，「里親」とは「保護者 (親権者・未成年後見人その他で現に児童を監護する者．児童福祉法6条参照――筆者注) のない児童又は保護者に監護させることが不適当である児童を養育することを希望する者」で，「都道府県知事が適当と認める者」をいう (児童福祉法27条1項3号括弧書き)．里親への委託は，各種施設への入所と並び，要保護児童に対する措置の一つとして位置づけられている (同号)．里親委託に要する費用は都道府県が支弁するが (児童福祉法50条7号)，里親は，都道府県知事の求める報告をしなければならない (児童福祉法30条の2)．

　このように，里親委託は，行政上の措置の一つであるが，施設において集団的に監護を行うのに比べて，より個別的で関与的な監護を行うことができる点にメリットがある．では，里親は里子に対して，どのような権利義務を有するのだろうか．児童福祉法にはこの点は明記されておらず (里親は施設が有する以上の権限を有するわけではない)，親権を有する親との関係も含めて，検討すべき問題が残されている．

　もう一つ，(再婚による) **継親子関係**についても触れておいた方がよいだろう．継親とは親の配偶者のことを，継子とは配偶者の子 (いわゆる連れ子) のことを指す．明治民法においては，継親子関係は，嫡母庶子関係 (婚外で生まれ父に認知さ

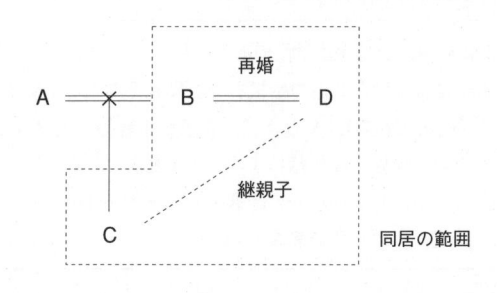

れた子と父の配偶者の関係）とともに，「親子間ニ於ケルト同様ノ親族関係ヲ生ス」と定められていた（民法旧 728 条）．しかし，現行民法ではこの規定が削除されたため，継親と継子の関係は，単なる親族関係（姻族一親等）にすぎない．つまり継親と継子は「親子」ではない．

　このことは次のような結果をもたらす．まず，継子は継親の親権に服さない．親でないのだから当然である．次に，継親（上図の D）は継子（上図の C）に対して原則として扶養義務を負わない．親が子に対して扶養義務を負うことには異論がないが，継親は親ではない．また，直系血族および兄弟姉妹の間にも扶養義務があるが，これにもあたらない（民法 877 条 1 項）．ただ，家裁が「特別の事情」を理由に扶養義務を課すことはありえないではない（三親等内の親族にはあたる．同条 2 項）．さらに，互いに相続することもありえない（遺言によって財産を与えることは可能だが）．

　このような結果を避けるには，継親と継子との間で養子縁組をするほかない．民法もそのような場合があることを想定している（民法 795 条）．縁組がなされれば，普通養子であっても，養子（継子）は養親（継親）の嫡出子と同じ身分を取得する（民法 809 条）．しかし，養子縁組がなされないとしても，親族一般以上の関係を継親子に認めるべきではないか．たとえば，実親に代わって親権を代理行使する権限や補充的な扶養義務を認めるべきではないかと思われる（外国にはそのような立法例もある）．

> 　親の子に対する扶養義務の存在には異論はないが，その根拠規定については，民法 820 条をあげる見解と民法 877 条をあげる見解とが対立する．877 条による義務よりも高い程度の義務を措定するには 820 条の援用が有益であるが，反面，単独親権の場合に，親権を持たない親は扶養義務を負わないのかという疑問が生ずる（この場合にも，877 条を根拠として低い程度の義務を負うとは言える）．

> 　**親等**とは親族関係の遠近をはかる単位であり，相互を隔てる世代数を，**直系**の場合には単純に，**傍系**の場合には，共通の始祖まで上昇しそこから下降するという形で，それぞれ計算する（民法 726 条）．たとえば，親子は 1 親等，兄弟は 2 親等，従兄弟は 4 親等となる．なお，親族には血縁によるもの（**血族**．6 親等まで）と婚姻によるもの（**姻族**．3 親等まで），および自分の**配偶者**が含まれる（民法 725 条）．なお，自分より上の世代を**尊属**，下の世代を**卑属**という．

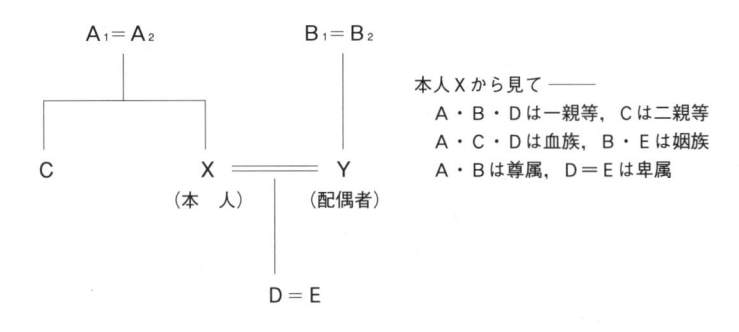

```
       A₁＝A₂      B₁＝B₂
        ┌─┴─┐       │          本人Xから見て ──
        C   X ═════ Y           A・B・Dは一親等，Cは二親等
           (本人) (配偶者)       A・C・Dは血族，B・Eは姻族
              │                  A・Bは尊属，D＝Eは卑属
             D＝E
```

[条文をもう一度]

第818条【親権者】 ① 成年に達しない子は，父母の親権に服する．

② 子が養子であるときは，養親の親権に服する．

③ 親権は，父母の婚姻中は，父母が共同してこれを行う．（但書，略）

第820条【監護教育の権利義務】 親権を行う者は，子の監護及び教育をする権利を有し，義務を負う．

[他の概説書では]

大村・家族法 96〜117頁，165〜176頁，191〜206頁，270〜274頁，内田Ⅳ 204〜278頁

[図書館で探すなら]

大村敦志「再構成家族に関する一考察」みんけん500号（1998）

石川稔『家族法における子どもの権利』（日本評論社，1995）

森田明『未成年者保護法と現代社会』（有斐閣，1999）

加藤永一『親子・里親・教育と法』（一粒社，1993）

中川高男『第二の自然――特別養子の光芒』（一粒社，1984）

## Pause café 14 ●兄と弟（坊つちやん）

三四郎では父子の関係，あるいは，兄弟同士の関係は前面に出てこない．しかし，漱石は他の小説では，父子関係あるいは長男と二三男の関係をしばしば取り上げている．『坊つちやん』の冒頭近くに，次のような例がある．

「おやぢは些（ちっ）ともおれを可愛がつて呉れなかつた．母は兄許りを贔屓にして居た．此兄はやに色が白くつて，芝居の真似をして女形になるのが好きだつた．おれ

を見る度にこいつはどうせ碌なものにはならないと，おやぢが云つた．乱暴で乱暴で行く先が案じられると母が云つた．……母が死んでから六年目の正月におやぢも卒中で亡くなつた．……兄は家を売つて財産を片付けて任地に出立すると云ひ出した．おれはどうでもするが宜からうと返事をした．どうせ兄の厄介になる気はない．世話をしてくれるにした所で，喧嘩をするから，向でも何とか云ひ出すに極つて居る．なまじい保護を受ければこそ，こんな兄に頭を下げなければならない．……（清は）あなたがもう少し年をとつて入らつしやれば，ここが御相続出来ますものをとしきりに口説いて居た．もう少し年を取つて相続出来るものなら，今でも相続が出来る筈だ．婆さんは何も知らないから年さへ取れば兄の家がもらへると信じて居る．」（『坊つちやん』1）

　ここには，「家」制度の下での長男と二男の関係が簡潔に描かれている．二男には家督を相続する権利はなく，新たに戸主となる兄に服従するほかなかった．もっとも，「坊ちゃん」は兄から六百円をもらって分家したようである．そうなれば，もはや兄の指図を受けないが，保護からも外れることになる．なお，清（女中）は，相続の制度をよく理解していないが，資産のない家に生まれた女性にとって，民法典は縁なきものだった．

........................................................................

# B 子どもの親になる

　本節Aで見たように，親子関係の主要な効果である親権（もう一つの主要な効果は相続権の発生．民法887条1項）のあり方は，子どもの父母が婚姻関係にあるかどうかによって異なっていた．本節Bで扱うのは，親子関係の成立についてであるが，子どもの親の決め方に関しては，父母の婚姻関係の有無は一層大きな意味を持つ．そこで，以下においては，婚姻家族の場合 (1.) と非婚姻家族の場合 (2.) に分けて，民法典の考え方を紹介・検討することにしたい．

## 1. 婚姻家族の場合

### (1) 制　度

原則：嫡出推定

　一言で言えば，夫婦が婚姻中にもうけた子は，夫婦の子となる．このことを法的に表現したのが**嫡出推定**という制度である．民法典は次のように定めている．「妻が婚姻中に懐胎した子は夫の子と推定する」（民法772条1項）．つまり，原則として，妻が婚姻中に懐胎した子の父は夫であるとされるわけである．婚姻中の女が懐胎した子については，何か特別

な手続を要することなく，その夫である男がその父となると言ってもよい．

　このような取扱いがされているのはなぜか．二つの方向から説明することができる．一つは，事実問題として，妻の生んだ子の父は夫である可能性が高いということ．婚姻関係にある夫婦は，**貞操義務**（民法770条1項1号参照）によって婚姻外の性関係を禁じられているし，事実の問題としても，婚姻外の性関係による懐胎の蓋然性は低い．もう一つは，制度趣旨として，婚姻は妻が懐胎する子を自分の子として引き受けるという夫の包括的な意思を含んでいるということ．そうだとすると，特別な事情がない限りは，特に新たな手続をふむことなく，妻の懐胎した子の父は夫であるとしてよいことになろう．

> 「婚姻中に懐胎した」かどうかは実際にはわかりにくい場合もある．そこで，民法典はこの点についても推定規定を置いている．「婚姻成立の日から200日後又は婚姻の解消若しくは取消の日から300日以内に生まれた子は，婚姻中に懐胎したものと推定する」（民法772条2項）．ヒトの子の懐胎期間は280日前後だが，早産などの可能性もある．実際には，この規定は，明治時代の産科学の知見を参考にして定められたという．
>
> 　ところで，離婚後直ちに再婚をし，離婚から300日以内，再婚から200日後に子が生まれたとすると，この子については，前婚の夫・後婚の夫の双方につき嫡出推定が働くことになる．民法典は，このような事態を回避するために，女については6ヵ月の**再婚禁止期間**を定めている（民法733条1項．ただし計算上は100日あれば足りるので，この規定は不当な男女差別であると批判されている）．この規定に抵触する婚姻届は受理しないこととされているが（民法740条），誤って受理されてしまうこともないわけではない．そうした例外的な場合に，二つの嫡出推定を受けてしまう子が生まれたときには，家庭裁判所が父を決める（**父を定める訴え**．民法773条）．

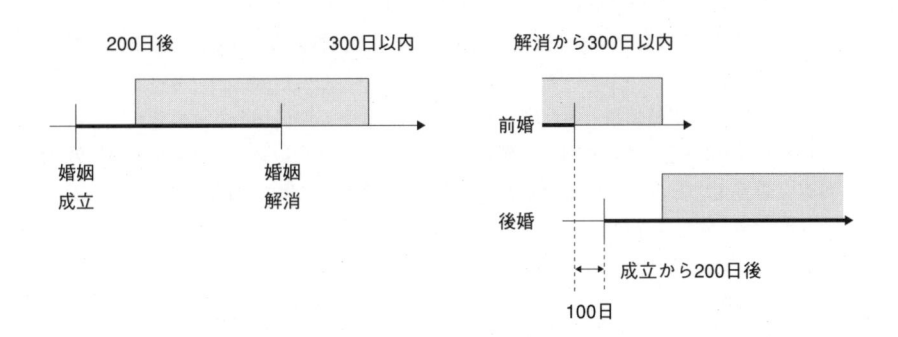

子どもと民法 | 191

**例外：嫡出否認**

しかし，嫡出推定はあくまでも「推定」であり，これによって最終的に父子関係を確定するというわけではない．たとえ事前に抽象的に父となることを引き受けていたと考えるとしても，特別な事情があって，夫としては，到底，自分の子とはできないという場合もありうる．たとえば，長期の別居があった場合（外国旅行・兵役・収監など）や夫が不妊である場合などがこれにあたる．

このような場合には，例外的に，夫は，父子関係を否定することが認められている（民法 774 条）．しかし，この否認は，子または妻に対する訴えによってなされることが必要であり，しかも，訴えは夫が子の出生を知ってから 1 年内に限って許される（嫡出否認の訴え．民法 775 条，777 条）．さらに，出生後に，嫡出であることを承認すると，訴えを起こすことができなくなる（民法 776 条）．

訴えが認められるには，夫の側で，生まれた子が「嫡出でない」ことを証明する必要があるが，上記のような特殊な事情があれば，このことは証明できるだろう．なお，ここで「**嫡出である**」というのは，「**婚姻中に夫によって妻が懐胎した**」ということを意味する．「嫡出」は légitime（正統の＝正しい血統の）の訳語である．

> 夫婦の間で生まれた子であっても，婚姻前に生まれた子は嫡出子ではない．しかし，父が認知しかつ母と結婚すれば，以後は嫡出子と同様に扱われる．このことを準正（légitimation）といい，このような子を準正子という（民法 789 条）．もっとも，今日では，①出産が婚姻後であれば，最初から嫡出子としての届出も認められている（ただし，嫡出推定＋否認の制度は働かないので，1 年間が経過した後も親子関係の不存在を主張することが可能である）．これは，婚姻前にすでに同棲を始めているカップルが一定程度存在することに配慮して（かつてはかなりあったし，最近も増えている），形成された判例法理である．
> なお，判例はこれとは別に，②外形的に見て推定の根拠となる事実が欠けている

場合には，嫡出推定は働かないとしている（たとえば，長期別居の場合には，やはり1年間が経過しても親子関係不存在確認訴訟が可能であるとしている）．しかし，②のような例外を広く認めることは，嫡出推定＋否認制度の空洞化に繋がるという批判もある．

　嫡出否認の訴えを起こすことができるのは，夫のみであり，妻や子の側からは訴えを起こすことができない．つまり，夫が争わない以上は，妻の産んだ子（正確には婚姻中に懐胎した子）の父は夫であることは覆らない．これは家庭の平和を守るための制度であると言われるが，妻や子にも否認を認めるべきだとの批判もある．

　ここまで，出産した妻が子の母となるという了解の下に話を進めてきた．このことを明言する規定はないが，当然の前提であると考えられている．強いて言えば，これも二つの方向から説明することができる．一つは，母子関係については出産＝懐胎＝母という図式が成り立つこと．もう一つは，婚姻には，自分が産んだ子はすべて例外なく夫との間の嫡出子として引き受けるという妻の意思が定型的に組み込まれているとみることができること．

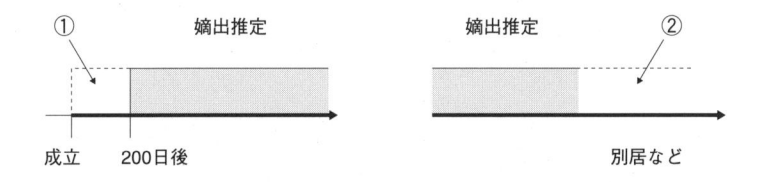

①　　　　　嫡出推定　　　　　　　　嫡出推定　　　　②

成立　200日後　　　　　　　　　　　　　　　別居など

## (2) 思　想

　以上のような嫡出推定＋否認の制度の背景には，いくつかの特徴的な発想を見出すことができる．

**母子と父子**　まず重要なのは，母子関係と父子関係との関係である．抽象的に考えると，いずれも親子にはちがいないので，同じように決まる制度を構想するのが望ましいはずである．

　しかし，実際にはそうはなっていない．母子関係と父子関係とでは，成立に関するルールが異なっており，しかも，後者は前者に依存した形でできあがっている．すなわち，まず，母子関係が出産という生物学的な事実によって自動的に定まる（戸籍との関連では出生届が必要だが，親子関係とは別の次元の話．戸籍に記載されていなくても親子は親子，逆に記載されていてもそれが誤った内容ならば親子で

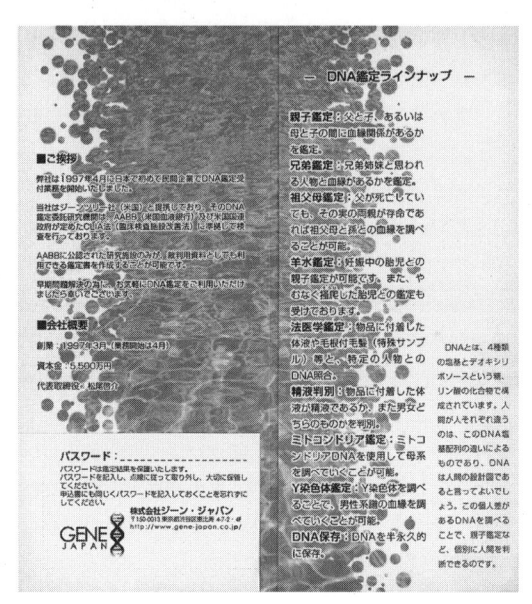

DNA鑑定パンフレット（提供：株式会社ジーン・ジャパン）

はない）．次に，これを前提に，「母の夫」（法律上の配偶者）が原則として父であるとされる．父と子の間の生物学的な関係は直接には問題にはされず，**母の婚姻という法的な関係が父を指定する**わけである．

　ここには，父を直接に定めることは困難である（少なくとも困難であった）という事情がある．比喩的に言えば，懐胎＝出産によって結ばれた母子の絆に比べ，父子の絆は脆弱なのである．そこで，婚姻という制度を媒介として父は定められているのである．

　現行民法に見られる母子関係と父子関係の関係は，将来は変化する余地もないわけではない．というのは，今日では，**DNA鑑定**などによって母子関係を媒介とせずに，生物学的な父子関係をかなり高い精度で確定することが可能になっているからである．仮に（プライヴァシーの問題などが生じうるが），この技術を組み込んだ形で父子関係を確定する制度を創るならば，「母の夫」を父とする必要はなくなるだろうが，それが望ましいことか否かは大きな問題である．

**婚姻と血縁**　次に注意しておく必要があるのは，婚姻と血縁の関係である．この点は，親子とは何かにかかわっており，なかなか難しい．すでに述べたように，親子関係の根底にあるのは，もちろん生物学的な親子関係（血

縁）である．しかし，**生物学的な親子関係はそのまま法律上の親子関係になるわけではない**．民法は，生物学的な親子関係以外の要素も考慮に入れて，親子関係を規律している．すでに見た養子制度（とりわけ特別養子）はその例である．そこでは血縁による親子関係を切断して，制度として親子関係を創設している．

　民法の定める実親子関係もまた制度的な親子関係であり，生物学的な親子（父子）関係がある蓋然性が高いことを根底に置きつつ，婚姻によって父を定めるという枠組みを設けているのである．婚姻中に懐胎＝出産される子のすべてが生物学的に見て夫の子であるわけではない．しかし，定められた期間内に夫が争わない限りは，法的には夫の子とするというのが，嫡出推定＋否認の制度なのである．そして，この制度は婚姻によって基礎づけられる．婚姻は，妻の産んだ子を夫婦の子として引き受けるという抽象的・包括的な意思を含んだ合意であり，否認権を行使しなかった場合には，他の男の子であったとしても，これを引き受けることを含むものなのである．

　われわれは，一方で，素朴に血縁のある親子が親子だと思っている．他方，擬制的（意思的・社会的）な親子関係である養子も広く認めている．親子を定める原理は単一ではない．そして，**「婚姻による親子関係」は，実は，その中に，血縁と擬制（意思・生活事実）の双方が組み込まれた制度なのである**．仮に，DNA鑑定などによって血縁の確定が可能になったとしても，それによって親子関係を決するのではなく，婚姻を媒介として親子関係を決するという考え方は維持することができる．問題は，カップルが安定した関係の中で子をもうけ育てるための法的制度として，婚姻を維持していくべきだと考えるか否かという選択にかかっている．

---

　婚姻を媒介として父子関係が成立するという考え方に立てば，生殖医療技術の一環として行われている第三者提供精子の人工授精（AID）によって産まれた子についても，嫡出推定＋否認の制度内で保護することが可能である．この場合には，法律上の父＝生物学上の父ではないが，法律上の父が嫡出否認の訴えを提起しない限り，父子関係は覆らないからである．なお，嫡出否認の訴えが提起されたとしてもいったんは人工授精の施術に同意した夫が，後に前言を翻して父子関係を否定することを許すべきではない．このことは現行法の解釈によっても導けないわけではないが，明文の規定を設けるに越したことはない．

子どもと民法

## 2. 非婚姻家族の場合

### (1) 制　度

原則：任意認知　　生物学上の父母が婚姻関係にない場合には，法的な親子関係の成立について適用されるルールは，全く異なる．民法は別の制度を用意している．「認知」と呼ばれる制度である．「嫡出でない子は，その父又は母がこれを認知することができる」「認知は，……届け出ることによってこれをする」(民法779条，781条1項)．つまり，この場合には，出産＋嫡出推定によって当然に母子関係・父子関係が成立するわけではなく，認知届(により認知の意思表示)をすることによってはじめて，母子関係，父子関係が成立する．

　この場合に，母が認知をすれば母子関係が成立し，父が認知をすれば父子関係が成立する．ここでは，母子関係・父子関係は同時には成立せず，母・父の認知によって段階的に成立していくのである．したがって，婚姻外で産まれた子には，法的な父も母もない子(双方未認知)，母のみがある子(母認知)，母も父もある子(父認知)の3種があることになる．なお，母が認知していないのに父が認知することは少なくとも本来は想定されていない．すでに述べたように，母子関係が前提となって，その上で，母が産んだ子の父は誰かが決まるからである．

> 　今日では，判例は，母子関係の成立には母の認知は不要であり，出産の事実で足りるとしている．この点で母子関係については婚姻中の母と同じ扱いがされるに至っている．もともと婚姻外で産まれた子については，母子関係も認知によって成立するとされたのは，当然に親子関係が発生するという制度の下では，未婚の母が子を遺棄する危険があると考えられたからである(フランス法では同じ考慮から，今日でも「匿名出産」が認められている)．今日では，出産者＝母とすることが，子の利益の観点から望ましいとされて，判例の立場が擁護されている．
>
> 　なお，かつては，出産者＝生物学上の母という図式は自明のものであったが，近時は，生殖医療技術の発達により体外受精が可能になっており，第三者提供の卵子・受精卵により懐胎し出産することにより，出産者≠生物学(遺伝)上の母となるケースも現れている．そこで，少なくとも生殖医療技術の介在する場合に関して，誰が母となるかを再確認することが必要になっている．
>
> 　未婚の母が子を産んだとき，子の生物学上の父ではなく，母と同棲・結婚しようという別の男が認知することがある(**好意認知**と呼ばれる)．この場合には，子を引き受ける意思はあるものの，前提となる血縁関係が存在しない．そこで，子やその他の

> 利害関係人はこの認知の無効を主張しうる（認知無効の訴え．民法786条，人事訴訟手続法27条）．ただし，婚姻外の親子関係においても，血縁以外の要素を考慮に入れるべきであり，場合によっては認知無効を制限すべきだとする見解もある．

**例外：強制認知**　認知は父（条文上は「または母」．以下では，この点の言及を省略）が自ら行うのが原則である．しかし，父が認知を拒む場合には，子など（直系卑属である孫などや法定代理人である親権者たる母なども含む）は父に対する訴訟を起こすことによって，認知を求めることができる（認知の訴え．民法787条本文）．なお，この訴訟は父の死後3年まで可能である（同条但書）．

この訴訟においては，生物学的な親子関係の存在を主張立証する必要がある．かつては，そのためには，懐胎可能時における母と相手方との性関係の存在や血液型などによるほかなかったが，今日では，すでに述べたDNA鑑定の利用が進んでいる．ただし，相手方が鑑定に応じない場合にどうするかという問題が残されている（プライヴァシーや個人情報保護との関係で鑑定強制は困難である）．

## (2) 思　想

<small>嫡出子と
非嫡出子</small>　以上のような認知制度にも，これを特徴づける一定の考え方がある．それは，嫡出子（婚姻による子＝婚内子＝婚姻家族の子）と非嫡出子（婚姻によらない子＝婚外子＝非婚姻家族の子）とでは，親子関係の成立・効果について，異なる処遇が不可避であるというものである．この点については，次のように整理することができる．

　一方で，婚姻家族においては，夫婦が子をもうけ・育てることを制度が内包している．**婚姻の意思には，夫婦が共同生活を営むという意思だけではなく，妻の産んだ子を夫婦の子として引き受け，この子を養育し，さらには（配偶者と）この子に遺産を残すという意思が含まれている**．嫡出推定＋否認，共同親権，嫡出子の相続分は，このような考え方によって統一的に説明できる．いったん結婚した以上は，生まれた子を引き受けないことは原則として許されないし，その子に残される遺産も一定程度（遺留分の限度．民法1028条参照）までは保護される．そこにあるのは，**継続的な営みを保護する制度**である．

　他方，非婚姻家族の場合には，カップルの関係と親子の関係は連動しない．母子関係・父子関係は，それぞれ別個独立に定まる（ただし，母子関係が成立してはじめて父子関係が問題になる点では連動している）．しかも事前の抽象的な合意によるのではなく，実際に子が懐胎された後（出産前でもよい）に，はじめて認知によって親子関係が成立する．また，父母が共同生活を営んでいるとは限らないので，親権については，共同行使ではなく単独行使とされている．さらに相続についても，明治民法の下では，家督の相続に関しては，父が認知し家に入った子は相続人となりえたが，順位は，嫡出の子の後であった（今日では，嫡出・非嫡出にかかわりなく相続権を持つ．ただし，非嫡出子の相続分は嫡出子の半分である．民法900条4号）．もっとも，遺言によって非嫡出子に財産を残すことは，当時も現在も可能であるが，遺言をする必要がある上に，遺言はいつでも取消可能なの

## 非嫡出子の「相続差別」
## 民法規定は違憲
### 東京高裁決定

「非嫡出子の相続分は嫡出子の二分の一」としている民法の規定の是非をめぐって争われた遺産分割審判の抗告審で、東京高裁の山下薫裁判長は二十三日、「民法の規定は法の下の平等を定めた憲法一四条に反し、無効である」との判断を示し、非嫡出子の申立人の相続分を言い渡した。民法の非嫡出子相続分規定を違憲とする決定は初めて。民法学者や弁護士などの間から「差別的な規定だ」と批判が高まっていたが、裁判所が違憲判断を示したのは初めてで、特別抗告している場合に最高裁がどのような判断を示すかが注目される。

決定理由で山下裁判長は、「社会的身分によって差別されない」とした憲法一四条について「出生の地位または身分による差別も含まれる」との判断を示したうえ、「この取り扱いには本人を懐胎した母が本人の父と法律上の婚姻をいかに合理的根拠があるかどうかについて検討。「問題の民法九〇〇条の規定は、正当な結婚を尊重するということにあるが、ここで念頭に置かれているのは旧家族制度に由来する思想にほかならない」とした。この点について「嫡出子と非嫡出子を区別して取り扱う民法九〇〇条四号ただし書前段の規定は、社会的身分による経済的または社会的関係における差別的取り扱いに当たる」と述べた。また、「父の子」に対する「妻の子」の利益を保護するという判断は、社会的身分によって区別される社会的地位や、身分ということができる。

1993.6.23（朝日）

で，死亡時まで同じ意思を持ち続けていることが必要となる．つまり，**婚姻外の子は，認知・遺言といった，親（特に父親）のその時々の具体的な意思によって保護されるにとどまる**．別の言い方をすると，父親の気が変わった場合には，その保護は脆弱なものとならざるをえない．これは，**婚姻外の男女関係の移ろいやすさに対応している**（かつては婚姻外の男女関係は否定的に評価されていた）．

**平等化の方向**　以上のような考え方に対しては，最近では異論が唱えられている．具体的には，嫡出子と非嫡出子の相続分を区別する規定の妥当性に疑問が投じられている．この点については，1993年に東京高裁で憲法違反の判断が下されて世論の注目を集めた．最高裁は，1995年に大法廷を開き，10対5でこれを憲法違反ではないとした（最大決平7・7・5民集49巻7号1789頁）．しかし，法務省は，一連の動向を受けて，平等化の方向での法改正を検討している（世界的にも，同様の傾向が見られる．たとえば，フランスでは2001年12月3日の相続法改正により平等化が行われた）．

これは，立法政策としては妥当な方向であると言えるだろう．とりわけ，相続分の区別が，婚外子差別のシンボルになっているのだとすると，この点を改

めることは，婚外子の地位の向上のために大きな**象徴効果**を持つことになる．立法にあたっては，このような側面も考慮に入れる必要がある．たとえば，後に触れる1999年改正による新しい成年後見制度において，否定的な語感を伴う「禁治産」「無能力」などの用語に代えて，「成年後見」「制限能力」という用語が採用されたのも，同様の考慮にもとづくものである．

ただし，次の二点につき留保をしておく．第一は，このことは，婚姻に一定の保護を与える（婚姻家族と非婚姻家族とを区別する）という制度の正当性とは別の次元に属するということ．婚姻の効果として，嫡出子に非嫡出子とは異なる一定の効果を与えるという制度は，それ自体はありうる．ただ，非嫡出子の保護の観点から，相続分については平等化をはかるということである．第二に，今の点と関連するが，このことは，嫡出子・非嫡出子の完全平等化を意味してはいないということ．嫡出推定＋否認と認知，共同親権と単独親権といった相違がなお残されている．これらについては，子の平等という一般論によるのではなく，それぞれの制度に即して，望ましい制度のあり方を構想していく必要がある（婚外子についても一定の要件の下で共同親権を認めることは十分に検討の余地がある．これに対して，嫡出推定＋否認と認知を一元化することは困難であろう．もっとも，事実上の推定のような中間的制度を考える余地はないわけではない）．

[条文をもう一度]

第772条1項【嫡出性の推定】　妻が婚姻中に懐胎した子は，夫の子と推定する．

第779条【認知】　嫡出でない子は，その父又は母がこれを認知することができる．

[他の概説書では]

大村・家族法80〜96頁，176〜183頁，内田IV 163〜208頁

[図書館で探すなら]

松倉耕作『血統訴訟論』（一粒社，1995）

水野紀子「わが国の嫡出推定制度の空洞化とその問題点」みんけん480号（1997）

石井美智子『人工生殖の法律学』（有斐閣，1994）

## Pause café 15 ●車中の女・郷里の女

　三四郎の冒頭に現れる「車中の女」は謎の女である．三四郎に宿を探してくれと頼み，一緒に風呂に入ろうとし，そして，三四郎が中央に仕切を作った布団で寝たこの女は，翌朝，次のように言って別れる．

　　「改札場の際迄送つて来た女は，『色々ご厄介になりまして，……ではご機嫌よう』と丁寧に御辞儀をした．三四郎は革鞄と傘を片手に持つた儘，空た手で例の古帽子を取つて，只一言，『左様なら』と云つた．女は其顔を凝と眺めていたが，やがて落付いた調子で，『あなたは余つ程度胸のない方ですね』と云つて，にやりと笑った．」
（『三四郎』1の4）

　これと対照的な「郷里の女」が三輪田のお光さんである．三四郎にとってこの女は理解可能なのである（と思っている）．

　　「三四郎は此時自分も何かを買つて，鮎の御礼に三輪田のお光さんに送つてやらうかと思つた．けれどもお光さんが，それを貰つて，鮎の御礼と思はずに，屹度何だかんだと手前勝手の理屈を附けるに違ないと考へたから已めにした．」（『三四郎』2の6）

　そうしてこの二人のいずれとも違う女として，美禰子が登場するのである．

## 2 カップルと民法

## A パートナーと暮らす

　様々な家族関係のうち，親子の関係と並んで重要なのは夫婦の関係である．夫婦関係は婚姻によって成立するが，最近では，婚姻によらず共同生活を営むカップルも徐々に増えてきている．そこで，まず婚姻について説明した上で(1.)，婚姻以外の関係についても見ていくことにしたい(2.)．

### 1. 婚　姻

#### (1) 婚姻の効果

　婚姻（日常用語では結婚）とは何か．婚姻によって，当事者である男女のカップルは，どのような法律関係に入ることになるのか．まず，婚姻の効果から見ていこう．婚姻の効果はいろいろあるが，人格的なものと財産的なものとに大別することができる．

　**人格的な効果**　　国語辞典をひもとくと，「結婚」とは「男女が夫婦になること．⇒婚姻」と定義されており，「婚姻」の方を見ると，「結婚すること．夫婦となること」という説明に加えて，「一対の男女の継続的な性的結合を基礎とした社会経済的結合……」とされている．この定義の中核をなすのは「継続的な性的結合」である．これを法的に表現したのが，**同居義務**である（民法752条）．ここでの「同居」という言葉は，単に物理的に住居を同じくすることを指すのではなく，継続的な性的な関係を持つことが含意されている．さらに，この性関係は排他的なものであり，夫婦は相互に第三者とは性関係を持たないという義務を負っている．これが**貞操義務**である．民法典には正面からこのことを

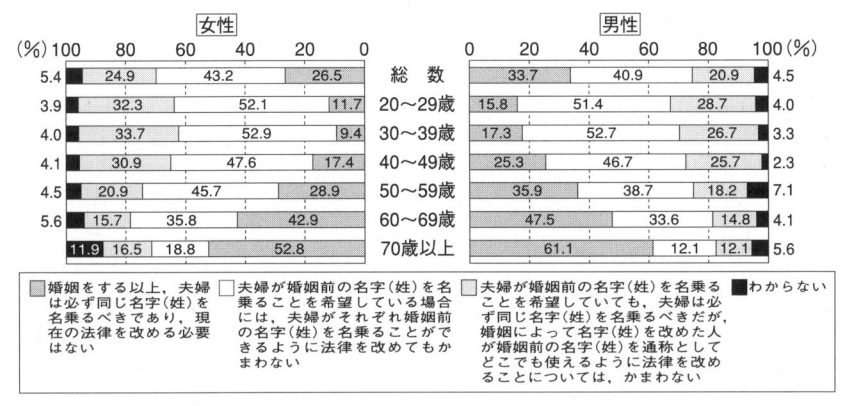

| | 女性 | | | | | | 男性 | | | |
|---|---|---|---|---|---|---|---|---|---|---|
| (%)100 | 80 | 60 | 40 | 20 | 0 | | 0 20 | 40 | 60 80 | 100(%) |
| 5.4 | 24.9 | 43.2 | | 26.5 | | 総数 | 33.7 | 40.9 | 20.9 | 4.5 |
| 3.9 | 32.3 | 52.1 | | 11.7 | | 20～29歳 | 15.8 | 51.4 | 28.7 | 4.0 |
| 4.0 | 33.7 | 52.9 | | 9.4 | | 30～39歳 | 17.3 | 52.7 | 26.7 | 3.3 |
| 4.1 | 30.9 | 47.6 | | 17.4 | | 40～49歳 | 25.3 | 46.7 | 25.7 | 2.3 |
| 4.5 | 20.9 | 45.7 | | 28.9 | | 50～59歳 | 35.9 | 38.7 | 18.2 | 7.1 |
| 5.6 | 15.7 | 35.8 | | 42.9 | | 60～69歳 | 47.5 | 33.6 | 14.8 | 4.1 |
| 11.9 | 16.5 | 18.8 | | 52.8 | | 70歳以上 | 61.1 | 12.1 | 12.1 | 5.6 |

■ 婚姻をする以上、夫婦は必ず同じ名字(姓)を名乗るべきであり、現在の法律を改める必要はない
□ 夫婦が婚姻前の名字(姓)を名乗ることを希望している場合には、夫婦がそれぞれ婚姻前の名字(姓)を名乗ることができるように法律を改めてもかまわない
▨ 夫婦が婚姻前の名字(姓)を名乗ることを希望していても、夫婦は必ず同じ名字(姓)を名乗るべきだが、婚姻によって名字(姓)を改めた人が婚姻前の名字(姓)を通称としてどこでも使えるように法律を改めることについては、かまわない
■ わからない

(出典) 内閣府「選択的夫婦別氏制度に関する世論調査」(2001年)(内閣府編『平成14年版 男女共同参画白書』財務省印刷局,2002,59頁より)

定めた規定はないが，不貞が離婚原因とされているところから，この義務の存在が念頭に置かれていることがわかる(民法770条1項1号).

以上のような関係を確保・維持するために，夫婦は互いに協力しあう義務を負う(**協力義務**. 民法752条). たとえば，住居の選択(かつては夫が妻の居所を指定した)や子どもの養育(かつては父が単独で親権を行使した)などにつき，夫婦は相談して適切な決定を行う必要がある. また，夫婦の一方が困難な状況にある場合には，物理的・金銭的にこれを助ける義務を負う(**扶助義務**. 民法752条).

上に述べた義務に違反しているからといって，夫婦の一方は他方に対して，同居・貞操などを強制することはできない. しかし，義務違反は離婚原因(少なくとも一要因)となることによって制裁を受けることになる(貞操義務違反については前述の通り. 同居・協力・扶助義務違反は「悪意の遺棄」となりうる. 民法770条1項2号).

もう一つ，婚姻による人格的な効果として，**夫婦同氏**をあげておく必要がある. すなわち，夫婦は婚姻に際して，夫の氏か妻の氏のどちらか一方を夫婦が称すべき氏として選択するものとされている(民法750条). 夫婦はその呼称においても一体性が保たれるべきだというわけである.

カップルと民法 | 203

夫婦の氏としては，民法上は，夫の氏を選んでも妻の氏を選んでもよいが，現実には，97％の夫婦は夫の氏を選んでいるという．「結婚により妻は氏が変わる」というのが現実には社会規範になっていると言ってもよい．しかし，婚姻の前後を通じて働き続ける女性が増えると，氏を変えることは様々な不便を生じさせるようになる．また，夫の氏を称するという慣行は「家」の観念の温床でもある．さらに，自らの呼称を変えなければならないというのは，アイデンティティの観点からも問題がないわけではない（もっとも，夫と同じ姓を称することを積極的に望む女性も少なくない）．こうした諸事情を勘案して，法務省は1996年に**選択的夫婦別姓制度**（それを望む夫婦にのみ別姓を認める）を導入する民法改正案を作成した．自民党内部に根強い反対論があるために，今日まで改正法案の政府提出に至っていないが，この制度に対する社会的な許容度は次第に高まっていることを考えると（前頁の表を参照），何らかの形での対応は不可避だろう[1]．

以上は，夫婦間での人格的な効果である．しかし，婚姻の人格的効果はこれだけに尽きるものではない．先ほどの国語辞典の定義は次のように続く．「……その間に生まれた子供が嫡出子として認められる関係」．これは行き届いた定義であると言える．すでに前節で見たように，嫡出推定＋否認という制度によって親子関係が創設され，共同親権によって子の養育がなされる点に，婚姻の大きな意味があることは明らかだからである．このことは，**夫婦が夫婦間に生まれる子どもを共同で養育する義務を負うことを含意する**．フランス民法典は明文の規定を置いて，この点を確認している（仏民法203条，213条）．日本民法典には直接の規定はないものの，同様に考えるべきである（国語辞典の「社会経済的結合」には，このような共同体としての含意があるとも言える）．

**財産的な効果**　財産面での婚姻の効果としては，婚姻継続中のそれと婚姻解消時（死別または離婚による）のそれとがある．後者については本節Bで説明することにして，ここでは前者についてのみ説明する．ただし，後にも触れるように，両者は密接に関連することに留意する必要がある．

夫婦の財産関係につき，民法典は二本立ての制度を用意している．一つは，**夫婦財産契約**であり，もう一つは**法定財産制**である．両者の関係は選択的・補充的なものである．すなわち，夫婦は婚姻前に契約を締結することによって自分た

---

1) この問題につき，高橋＝折井＝二宮『夫婦別姓への招待』（有斐閣，新版，1995）を参照．

ちの財産関係のあり方を予め決めることができる．しかし，このような契約を締結しなかった場合には，民法が用意している夫婦財産制が適用されることになる（民法755条，760条以下）．もっとも，現実には夫婦財産契約はほとんど利用されていない（年に10件以下．年間の婚姻数は80万組弱）．それゆえ，ほぼすべての夫婦が法定財産制に服している．

　日本法の法定財産制は極めてシンプルなものであり，わずか3条からなるものにすぎない（たとえば，フランス法では120ヵ条ほどの規定が置かれている）．法技術的に見た場合には，複雑な内容にならざるをえない共有制ではなく別産制が採用されているのが，その原因であると言うことができる．具体的には次のような規定が置かれている．

　まず原則である．婚姻後も，夫婦はそれぞれ自分の固有財産を有し，自分でそれを管理・処分する．これが**別産制**である（民法762条1項）．ここでは夫婦の個としての財産的独立が重視されている．しかし，例外的に，夫婦の共同性を勘案した規定も置かれている．その一つが**婚姻費用分担義務**であり（民法760条），もう一つが**日常家事債務の連帯責任**である（民法761条）．前者は，婚姻に要する費用（住居費・食費・教育費など）につき，夫婦に応分の（資産・収入などを考慮した）分担義務を課すものであり，いわば夫婦の内部関係を規律するものである．これに対して，後者は，日常の家事に関する契約（電気・水道・ガスなどの加入，食料品・衣料品の購入など）によって，夫婦の一方が負担した債務については，他方もまた連帯して責任を負うとするものである．こちらは対外関係を規律するものであり，連帯責任によって第三者を保護するものであるが，その基礎にある考え方は婚姻費用分担義務の場合と同じである（妻が買った米は夫も食べるだろう．だから妻に対して分担義務を負うだけでなく，米屋に対しても債務を負うべきだ）．

---

　夫婦財産契約の締結は手続的にも簡単ではなく（登記を要する．民法756条），適切な契約内容を定めるのも容易ではない．また，比較的多くの資産を有する者でなければ，契約によって事細かに規律する必要性も乏しい．そこで，民法は標準的な財産関係を法定財産制として提示し，夫婦財産契約を締結しない夫婦の財産関係の規律を支援している．法定財産制はいわば民法典の提示する標準契約（約款）のような働きをしている．

> 民法762条2項は，夫婦のいずれに属するか明らかでない財産につき，共有と推定する（反証がない限り共有として扱う）規定である．これは，**継続的**に営まれ，かつ，明確な管理がなされない**日常家事**にかかわる財産関係を単純に割り切ることの困難さを考慮に入れた規定であると言える．家族法にはこの種の規定が多く，後にもいくつかのものが出てくる．

## (2) 婚姻の要件

**意思と届出**　婚姻には意思が必要である．夫または妻となるべき者のうち一方が同意しないのであれば，婚姻は成立しない．日本民法典は，「意思のないこと」を婚姻の無効原因とすることによって，このことを確認している（民法742条1号）．なお，婚姻は一種の契約であると考えれば，意思が必要なことは当然であり，このような規定は無用であるとも言える．

では，婚姻は意思だけで成立するのか．俵万智に「『嫁さんになれよ』だなんてカンチューハイ二本で言ってしまっていいの」という歌があるが（『サラダ記念日』），この言葉に対して「ええなるわ」と答えても，それだけでは婚姻は成立しない．先の国語辞典も「民法上は戸籍法に従って届け出た場合に成立する」と書き加えているが，婚姻届の提出が必要なのである（民法739条，742条2号，戸籍法74条）．これに対して，しばしば行われる結婚式は習俗上の行事であり，これによって婚姻が成立するわけではない．婚姻が契約であるとの見方からすると，婚姻は合意のみによって成立する諾成契約ではなく，一定の方式に従うことを要求される要式契約であることになる．

> 江戸時代の日本では，武士層では主君への願出，庶民層では結婚式の挙行が婚姻の要件であった（いずれも要式主義）．民法典は，このように階層によって異なるルールを統一すべく届出を要件とした．しかし，当初，庶民層ではこのことを知らない人々や正式に結婚するという意識を持たずに同棲を始める人々も少なくなかった．後述の内縁保護は，このような法規範の不浸透を考慮にいれたものである．

> 届出や挙式では足らず，性関係を持つことによって婚姻が完全に成立するという考え方もありうる．カトリック教会法に見られる「婚姻の完遂（consommation du mariage）」という概念は，そうした考え方（合意により婚姻は成立するが，性交までは婚姻は完成しない．したがって，解消可能である）を示すものである．

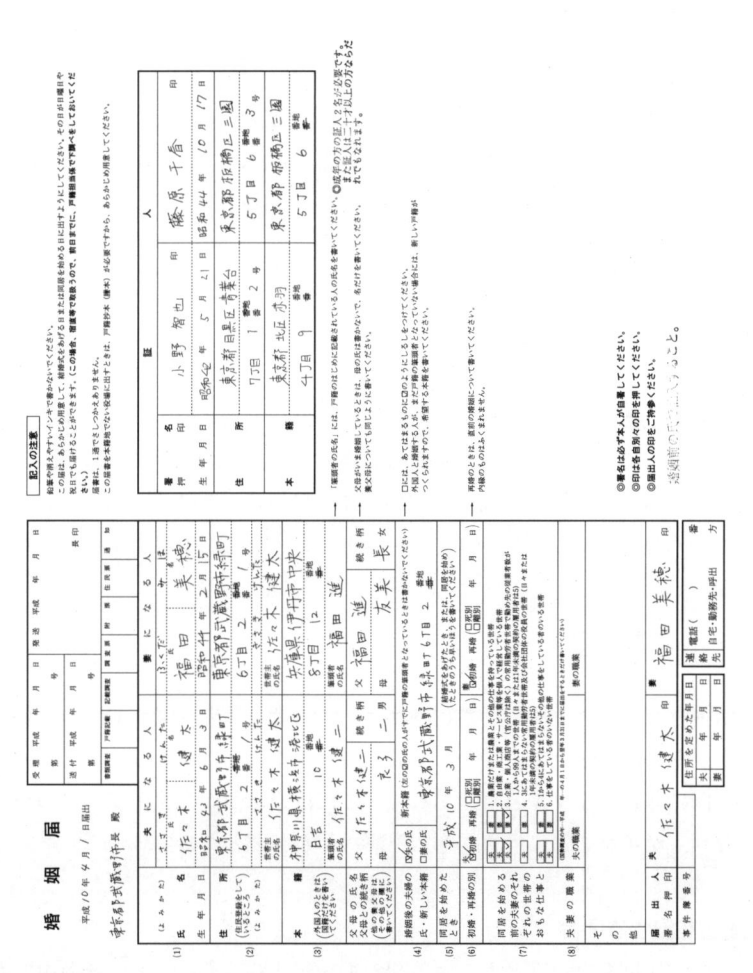

婚姻届の書式――(4)に夫婦の氏を記載する点に注意

意思と届出は婚姻の主要な成立要件であるが，他にも付随的な要件がある．それは，かくかくしかじかの事情がある場合には婚姻はできない，という形で定められており，**婚姻障害**（民法 731 条〜737 条）と呼ばれている．婚姻障害がある場合には，届出は受理されず（民法 740 条），誤って受理された場合には，原則として取消可能である（民法 744 条．737 条の場合を除く）．

<small>婚姻障害</small>

　婚姻障害となるのは，①男は満 18 歳・女は満 16 歳に達していない場合（**婚姻適齢**．民法 731 条），②すでに婚姻している場合（**重婚**．民法 732 条），③前婚の解消・取消から 6 ヵ月以内の場合（**再婚禁止期間**．民法 733 条．女のみ，その趣旨は説明ずみ），④当事者が一定の親族関係にある場合（**近親婚**．民法 734 条〜736 条），⑤未成年者の婚姻につき父母の同意がない場合（民法 737 条）である．このほかに民法典は明言していないが，⑥性別が同じである場合も婚姻届は受理されない（民法 731 条はこれを前提とする，あるいは，そもそも婚姻の概念がこのことを含む，と言える）．

　以上は，生物学的原因（①と⑥），社会的原因（②③④⑤）とに大別することができるが，前者にも社会的・規範的な要素（子どもは結婚すべきではない・同性は当然結婚できない，など）が含まれていることに注意する必要がある．だからこそ法改正（婚姻適齢の引き上げや同性パートナーシップの承認）が問題になりうるのである．

## 2. 婚姻以外の関係

　婚姻届を出していないカップル（非婚カップル）は，民法上の夫婦ではない．それゆえ，本来は民法上の夫婦として取り扱われることはないはずである．しかし，一口に非婚カップルと言っても，そこにはいくつかのタイプのものが含まれており，タイプごとに性質に応じた取扱いが必要となる．

### (1) 届出を出せる場合

　一方に，届出を出そうと思えば出せる場合がある．もっとも，その中でも伝統的な内縁と最近の自由結合とを区別した方がよい．

　夫婦同然に同居しながら，婚姻届は提出していないという男女のカップルは，婚姻の成立要件が満たされていないので，本来は，民法上の夫婦とはいえない．したがって，このような男女間には婚姻に由来する法的効

<small>内縁</small>

果は発生しないはずである．しかし，日本の判例・学説および立法は，このようなカップルを**内縁**と呼び，これに一定の保護を与える努力をしてきた．一言で言えば，可能な限り，内縁を婚姻と同様に扱うという考え方がとられてきた．これを**準婚理論**と呼んでいる．

大正期にすでに，判例は，内縁を一方的に破棄した者に対して損害賠償責任を課すという態度をとっていた（大連判大 4・1・26 民録 21 輯 49 頁．ただし，婚姻予約を破棄したという法律構成がとられていた．また，事案も内縁であったかどうかに疑問が投じられている）．その後，中川善之助（戦前戦後の家族法学の第一人者）は，家族法においては「事実の先行性」を重視する必要があると主張し，準婚理論を提唱した．やがて，これは判例の承認するところとなった（最判昭 33・4・11 民集 12 巻 5 号 789 頁）．また，様々な社会保障立法においても，内縁を婚姻と同視する考え方がとられている．多くの法律で「配偶者（婚姻の届出をしなくとも事実上婚姻と同様の関係にある者を含む．以下同じ）」といった文言が用いられるようになっている．

以上の結果，今日では，内縁にはほぼ婚姻に準じた効果が認められるに至っている．ほぼ唯一の大きな例外は，相続権である．本節 B で述べるように，夫または妻が死亡した場合には，残された者（生存配偶者）に相続権が認められているが，これを内縁の妻にも認めようという主張はほとんどなされていない（1962 年改正によって，相続権がないことを前提として，他に相続人がない場合に限り，「**特別縁故者**」として財産の分与がなされうるという規定が新設されている．民法 958 条の 3）．

判例・学説・立法がこぞって内縁を保護しようとしてきた背景には，戦前の日本には，事実上，内縁に留まらざるをえないカップルが少なくなかったという社会事情がある（内縁の割合は大正期には 10% に達していたという）．

**自由結合**　今日の非婚カップルの場合には，内縁とは事情が異なる．彼らは，婚姻届を出すことができるにもかかわらず，あえてこれを出さない．民法典が定めている婚姻に関する規律に服することを望まないからである．このような非婚カップル（「強いられた非婚」ではなく「選ばれた非婚」）を婚姻に準じて扱う必要は乏しく，また，それは当事者の意図にも合致しない．そうだとすると，伝統的な内縁とは異なる法的処遇がなされる必要がある．このようなカップルを，フランス法にならってここでは「**自由結合**（union libre）」と呼んでおきたい．

自由結合のカップルに関しては，基本的には，次のように考えるべきだろう．

まず人格的な関係についてであるが，カップルの関係の解消は基本的に自由である（継続的な契約の解消に準じて考える）．合意により同居義務・貞操義務を負うことはありうるが，解消が自由であるならばあまり意味はない．親子の関係はカップルの存在とは別に，母子関係・父子関係のそれぞれについて認知（判例を前提とするならば，母子関係については出産）により成立する．次に財産的な関係についてであるが，これについては財産法の論理によって規律すべきであろう．すなわち，事前に，共同生活のための費用分担や財産の帰属について決めておくことが考えられる（一種の**組合契約**と見ることができる）．また，事前の合意がない場合には，事実上行われた支出等につき事後的に清算する必要があろうが，この場合には，黙示の契約があったとして処理するか**不当利得**で処理することになる．

　もっとも，日本の非婚カップルのうちどのくらいが明示的に婚姻を拒否しているのかは明らかではない．彼らが求めているのは，従来の婚姻とは異なる別のタイプの婚姻なのかもしれない．夫婦同姓を除くと，「事実婚」と称するカップルたちが望まない婚姻の効果とはいったい何であるのかは，必ずしも明らかではないが，おそらく彼らが拒絶したいのは，夫婦の内外に存在する役割分担（妻役割・嫁役割）なのではなかろうか．もっとも，このような役割分担は民法典の予定する婚姻が論理必然的に要求するものではない．とはいえ，夫婦別姓は，旧来の役割分担を前提としないことを夫婦の内外に向けて象徴的に宣言する効果を持ちうる．事実婚のカップルたちは，この**象徴効果**を期待しているのだろう[2]．

## (2) 届出を出せない場合

　非婚を意図的に選択したカップルの場合には，届出は，出せるのに出さない．しかし，今日でも，届出を出したいのに出せないカップルたちがなお存在している．婚姻障害によって届出が拒まれているカップルたちである．二つの場合に分けてみていこう．

**重婚的内縁**　　一つは，いわゆる不倫の場合である．Xとすでに婚姻関係にあるYは，Zと婚姻したいと思っても，Xと離婚をしない限り，婚姻

---

[2) この問題については，二宮周平『事実婚を考える』（日本評論社，1991），善積京子『〈近代家族〉を超える──非法律婚カップルの声』（青木書店，1997）などを参照．

PACS法制定に反対する人々——同性パートナーシップの法的保護をめぐり国論は二分（フランス）（*JOURNAL DE LA FRANCE DU 20ᵉ Siécle*, LAROUSSE, 1999. 621）

届は受理されない（重婚）．しかし，実際には，Yは，Xと別居して，Zと同居をはじめてしまうことが稀でない．このように，婚姻関係と併存して生じている内縁関係を「**重婚的内縁関係**」と呼んでいる．

重婚的内縁には，単純な内縁とは異なる事情がある．単純な内縁が保護されるのは，婚姻の要件を満たさないカップルの共同生活を，法が婚姻に準ずるものとしてプラスに評価するからである．これに対して，重婚的内縁に対しては，原則として，法はマイナスの評価を下さざるをえない．重婚禁止は法の強い要請であるからである．

ただし，例外的に保護が可能な場合がないわけではない．それは，先行する婚姻がすでに形骸化しており，重婚禁止によって保護される対象が失われていると見られる場合である．このような場合には，離婚届が出ていないとしても，離婚に近い実態があると評価することができる．したがって，内縁に対して重婚的であるという理由で敵対的な対応をとる必要もなくなる．判例も社会保障給付の受給資格についてであるが，このような考え方を承認するに至っている．

「同性婚」　もう一つは，同性カップルの場合である．同性のカップルは婚姻を望んでも，婚姻届は受理されない．それゆえ，彼らは非婚のカップルとして生きていくほかない．

　日本ではこれまで同性カップルから提出された婚姻届の受理について争われた例は知られていない．また，同性カップルに一定の法的保護を与えるべきだという運動が激しく展開されているというわけでもない．しかし，欧米諸国を見ると，同性愛者の団体の要求に押されて，最近になって立法をした国もいくつか見られる．フランスでもドイツでも，婚姻と同じではないが，一定の保護を与える立法がなされている（前頁にフランスの写真）．日本でも将来は同様の問題が提起されるに違いない．

　では，特別な法律のない現状では，同性カップルには全く保護は与えられないのだろうか．いくつかの方策が考えられるだろう．第一に，自由結合の場合と同程度の財産面での保護を与えることは考えられないか．性関係を含む同性の共同生活が公序良俗に反するという前提に立つのでなければ，このような保護を与えることは可能であろう．第二に，養子縁組の転用はどうか．同性カップルが普通養子縁組をすれば，パートナーは相互に相続権を持ち，扶養義務を負う．もちろん，これは養子の本来の目的からは外れた利用方法であるが，日本における普通養子は契約的に運用されていることを考えると，全く不可能な方法ではない．同性カップルに対する社会の許容度が増してくれば，過渡期の便法として容認される可能性が全くないわけではなかろう．

[条文をもう一度]

　第752条【同居・扶助の義務】　夫婦は同居し，互に協力し扶助しなければならない．

　第742条【婚姻の無効】　婚姻は，左の場合に限り，無効とする．

　　一　人違その他の事由によつて当事者間に婚姻をする意思がないとき．
　　二　当事者が婚姻の届出をしないとき．但し，その届出が第七百三十九条第二項に掲げる条件を欠くだけであるときは，婚姻は，これがために，その効力を妨げられることがない．

[他の概説書では]

　大村・家族法118〜138頁，39〜80頁，内田IV 17〜90頁

[図書館で探すなら]

唄孝一『内縁ないし婚姻予約の判例法研究』(日本評論社，1992)

大村敦志「夫婦連名預金の法的性質」，同「性転換・同性愛と民法」同『消費者・家族と法』(東京大学出版会，1999)所収

## Pause café 16 ●美禰子の自由

「新しい女」としての美禰子を描くことは，小説『三四郎』の目的の一つであった．漱石の眼に映る「新しい女」は，次のような存在であった．

「『あの女は自分の行きたい所でなくつちや行きつこない．勧めたつて駄目だ．好な人がある迄独身で置くがいい』『全く西洋流だね．尤もこれからの女はみんなそうなるんだから，それもよかろう』」(『三四郎』7の5)

「二人は半町程無言儘連れ立て来た．其間三四郎は始終美禰子の事を考えている．この女は我儘に育つたに違ない．それから家庭にいて，普通の女性以上の自由を有して，万事意の如く振舞うに違ない．かうして，誰の許諾も経ずに，自分と一所に，往来を歩くのでも分る．年寄の親がなくつて，若い兄が放任主義だから，斯うも出来るのだろうが，これが田舎であつたら嘸(さぞ)困ることだろう．……与次郎が美禰子をイプセン流と評したのも成程と思ひ当る．」(『三四郎』8の7)

もっとも，この後には「但し俗礼に拘はらない所丈がイプセン流なのか，或ひは腹の底の思想迄も，さうなのか．其所は分らない．」と続く．そして，漱石は，結局，美禰子を金縁眼鏡の男(兄の友人の法学士らしい)と結婚させるのである．

# B パートナーと別れる

夫婦の関係は二つの異なる理由によって解消する．一つは，離婚であり(1.)，もう一つは死別である(2.)．以下，それぞれについて，その要件効果につき見ていくことにする．では，婚姻ではなく自由結合という形で暮らしてきたカップルが解消する場合には，どうなるのか．最後にこの点に触れることにしよう(3.)．

## 1. 離　婚

### (1) 離婚の種類

　離婚という言葉で思い浮かぶのは，「離婚届」の用紙だろうか．それとも弁護士や裁判所だろうか．二つのイメージはどちらも間違っていない．日本法は，大別して二つのタイプの離婚を認めているからである．順に見ていこう．

　<small>協議離婚</small>　一つ目は**協議離婚**である（民法 763 条以下）．日本の離婚は年間 25 万件程度であるが，その 90％ はこれによる．

　「夫婦は，その協議で，離婚することができる」（民法 763 条）．何の変哲もない条文，当然のことを書いた条文．この規定を読んでそう思う人もいるだろう．しかし，欧米の離婚法と比較してみると，協議離婚は特異な制度であることがわかる．歴史的に見ると，教会法の下では離婚は禁止されており，また，近代民法典においても離婚は厳しい制限のもとに置かれていた（フランスでは 1880 年代まで禁止されていた）．ヨーロッパで**離婚の自由化**が進んだのは 1960〜70 年代であり，たとえば，フランスでは 1975 年の離婚法改正により離婚原因の多元化がはかられ，その一環として協議離婚が認められた．しかし，協議離婚といっても，日本のように離婚届を出せばすむというのではなく，裁判所のチェックが常に行われている．

　これに対して，日本では，当事者が離婚届を出しさえすれば，それだけでただちに離婚が成立する．裁判所の関与は全くない．離婚は私事なのである．ある意味で離婚の自由化は徹底しているとも言える．しかも，これは明治民法以来の規定であり，戦後改革に由来するものではない．

　しかし，このような離婚の自由には問題がないわけではない．第一に，夫婦の財産関係，子の監護など離婚に際してなされるべき決定が，公正な内容を持ったものとなるという保証がない．たとえば，どうしても離婚したい妻は，財産を放棄し子どもを諦めて，逃げるようにして家を出ることになるからである．第二に，そもそも離婚意思を確認する手段もない．夫婦の一方が離婚届を勝手に作成して提出することを防ぐ手段が，少なくとも民法典には欠けている．もちろん，一方的に作成された離婚届は合意によるものではないので無効であるが，離婚無効を確認するためには裁判を起こさなければならない（以上については，明文の規定が欠けている）．そこで，相手方が勝手に離婚届を出しそうな場合に備え

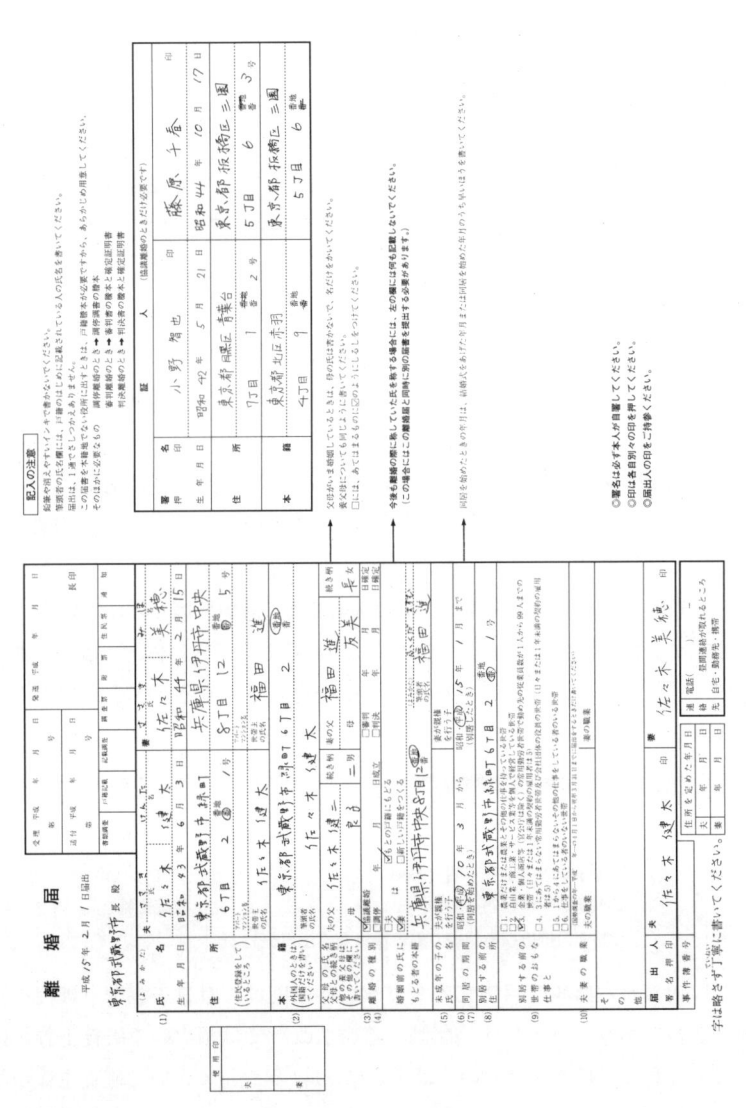

離婚届の書式──(5) に子どもの親権者を記載する点に注意

て，「離婚届不受理申出」を行っておくという奇妙な制度が事実上形成されている（年間 25,000 件ほどの申出がある）．そこで，何らかの形で裁判所のチェックを働かせる制度を導入すべきではないかという主張もなされている．

二つ目が**裁判離婚**である（民法 770 条以下）．ヨーロッパで離婚と言えば，裁判離婚がまず思い浮かぶのだが，日本では例外的なものであり，全離婚件数の 1% ほどにすぎない．なお細かく言えば，協議離婚・裁判離婚のほかに，**家庭裁判所の関与の下で**，調停・審判によって離婚をするということも可能である（家事審判法参照）．このような**調停離婚・審判離婚**は全体の 9% を占めている．

協議離婚の場合には協議さえ整えば（合意さえあれば）離婚が可能であるが，裁判離婚の場合には，民法が定めている要件を満たさない限り，離婚はできない．この要件のことを**離婚原因**と呼んでいる．日本民法典は，次のような離婚原因を定めている（民法 770 条 1 項 1 号〜5 号）．①不貞，②悪意の遺棄，③ 3 年以上生死不明，④強度の精神病，⑤「その他婚姻を継続し難い重大な事由があるとき」の 5 つである．このうち，①②は相手方に責任があるものであり，**有責主義**の離婚原因と呼ばれる．これに対して③〜⑤は相手方に責任があることを必要としない客観的な離婚原因である．これは**破綻主義**の離婚原因と呼んでいる．③④は，婚姻がもはや破綻している（壊れている）と考えるべき具体的な場合をあげているが，⑤は，③④にあたらなくても総合的に見てもうダメならば離婚を認めようという趣旨である．

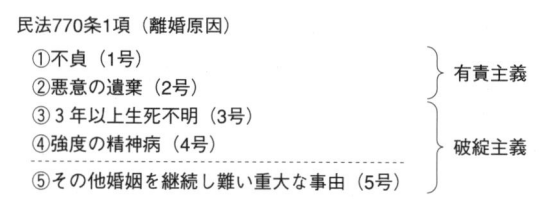

民法770条1項（離婚原因）
①不貞（1号）　　　　　　　　　　　　｝有責主義
②悪意の遺棄（2号）
③3年以上生死不明（3号）
④強度の精神病（4号）　　　　　　　　｝破綻主義
⑤その他婚姻を継続し難い重大な事由（5号）

すでに一言した離婚の自由化のもう一つの傾向は，有責主義から破綻主義へというものであり，ヨーロッパ諸国の離婚法改革では相次いで破綻主義が採用された．しかし，日本法においてはすでに 1947 年改正において破綻主義が導入されていた．この点でも日本は，少なくとも法的には，離婚の自由な国なのである．

もっとも判例は，長い間，破綻主義に一つの制約を加えていた．婚姻の破綻

について責任のある当事者からの離婚請求を制限してきたのである (**有責配偶者の離婚請求**)．自ら不貞を働いて婚姻関係を破綻させた者が，愛人と再婚するために離婚を請求しても，認められない．これが典型例である．しかし，すでに一言したように，1987年に最高裁は大法廷を開いて従来の判例の変更に踏み切った (最大判昭 62・9・2 民集 41 巻 6 号 1423 頁)．別居が長期にわたり，未成熟子がなく，かつ離婚が相手方にとって苛酷でない場合には，有責配偶者の離婚請求も認められうるとしたのである．現在は，8〜10 年程度の別居で離婚が認められているが，事件によってばらつきがあるので，1996 年の民法改正要綱では 5 年を基準とすることが提案されている．

### (2) 離婚の効果

**人格的な効果**　離婚の人格的な効果のうち最も重要なのは，**再婚**ができるということである (ただし女には再婚禁止期間がある．民法 733 条)．また，婚姻によって氏を変えた当事者は，原則として婚姻前の氏に戻ることになる (民法 767 条 1 項．例外的に**婚氏続称**も可能．同条 2 項)．

次に子どもにかかわる効果も重要である．第一に，嫡出推定＋否認が働かなくなる (ただし判例は離婚時からではなく別居時から，嫡出推定＋否認が働かないのも同然の扱いをしている．前述)．第二に，共同親権は終了するので，親権者を定める必要が生じる (民法 819 条 1 項 2 項)．なお，この場合に，(法的な決定を行う) 親権から (事実上の監護を行う) **監護権**を切り離すことも可能である (民法 766 条)．たとえば，親権者は父，監護権者は母，とすることができるわけである．

以上のほかに細かな効果であるが，姻族関係が終了するということもあげておく (民法 728 条)．したがって，配偶者の父母との間の扶養義務はもはやありえない (民法 877 条 2 項参照)．ただし，姻族関係終了後も婚姻障害は存続する (民法 735 条)．

**財産的な効果**　財産面では，**財産分与**が重要である (民法 768 条)．日本民法典は，1947 年改正によって財産分与の制度を導入した．離婚に際して，一方は他方に対して財産分与の請求をなしうるのである．たとえば，妻は夫に対して 1000 万円の支払を求めることができる，というように．なお，額は当事者が協議して決めるわけだが，協議が整わない場合 (民法 768 条 2 項) や裁判離婚の場合 (民法 771 条) には，裁判所が決定する．その場合には「当事者双方がその

協力によって得た財産の額その他一切の事情」が考慮される（民法768条3項）．

では，財産分与はなぜ認められるのだろうか．通常，財産分与には三つの側面があるとされている．①清算，②扶養，③損害賠償がそれである．それぞれについて簡単に説明しておこう．

**清算**に関しては，夫婦財産制との関係を念頭に置く必要がある．すでに述べたように，日本民法典の法定財産制は夫婦別産制である．夫の物は夫の物，妻の物は妻の物．これはそれ自体は合理的な考え方である．夫婦がそれぞれ職業を持ち収入を得ている場合には，このルールだけでも特に問題はないともいえる．しかし，実際には，夫婦の協力の成果がどちらか一方（多くは夫）の名義の財産として結実していることもある．農家や商家の場合がその一つの例であり，サラリーマン片稼ぎ世帯（主婦婚）がもう一つの例である．これらの場合には，婚姻中に妻名義の財産が形成されていることは少ないが，現実には，妻も家業に従事する，家事を行うという形で働いている．このように，婚姻の継続中には金銭評価されることのない労働を，婚姻の解消時に事後的に金銭評価しようというのが，①の考え方である．

**扶養・損害賠償**に関しては，かつては重視されていたが，今日では疑問視する声も強い．まず，②については，なぜ離婚後も夫婦の一方が他方を扶養しなければならないのか，その根拠が明らかではないという批判が寄せられている．③についても，離婚自体は損害ではないという考え方が有力になりつつある．

そこで今日では，①の要素を中心に財産分与をとらえる考え方が有力になっている．先に見たように，民法典自身が，参照要素として「当事者双方がその協力によって得た財産の額」を掲げているが，このことも①中心の考え方と整合的であろう．この考え方を徹底すれば「当事者双方がその協力によって得た財産の額」（後得財産）は，協力の程度に応じて分配されるべきことになろう．程度が分からないのならば，半分ずつと考えるのがよいだろう．ところが，現実の財産分与の額は，裁判離婚の場合であってもそれほど高額にはなっていない．後得財産の2分の1を分与するにはほど遠い．そこで1996年の民法改正案では，この「2分の1ルール」を民法典に書き込むことが提案された．改正が実現すれば，原則として，後得財産の2分の1が分与されることになろう．

> もっとも，離婚に際して財産分与による清算が必要なのは，婚姻継続中に清算が行われていないという前提に立つからである．夫婦の一方の評価されざる寄与を，その時々に正当に評価していれば，そもそも清算の必要はない．たとえば，農家・商家で働く妻に賃金を支払い（これは行われている），家事を行う妻に賃金を支払う（これは行われていない）ことにすればよい．財産分与は，**夫婦の財産の未分離・混在**——別の言い方をすると，家事労働の非金銭化——を肯定する（少なくともやむをえないととらえる）ところからスタートしている．

## 2. 死 別

婚姻は，配偶者の一方の死亡によっても終了する．このことを明示する規定はないが，当然のことと考えられている（もっとも，民法733条は「離婚」ではなく「解消」としており，そこには離婚と死亡が含まれると考えられていた）．死別の場合には，当然には旧姓に服さず，姻族関係も終了しないが，生存配偶者が望めばいずれも可能である（民法751条，728条2項）．なお，親子関係についてはあまり大きな問題は生じない（夫死亡後に出生した子が嫡出子となる可能性はある．また，親権は当然に単独行使となる）．

死別に関して重要なのは，財産的効果である．生存配偶者は死亡配偶者の相続人となるからである（民法890条）．なお，相続は死亡によって始まるが（民法882条），民法典は，生死不明の場合につき，失踪という特別な制度を設けている（民法25条以下）．以下，相続につき説明した上で（(1)），失踪についても触れることにしよう（(2)）．

### (1) 相 続

相続とは何か　相続とは，死亡を原因とする財産の**包括承継**である．つまり，人が死ぬと，その遺産がひとまとめに誰かに移転する（民法896条）．比喩的に言えば，人は生まれた時から財産獲得ゲームを始めるが，このゲームは死亡によって終わる．ゲームからリタイアする人は，手元に残った財産をゼロにしていかなければならない．そして，この財産は，一定の基準に従って誰かにまとめて引き継がれるのである．別の言い方をすると，死んで相続される人（被相続人）から見ると，相続は遺産の清算であり，相続する人（相続人）から見ると，相続は財産の取得方法の一つである（ほかの取得方法としては契約や取

得時効などがある).

　では,誰が何をどれだけ承継するのか.つまり,**相続人・相続分**はどのように決まるのか.民法はこの点につき一連の規定を置いている.相続人となるのは,一定の範囲の血族と配偶者である.血族相続人には順位があり,子(あるいは孫など),直系尊属,兄弟姉妹の順に,先順位の者がいない場合に限り,後順位の者が相続人となる(民法887条,889条).他方,配偶者は常に相続人となる(民法890条).

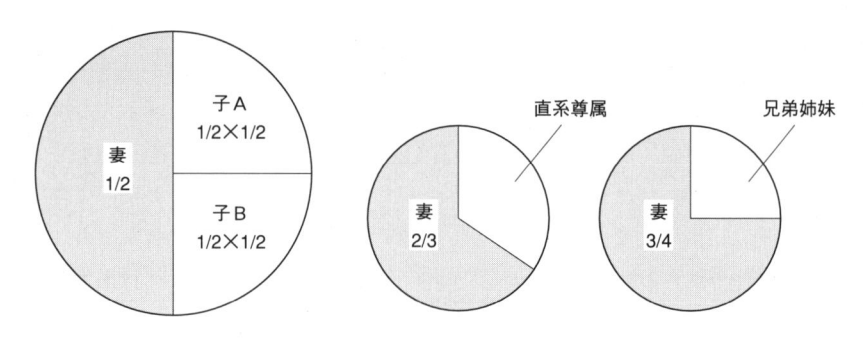

（図：妻1/2・子A 1/2×1/2・子B 1/2×1/2／妻2/3・直系尊属／妻3/4・兄弟姉妹）

　相続分はまず,血族相続人の分と配偶者の分に分けられるが,血族相続人の順位が下がるのに応じてその割合も減る(民法900条1〜3号,子と配偶者＝1/2：1/2,直系尊属と配偶者＝1/3：2/3,兄弟姉妹と配偶者＝1/4：3/4).そして,同一順位の血族相続人が複数いる場合には,その割合は原則として均等となる(民法900条4号.但書に注意).したがって,たとえば,嫡出子2人と妻が相続人となる場合の相続分は,子各1/4(計1/2),妻1/2となる.

　さて,相続権が一定の範囲の血族と配偶者に与えられているのはなぜか.この点については二段階の説明が必要である.まず,これらの規定は一般的に言って,被相続人の意思に合致したものだといえる.遺産は妻(夫)と子どもに残したい.そもそも婚姻というのは,定型的に,そうした意思を含むものであるとも言える.実際のところ,多くの人はそう考えるだろう.もちろん,そう考えない人もいるだろうが,その場合には,**遺言**によって自分が望む人に財産を譲り渡すこともできる(民法964条.**遺贈**という).次に,なぜ多くの人は遺産を配偶者や子どもに残そうと考えるのか(さらに,民法典はそうした標準的な・定型的な意思を合理的だと判断するのか).

　この点については,血族相続権と配偶者相続権とを分けて考える必要がある

220　家族生活と民法

が，配偶者相続権は後回しにして，まずは血族相続権について考えてみよう．実は，この問いには明確な答えが与えられているわけではないのだが，さしあたり，相続(権)に対する三つの見方を提示しておく．第一は，遺産とはすなわち家産であり，家産は家の承継者に承継されるべきであるという考え方である(**家産的相続観**)．かつての家督相続(長子単独相続)はこの考え方によって説明できるが，日本法に関する限り，今日では妥当性が乏しくなっているものの，この要素が完全に払拭されたわけではない．第二は，遺産は残された近親者の生活保障のために使われるべきだという考え方である．相続の目的(機能)は，経済力のない未成熟の子の生活の保証になるというのである(**生活保障的相続観**)．この考え方は戦後を通じて有力であったものだが，成年に達した子が相続する場合には必ずしもあてはまらない．第三は，遺産は被相続人の生前の生活に対する支援に報いるために使われるべきだという考え方である(**対価的相続観**)．これによれば，形式的な均分相続は必ずしも公平だとは言えず，生前の財産関係を実質的に考慮に入れた調整が必要であることになる．また，実際に支援を与えた人に報いるために遺言の活用がすすめられることになろう．有力になりつつある考え方であるが，問題もないわけではない(この点については第3節で触れる)．

**配偶者相続権**　配偶者の場合には，血族相続人の場合とやや事情が異なる．まず，家産的相続観は妥当しない．配偶者はもともと他家の人間であるし，また，被相続人と同じ世代に属するので家産の承継にはふさわしくないからである．これに対して，生活保障的相続観はとりわけ高齢の配偶者にはよくあてはまる(さらに，かつてのように，長子が老母の面倒をみるならば，長子の相続権を保護することによって老母の生活保障も実現されるが，今日では，この前提が崩れているので，生存配偶者自身の相続分を確保する必要が大きくなっていることに注意)．

> かつてのフランス民法で配偶者相続分はごくわずかであった．家産的相続観が支配していたからである．しかし，ごく最近になって相続法改正が行われて配偶者相続分が引きあげられた．その背後には，生活保障的相続観への傾斜があるものと思われる．

夫婦の一方が他方の生活を支援するのは当然であるので(婚姻費用分担義務・扶助義務)，配偶者相続権については，対価的相続観はそのままではぴったりとはあてはまらない．しかし，これとは別に，生前の財産関係を実質的に考慮に入

れた調整を行うという側面を見出すことができる．というのは，婚姻の解消に際して，夫婦の財産関係を清算することが必要になるからである．離婚に際して財産分与を通じて行われる清算が，死別の場合には配偶者相続分によって行われるというわけである．

　日本法に関する限り，配偶者相続分にはこの**清算的相続観**が比較的よくあてはまる．相続によるほか清算の方法がないからである．もちろん，立法論としては，夫婦財産制を共有制に変えて，一方が死亡した場合にはまず夫婦財産関係の清算（共有財産の分割）を行い，残った分を相続財産とするという制度も考えられる（フランス法の制度．この場合には相続による清算は不要なので，従来，配偶者相続分は小さかった）．実際のところ，日本でも1970年代にこのような改正が企図されたこともある．しかし，共有制への移行に伴う様々な問題点を克服する困難を考えて，結局はこれをあきらめた．代わりに，1980年改正において，配偶者相続分の引き上げがはかられたのである．

>　もっとも，現在の配偶者相続分は，場合によってはなお小さいとも言える．いま主婦婚で，夫の遺産のほとんどは後得財産である場合を想定してみよう．財産分与の場合と同様に，その1/2は妻のものであると考えるならば，（子とともに相続する場合の）相続分1/2の獲得は清算に過ぎず，固有の意味での相続分はないことになる．他方，婚姻が短期間だった場合や主婦婚ではない場合には，相続分1/2は多すぎることになる．相続という形で一律に処理する以上，このような結果はやむをえない．やはりここでも問題は，このような**事後的・包括的な清算**をどうとらえるかにある．

>　財産分与と配偶者相続分とを考慮に入れると，日本の夫婦財産制は**潜在的共有制**であると評することもできる．婚姻継続中には，夫婦それぞれが自分名義の財産を持ちそれを単独で管理・処分するが，婚姻解消時には，後得財産についてはあたかも共有であったかのような処理がなされるからである．言いかえれば，相手方（特に夫）の名義の財産の中にあったはずの自分の持分が顕在化し，その分割・清算が行われることになるのである．

## (2) 失　踪

　民法は，住所からいなくなった者を**不在者**としている．そして，不在者の財産管理につき，一連の制度を設けている．まず，不在者については，その財産を

> **曽我さん、戸籍回復**
> 「うれしい。古里だから」
>
> 新潟県真野町(佐渡島)の曽我ひとみさん(43)は7日午前、同町に失踪宣告取り消しの届け出を提出した。町は即日認め、16年ぶりに戸籍が回復した。曽我さんは「本当にうれしい。ここは私の古里ですから。父親の大好物のめんぺい類を作ってあげます」と喜びを語った。
>
> 曽我さんが朝鮮民主主義人民共和国(北朝鮮)に拉致されたのは78年。当時は原因不明の行方不明者とされ、86年9月に除籍手続きが取られていた。今回、曽我さんが帰国したのを受け、先月下旬、親族が新潟家庭裁判所佐渡支部に失踪宣告の取り消しを申し立て、認められた。2週間の異議申立期間を経て、7日、本人が役場に戸籍回復の手続きをとった。
>
> 戸籍回復後、町職員から花束を渡され、表情をほころばせた曽我さんは「小学校の時と同じように友達と歌をうたってパーミントンしたい」と話した。町の人口は6203人となった。
>
> 2002.11.7(朝日／夕刊)

管理する者がいない場合には，裁判所において管理人が選任される(民法25条)．そして，不在者の生死不明状態が一定期間続いた場合には，やはり裁判所において**失踪宣告**がなされる(民法30条)．一定期間とは通常は7年(同条1項)，戦争・遭難などの危難に遭遇した場合には，危難終了後1年(同条2項)である．失踪宣告がなされると，宣告を受けた者は，通常の場合には7年の期間満了時に，危難の場合には危難終了時に，それぞれ死亡したものとみなされる(民法31条)．したがって，失踪宣告がなされた後は，その対象者の配偶者は再婚が可能となる．

ところで，失踪宣告がなされた後に，対象者が生還することもある．この場合には，失踪宣告は取り消されるが，善意の第三者にはその効力は及ばない(民法32条)．つまり，宣告取消以前に遺産を譲り受けた者や生存配偶者と婚姻した者は保護されることになる．規定はこうなっているものの，実際には，前婚の配偶者と後婚の配偶者を前にして，生存配偶者は呆然と立ちつくすことになる[3]．

---

[3] 河上正二「『イノック・アーデン』考——失踪宣告の取消しと婚姻」星野古稀記念『日本民法学の形成と課題』上巻(有斐閣，1996)を参照．

## 3. 自由結合の解消

　自由結合の解消は原則として自由である（相手方に損害を与えるような形での解消は損害賠償の問題を生じさせるが，解消自体ができなくなるわけではない）．この点にこそ自由結合の特色がある．そして，自由結合が解消されても，財産分与は認められるべきではない（相続権は問題にならない）．そこにあるのは財産関係の清算だけである．

　これまで何度か述べたように，**婚姻が互いに将来に向けて拘束しあう関係であるのに対して，自由結合はその時々の意思によって維持されている関係なのである**．また，その解消は過去の包括的な清算ではなく，その時々の関係の個別的清算の集積にすぎない．婚姻は未来と過去を持つ継続的な関係であるが，自由結合はいわば瞬間の関係である．そこに継続性が見出されるとしても，それは仮象にすぎない．

　婚姻は，安定と拘束をもたらす．自由結合は，自由には違いないが，不安を伴う．もちろん，婚姻の中に自由を組み込む工夫はなされてよいし（それは不安をも呼び込むが），他方，自由結合の中に安定を組み込む試みも一定程度は可能だろう（ただし拘束を伴う）．こうしたトレードオフの存在をふまえて，様々なカップルのあり方を模索していくべきだろう．


[条文をもう一度]

　第770条1項【離婚原因】　夫婦の一方は，左の場合に限り，離婚の訴を提起することができる．

　　一　配偶者に不貞な行為があつたとき．
　　二　配偶者から悪意で遺棄されたとき．
　　三　配偶者の生死が三年以上明かでないとき．
　　四　配偶者が強度の精神病にかかり，回復の見込がないとき．
　　五　その他婚姻を継続し難い重大な事由があるとき．

　第768条1項【財産分与の請求】　協議上の離婚をした者の一方は，相手方に対して財産の分与を請求することができる．

　第890条前段【配偶者】　被相続人の配偶者は，常に相続人となる．

［他の概説書では］
　大村・家族法 138〜159 頁，内田 I 91〜140 頁
［図書館で探すなら］
　水野紀子「離婚給付の系譜的考察（1–2）」法学協会雑誌 100 巻 9 号，12 号（1983）
　鈴木真次『離婚給付の決定基準』（弘文堂，1992）
　浦本寛雄『破綻主義離婚法の研究』（有斐閣，1993）
　利谷信義ほか編『離婚の法社会学』（東京大学出版会，1988）

## Pause café 17 ●自分のもの・家のもの（猫）

『吾輩は猫である』には，夫婦の財産関係につき「奥さん」の面白い発言が出てくる．
　「『帯迄とつて行つたのか，苛い奴だ．それぢや帯から書き付けてやらう．帯はどんな帯だ』……『まあいいや夫れから何だ』『糸織の羽織です，あれは河野の叔母さんの形身にもらつたんで，同じ糸織でも今の糸織とは，たちが違ひます』『そんな講釈は聞かんでもいい．値段はいくらだ』『一五円』『一五円の羽織を着るなんて身分不相当だ』『いいぢやありませんか，あなたに買つて頂きあしまいし』……」（『猫』5）
　「『此頃でもジャムを舐めなさるか』『ええ相変わらずです』『先達て，先生こぼして居なさいました．どうも妻が俺のジャムの舐め方が烈しいと云つて困るが，俺はそんなに舐める積りはない．何か勘定違いだらうと云ひなさるから，そりや御嬢さんや奥さんが一所に舐めなさるに違ない──』『いやな多々良さんだ，何だつてそんな事を云ふんです』『然し奥さんだつて舐めそうな顔をしてなさるばい』『顔でそんな事がどうして分ります』『分らんばつてんが──それぢや奥さん少しも舐めなさらんか』『そりや少しは舐めますさ．舐めたつていいぢやありませんか．うちのものだもの』」（『猫』5）
　奥さんは，自分に固有の財産と夫と共有の財産を区別している．

# 3 高齢者と民法

## 1. 高齢者支援の必要性

　ヒトは成熟に時間のかかる生物なので，子どもに対する保護が必要である．また，複雑化した社会を生きていくためには，一定の準備期間を持つことも必要である．こうした生物学的・社会的な必要に応じるために，民法は，人を未成年者と成年者に分けて，未成年者は原則としての親の親権に服するものとしている．この点は第1節Aで述べた通りである．

　しかし，いったん成年に達した以上は，独立した人格として，自分のことは自分が自由に決め，同時にその責任を負う．それが「一人前」の「大人である」ということである．しかし，現実には，自分だけでは十分に生きていくことができない人々が社会には存在する．こうした人々が出てくるのには，それなりの理由がある．病気・事故・災害あるいは失業など世の中には思いがけない危険が潜んでいるからである．高齢化もそうした事情の一つであるが，他の事情と異なるのは，それが誰にでも必ずやってくるという点である．遅い早いはあるとしても，人は，加齢によって，必ず知的・身体的な能力を失う（そして，必ず死ぬ）．そうなった時，人は，自分では働いて収入を得ることはできなくなるし，自分の身の回りのことを処理するのに困難をきたすことにもなる．

　今日，日本の高齢者人口（65歳以上）は，総人口の18%に達している．5人に1人が高齢者なのである．もちろん，高齢者であっても，なお元気に働いている人がいないわけではないし，自分のことは自分で処理できる人も多い．とはいえ，様々な支援を必要とする人も少なくない．こうした支援への要請に応じてきたのは，かつては**家族**であった．しかし，核家族化が進み専業主婦が減り，しかも要介護期間が長くなっている今日，家族は，大きな負担に耐えきれなくなっ

ている．そこで，最近の介護保険のように，**社会保障制度に期待がかかる**ことになるが，反面，手厚い給付は国民の負担増に繋がる．こうして，**誰がどのように高齢者を支えるかは，21世紀の大きな問題となっている**[1]．

以下においては，社会保障法による対応（社会レベルでの対応）ではなく，民法による個別の対応（家族レベルでの対応）について見ていく．具体的には，財産にかかわる支援（2.）と人身・人格にかかわる支援（3.）とに分けて見ていく．ここでいう支援の基本的な考え方は，高齢者の側の意思を尊重しつつ，必要なサポートを行うという点にあるが，レディ・メードの法制度がなしうることには様々な限界が伴う．そこで，そうした法制度の利用を望まぬ高齢者も現れ，彼らは，

---

[1] 高齢者の置かれた状況につき，安達正嗣『高齢期家族の社会学』（世界思想社，1999），春日キスヨ『介護問題の社会学』（岩波書店，2001）などを参照．なお，山口浩一郎＝小島晴洋『高齢者法』（有斐閣，2002）も参照．

高齢者と民法 | 227

制度の世話にはならずに自己防衛をしようと考えるようになる．民法には，このような要望に応じるための制度，このような要望と密接にかかわる制度もある．これらについても触れることにしたい (4.)．

## 2. 財産面での支援

　財産面での支援には二種類のものがある．一つは，財産がなくて生活に困っている人の生活を支えること，もう一つは，財産はあるが管理ができない人に代わってその管理をすること，である．

### (1) 扶　養

<small>扶養義務の性質</small>　親は未成年の子を養う義務を負うが (民法 820 条)，子が成年に達すればこの義務は消滅する．それでも成年に達した子が生活に困っているならば，親は子を援助する義務を負う (民法 877 条)．しかし，成年に達した子に対する扶養義務は例外的なものである．子が親に対して負う扶養義務についても同様であり，それはやはり例外的なものである．子どもに金銭的な負担をかけずに，自分の老後の生活費は自分で確保する．これが原則である．

　民法が定める一般的な扶養義務は弱いものである．この義務は，扶養を受ける者に扶養の必要があるだけではなく，扶養をする側に扶養ができるだけの経済的な余力がある場合に，はじめて認められる (民法 878 条参照)．以上の説明だけでは，年老いた親に対して「冷たい」と感じる人も，同様の扶養義務が発生する兄弟姉妹間の関係を念頭に置けば，この程度で仕方ないと思うかもしれない．現行民法では，親に対する特別な扶養義務が定められていない以上，兄弟姉妹間に生じるのと同程度の一般的な扶養義務が発生するだけだというほかない．

　非常に極端に言ってしまえば，現行民法の下で，親は未成年の子を何としても養わなければならないが，子は老親を可能な範囲で養えばよい．不可能な場合には，社会保障によって問題を解決することになる．

---

　かつて明治民法の下では，扶養権利者が複数ある場合につき優先順位の定めがあった．そこでの順位は，直系尊属 (親) → 直系卑属 (子) → 配偶者 (夫・妻) とされていた．しかし，1947 年改正でこの規定が削除されたため順位はなくなった．しかも，夫

婦間には婚姻費用分担義務が存在することによって，夫婦は同一レベルの生活を享受しうる．一言で言えば，大事にすべきは，かつては親であったが今日では配偶者なのである．47年改正当時には，この転換に対する反発も強かった．親族間の互助義務に関する訓示的な規定が置かれたのは，この反発を抑えるためであった（民法730条）．

**扶養義務の内容**　扶養義務の履行は金銭の支払いによって行われる．金銭扶養のほかに引取扶養という態様がありうることを念頭に置くならば，これは必ずしも当然の帰結ではない．実際のところ，明治民法では条文上も引取扶養という選択肢が存在していたが，現行民法にはこれにあたる規定がない（民法879条参照）．今日では，親を引き取って扶養する義務はないと考えるべきである．というのは，引取扶養は経済的・心理的なコスト（住宅の費用，嫁・姑のあつれきなど）が大きいからである．前述のような扶養義務の程度の低さに鑑みると，子どもは子どもであるというだけで，そのような義務までは負わないというべきであろう（兄弟姉妹を引き取って扶養するというのは考えにくいだろう）．

扶養義務者（たとえば，老親を扶養する子）が複数存在する場合には，当事者が協議して，あるいは，家裁の審判によって，誰が扶養するかが定められる（民法878条）．この場合，扶養義務者は一人に限らない．二人の子がそれぞれ親に対して扶養義務を負うこともありうる．

> 扶養義務について協議・審判がなされても，なお，その後に問題が残ることもある．一つは変更である．たとえば，三人兄弟の長子二人A, Bに老親に対する扶養義務が課されていたが，後に（成人した）末子Cにも扶養義務が課されることがある（民法880条）．もう一つは求償である．扶養義務を負うA, B二人のうち，Aのみが実際には老親の生活費を負担してきた場合，AからBに対して求償がなされることもありうる．

## (2) 成年後見など

**成年後見などの審判**　未成年者は自分ひとりでは完全に有効な契約を締結することができない（民法4条）．だが，ひとたび成年に達すれば（民法3条），このような制約・保護はなくなり，自分ひとりで自由に契約を締結

できるのが原則である．しかし，成年者であっても，精神上の障害によって十分な判断能力を持たない人には，未成年者と同様の制約・保護が必要である．そこで，家庭裁判所への申立てによって審判がなされた場合に限って，その対象者につき，その行為能力を制限する一方で，これをサポートする者が付される．これがいわゆる**成年後見制度**である．具体的には，精神上の障害の程度に応じて，三つのタイプの制度が用意されている．障害の程度が大きい方から小さい方へ，順に，**成年後見，保佐，補助**と呼んでいる（民法7条，11条，14条）．また，対象者を成年被後見人，被保佐人，被補助人，サポートをする者を成年後見人，保佐人，補助人と呼んでいる（民法8条，11条ノ2，15条）．

これらは，かつての禁治産制度・準禁治産制度を改正したものである．旧制度では，二つの類型しか存在せず軽度の精神障害がある場合がカバーされない一方で（1999年の改正法では禁治産・準禁治産を成年後見・保佐に改めるとともに補助を新設），禁治産・準禁治産の宣告のためには精神鑑定などの手続が煩雑だった（改正法では手続を簡略化）．また，障害の程度の低い保佐や補助に関しては，本人（被保佐人・被補助人）の意向が様々な形で反映するように改められた．あわせて，社会的な差別の対象とならないような様々な配慮もなされた（各種の資格制限の撤廃，戸籍ではなく成年後見等登記簿への記載，制度の名称の変更）．このように，新制度は使いやすい制度をめざしたが，その成果についてはなおしばらく状況を見守る必要がある（成年後見の利用はやや増えているが，期待された補助はあまり使われていないという）．

**成年後見人などの職務** 成年後見人は，成年被後見人の行った行為につき取消権を有するとともに（民法9条，120条1項），包括的な**代理権**を有する（民法859条）．精神障害の程度の高い成年被後見人は，自分では契約ができないからである（日用品購入などは別．民法9条参照）．ただし，重要な財産であり生活の拠点でもある住宅の処分については家裁の許可を要するとされている（民法859条の3）．保佐人・補助人はそれぞれ，一定の重要な事項（民法12条参照）につき，あるいは，その一部（審判で定める．民法15条1項参照）につき，**同意権**を有し，被保佐人・被補助人が同意を得ずにした行為を取り消すことができる（取消権．民法12条4項，16条4項，120条1項）．また，特定の事項につき代理権を有する（審判で定める．民法876条の4，876条の9）．精神障害の程度に応じて，自分でできることとできないことが区分されているのである．

成年後見人などには，契約による代理権付与の場合（委任契約の場合）と同様の高い注意義務が課されている（民法852条→民法644条）．また，事務の遂行にあたっては，「成年被後見人（被保佐人・被補助人）の意思を尊重し，かつ，その心身の状態及び生活に配慮しなければならない」（民法858条，876条の5の1項，876条の10の1項）とされている．

　ところで，後見はかつては家族的な義務の一種であったと言えるが（親族の誰かが無償で後見人となる），今日では，必ずしもそうではなくなっており，弁護士などの第三者や法人が後見人になることもある．その場合には有償が原則となろう．

|  | 同意権 | 取消権 | 代理権 |
|---|---|---|---|
| 成年後見人 | － | ◎ | ◎ |
| 保　佐　人 | ○ | ○ | △ |
| 補　助　人 | △ | △ | △ |

◎＝包括　　○＝一定の重要事項　　△＝特定の事項

## 3. 身上面での支援

### (1) 日常の面倒見

　高齢者への支援としては，金銭的なものの他に，日常生活における様々な面倒見（介護）が重要である．前述の介護保険は，この問題に対処すべく制度化されたものである．同制度には様々な問題がなお残されているが，実際の介護システムとの連動のさせ方を含めて，今後，さらに改良がはかられるべきだろう．この問題は基本的には社会保障のレベルで解決すべき問題であり，民法では解決のできない（すべきでもない）問題である．

　すでに見たように，引取扶養は扶養義務の範囲外に属することがらであり，家族に介護労働を期待することはできない（すべきでもない）．さらに，成年後見立法に際しては，成年後見人などに身上監護義務を課すべきだという議論も試みられた．その当否は「身上監護」の内容にかかっているが，それが介護を指すのであれば，財産管理を本旨とする成年後見人にそのような義務を課すのは適当とは言えない（無償で介護労働をさせようというのならば不当というほかない）．

　もっとも，介護の費用の一部を扶養義務者から取り立てるべきではないかという議論には一定の合理性がある．また，成年後見人等が介護サービスの調達

のための契約を締結する権限を持つ（場合によって持つ）ことは当然のことであり，その際には，成年被後見人等の福祉に十分に留意すべきであろう．

### (2) 家族との交流

　介護は高齢者の身体的なケアにかかわる．これに対して，精神的なケアに関連するものとして，家族との交流について触れておきたい．民法の問題としては，祖父母の孫に対する**面接交渉権**が問題になる．離婚した夫婦の一方が子の監護を行う場合に，他方に面接交渉権を認められることがある．これは，条文はないものの，かなり定着した実務的な慣行である．ところが，父母ではなく祖父母の面接交渉権については，日本ではほとんど議論がなされていない．しかし，祖父母にとって，孫と交流を持つのは非常に重要なことである．孫にとってもそうかもしれない．このような高齢者の利益は，直接に親権・監護権を行使する父母の恣意によって害されてよいものではない．もちろん，場合によっては，祖父母との交流が孫の利益に適わない場合もありうる．そのような場合には面接交渉は制限されうるが，原則的には祖父母に権利があることを認めるべきであろう．

### (3) 人身・人格に関する決定

　病気になった高齢者が手術を必要としているが，そのための同意を与えるだけの判断力がない．あるいは，難病に苦しむ高齢者に対して，マスコミの取材申込みがなされたが，やはり同意を与えるだけの判断力がない．このような場合には，高齢者本人に代わって**承諾（代諾）**を与えるのは誰か．こうした問題につき，民法ははっきりとした答えを与えてくれない．

　しかし，全く手がかりがないというわけではない．関連の問題のいくつかについては，法律の定めがあるからである．一つは，脳死＝臓器移植である．脳死判定や死後の臓器提供には，書面による本人の意思表示が必要である（臓器移植法6条1項・3項）．したがって，代諾は許されない．もう一つは，婚姻（民法738条）・認知（民法780条）・養子縁組（民法779条．ただし民法794条参照）・遺言（民法962条，963条）などである．これらの規定は，代諾によって身分にかかわるような行為は原則としてはなしえないことを示している．

　このように，人身・人格に関する重要な行為は，本人でなければできない．し

臓器提供意思表示カード　表（上）と裏（下）

たがって，同意が得られなければ，原則として行為は行うべきではない．しかし，どうしても手術をする必要があるという場合には，どうするか．緊急の場合には，同意なしで行われた行為は事務管理にあたると考えられるだろう．あるいは，軽微な行為であるので代諾によって処理してよい場合もあるのではないかという問題は，なお残るだろう．

> **事務管理**とは，「義務なくして他人の為めに事務の管理」を行うことである（民法697条）．たとえば，不在中の隣家に配達された荷物を預かったり，雨をさけて洗濯物を取り込むなど．いずれも隣家の住人に頼まれた場合には，契約（委任）により義務が発生するのでそれに従って事務を処理することになる．このように事前に義務が

発生していなくても，進んで事務の管理を始めた者は，「其事務の性質に従ひ最も本人の利益に適すへき方法」によって管理を行わなければならない（同条）．他方，事務処理に要した費用につき，償還請求権が認められている（民法702条）．

## 4. 関連する諸制度

### (1) 契約法：高齢者の自己防衛

　老後の生活資金にしても，財産管理（介護契約の締結を含む）にしても，予め契約を締結しておくことによって，法が用意しているレディ・メードの支援に依存しないこともできる．これならば，自分の好きなように，ただし，自分の責任において，老後をデザインすることができる．もっとも，そのためには十分な資産を有していることが必要だろう．民法は，こうした恵まれた人々が利用しうる契約類型もいくつか用意している．そのうち旧いものと新しいものを代表する二つを簡単に見ておくことにしよう．なお，これ以外にも様々な契約を締結することが可能である．

**終身定期金**　民法典には「終身定期金」という契約に関する規定が置かれている（民法689条）．民法典の母国フランスではよく用いられているというが，日本ではこれまでほとんど使われることがなかった契約類型である．しかし，最近になって，その利用可能性が検討されるようになっている．

　「終身定期金」とは，一方当事者が「自己，相手方又は第三者の死亡に至るまで定期に金銭その他の物を相手方又は第三者に給付することを約する」ものである．典型例は，相手方の死亡まで定期金を支払うという約束である．「Yの死亡までXがYに対して定期金を支払う」というのは，この契約にあたる．

　この契約に関しては二つの点に注意する必要がある．一つは，この契約は給付総額が誰かの死亡時に依存している不安定なものであるということ（射倖契約）．かつてはこのような契約は無効とされたが，今日では有効と解されており，民法もそのことを前提としている．もう一つは，この契約はXがYに対して一方的に定期金を払うだけのものとは限らないということ．もし一方的に払うならば，それは贈与の一種であるが，多くの場合には，事前に一定の財産がYからXに譲渡されており，それを原資として定期金が支払われる[2]．

---

[2] 参照，倉田剛『リバースモーゲージと住宅――高齢期の経済的自立』（日本評論社，2002）．

後者のタイプの契約を用いると，Yは自分の財産をXに譲渡し，それを原資としてXから定期金の給付を受けることが可能になるわけである．

**任意後見契約**　　前述の成年後見制度の改正に際しては，民法典の中の成年後見制度 (**法定後見**と呼ぶことがある) が改められただけでなく，民法典の外に新たに任意後見契約という新たな契約類型を創設する特別法が制定された (**任意後見契約法**)．

これは，いわば契約によって自由にデザインされた後見であると言うことができる．すなわち，高齢に至り精神障害が生ずる前に，この契約を締結しておけば，自分の望む者を後見人とすることができるし，また，自分の望む事項につき代理権を付与することができる．

もっとも，このことは現行民法のもとでも不可能ではない．人は自由に代理人を選任し，自らの望む範囲の代理権を付与することができるからである．では，任意後見契約の特色はどこにあるのかと言えば，実は，任意後見契約は単なる契約ではなく，後見人を監督するシステムを備えた契約である点にある．すなわち，任意後見契約には裁判所による任意後見監督人の選任およびその監督というシステムがセットされているのである．

## (2) 相続法：遺言自由とその限界

**遺言と遺留分**　　以上に述べた契約法による自己防衛は，予め明確な契約を締結することによって，老後の資金・財産管理を確保しようというものだった．しかし，現実には，このような予測・計算に基づいた老後設計をする人は少ない．だが，これとは別に，次のように考える人々はかなり多い．すなわち，契約によって他人にやってもらうのではなく，家族の誰かに面倒 (介護・財産管理など) をみてもらいたい．しかし，タダでというのではなく，その行為に対しては自分の遺産で報いたい (第2節Bで述べた対価的相続観である)．民法典は，このような相続観に見合った規定を置く一方で，これを制約するような規定をも置いている．両者の関係を見てみよう．

民法典は相続人・相続分について一定の規定を置いているが，これは遺言がない場合に適用される (**法定相続**という)．被相続人は，遺言をすれば相続分を変えたり (**指定相続分**．民法902条)，財産を処分する (**遺贈**．民法964条) ことができる．つまり遺産の処分を遺言で決めることができるわけである (**遺言相続**という)．

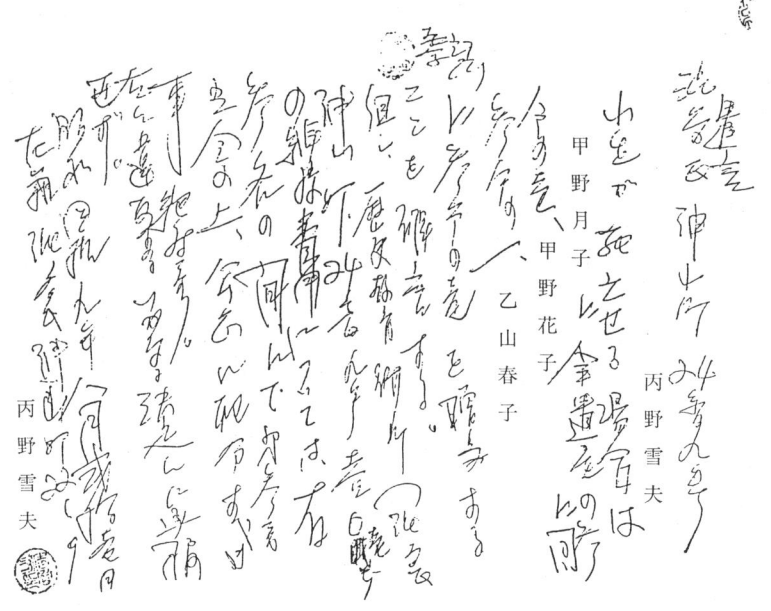

「遺言」の一例——紙片に書きつけられていても条件を満たせば有効（最高裁判例集第 40 巻 7 号より）

　どのような遺言をするか，具体的には，誰にどのような財産を残すか．これらの点は，被相続人（遺言者）が原則として自由に決められる（**遺言自由の原則**）．したがって，複数の子どものうち自分の面倒をよくみてくれたものに沢山の遺産を残すことも十分に可能である．最近では，こうした目的にかなった遺言の仕方も開発されている（「相続させる遺言」と呼ばれるものなどがその例．遺産処理の手続が簡便になる）．

　しかし，被相続人（遺言者）は全く自由であるというわけではない．たとえば，二人の子 A，B のうちの一方 A にのみ全財産を残すという遺言をしても，それはその内容通りの効力を持つわけではない．B は法定の相続分の半分につき（B の法定相続分は 1/2 だから遺留分は 1/2×1/2 ＝ 1/4），A に対して自分に返すように請求する権利を有するのである．これを**遺留分**という（民法 1028 条）．別の言い方をすると，被相続人が自由に処分できるのは遺留分以外の部分なのである（**自由分**などと呼ぶ）．**遺留分が設けられることによって，被相続人の遺言自由と共同相続人間の平等という二つの価値の衝突が調整されているのである．**

遺言は，法律の定める方式に従って行われなければならない（民法960条）．一般の遺言には，**自筆証書遺言**・**公正証書遺言**・**秘密証書遺言**の三種があるが（民法967条），いずれの場合にも証書（書面）を作る必要がある．いわゆる**遺言状**である．立派な巻物に書かれていても，民法の求める要件が欠ければ，その遺言は無効である．逆に，遺言状という表題がなく紙切れに書かれていても，要件さえ満たしていれば，それは遺言としての効力を持つ．なお，遺言は取消が可能である．古い遺言状と同じ要件に従って取り消すのが本来であるが，わざわざ取り消さなくても，古い遺言状と異なる内容の遺言状を作れば，新しい遺言状が優先する．

**特別受益・寄与分**　遺言以外にも，民法には対価的相続観に適合的な制度がある．**特別受益**（民法903条）と**寄与分**（民法904条の2）がそれである．これらは，共同相続人のうちのある者と被相続人の間で生前に行われていた財産上の給付を，死亡時に相続のプロセスの中で清算しようというものであるといえる．

　相続人として子ども二人（A, B）がいる場合を例にして説明しよう．被相続人Cが生前にAに財産を一部を与えていたような場合には，その分は相続分が先渡しされていたものとして現実の相続分は計算される．このようにして差し引かれる分を**特別受益**と呼んでいる．これに対して，被相続人Cが生前にBから一定額の財産を得ていた場合には，その分は相続分に上乗せする形で現実の相続分は計算される．このようにして加算される分を**寄与分**と呼んでいる．たとえば，被相続人の面倒はBがみており，そのことによってBは様々な支出をしていたという場合には，その支出は寄与分によって清算されることになる．

　もっともBC間で明確に一定額の金銭の貸付などが行われていれば，それは相続以前の問題となる．貸したのか与えたのかわからない・金額もはっきりしない，しかし，それによって被相続人の支出は減っている（相続財産の増加に寄与している）という給付を**事後的かつ包括的に清算**するのが寄与分である．

[条文をもう一度]
　第877条1項【扶養義務者】　直系血族及び兄弟姉妹は，互に扶養をする義務がある．
　第900条【法定相続分】　同順位の相続人が数人あるときは，その相続分は，

左の規定に従う．

　　一〜三（略）

　　四　子，直系尊属又は兄弟姉妹が数人あるときは，各自の相続分は，相等しいものとする．但し，嫡出でない子の相続分は，嫡出である子の相続分の二分の一とし，父母の一方のみを同じくする兄弟姉妹の相続分は，父母の双方を同じくする兄弟姉妹の相続分の二分の一とする．

[他の概説書では]

　　大村・家族法242〜267頁，内田IV 283〜302頁

[図書館で探すなら]

　　小林＝大鷹＝大門編『一問一答新しい成年後見制度』（商事法務研究会，2000）
　　道垣内弘人「成年後見制度私案（1-7）」ジュリスト1074〜1080号（1995）
　　新井誠『高齢社会の成年後見法』（有斐閣，改訂版，1999）
　　小賀野昌一『成年身上監護制度論』（信山社，2000）
　　石川＝吉田＝江口編『高齢者介護と家族』（信山社，1997）
　　伊藤昌司『相続法』（有斐閣，2002）

## Pause café 18 ●国の母親

　漱石は三四郎には「三つの世界」があると言う．そのうちの第一の世界，古い世界を代表しているのが，母親である（ちなみに，第二の世界は学問の世界，第三の世界は文明開化の新世界）．

　「三四郎は此手紙を見て，何だか古ぼけた昔から届いた様な気がした．母には済まないが，こんなものを読んでいる暇はないと迄考へた．……其母は古い人で古い田舎に居る．……」（『三四郎』2の1）

　「一つは遠くにある．与次郎の所謂明治十五年以前の香がする．凡てが平穏である代りに凡てが寝坊気ている．……三四郎は脱ぎ捨てた過去を，此の立退場の中へ封じ込めた．」（『三四郎』4の8）

　しかし，三四郎は，次のような考えも捨てきれない．

　「著作をやる．世間が喝采する．母が嬉しがる」（『三四郎』1の5）

　「要するに，国から母を呼び寄せて，美くしい細君を迎へて，さうして身を学問に委ねるに越した事はない．」（『三四郎』4の8）

そうして，会堂前で美禰子と別れた三四郎は，郷里に戻る．年末年始の帰郷であろうが，それは母への回帰を象徴しているかのようでもある．

## 第2章・まとめ

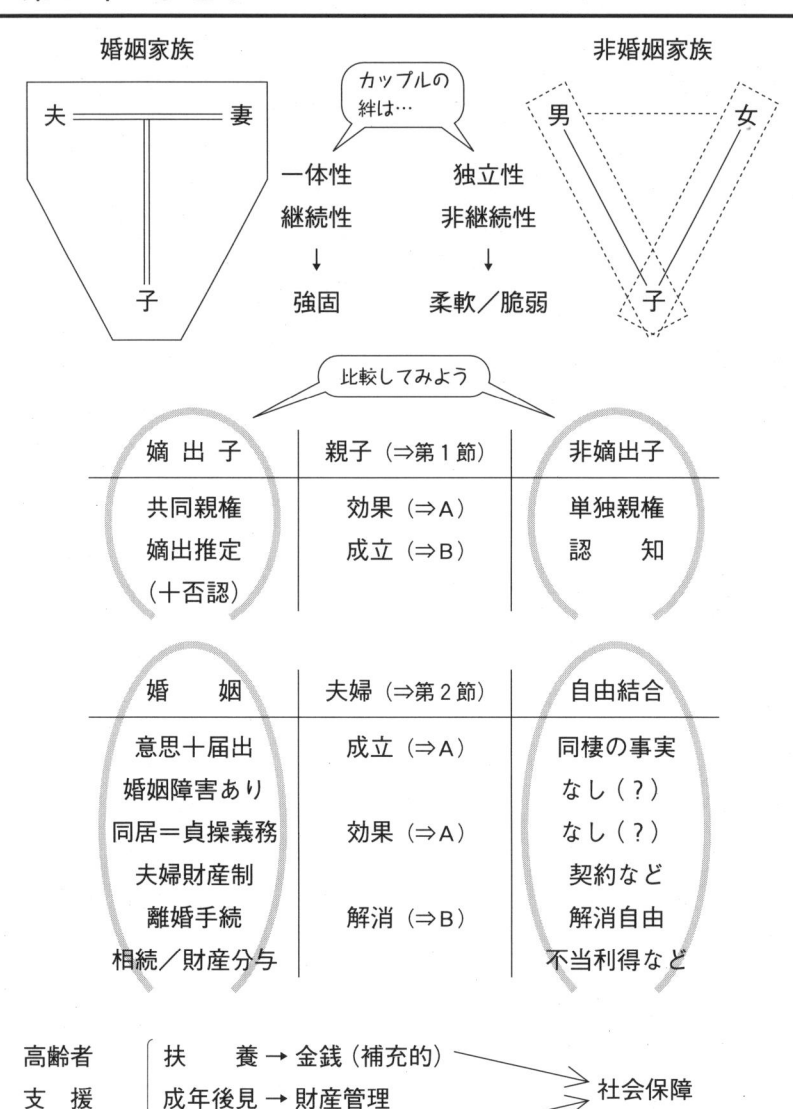

婚姻家族　　　　　　カップルの　　　　　非婚姻家族
　　　　　　　　　　絆は…
夫═════妻　　　　　　　　　　　　　男┄┄┄┄┄女
　　║　　　　一体性　　独立性
　　║　　　　継続性　　非継続性
　　║　　　　　↓　　　　↓
　　子　　　　強固　　柔軟／脆弱　　　　　子

　　　　　　　比較してみよう

| 嫡出子 | 親子（⇒第1節） | 非嫡出子 |
|---|---|---|
| 共同親権 | 効果（⇒A） | 単独親権 |
| 嫡出推定 | 成立（⇒B） | 認　知 |
| （＋否認） | | |

| 婚　姻 | 夫婦（⇒第2節） | 自由結合 |
|---|---|---|
| 意思＋届出 | 成立（⇒A） | 同棲の事実 |
| 婚姻障害あり | | なし（？） |
| 同居＝貞操義務 | 効果（⇒A） | なし（？） |
| 夫婦財産制 | | 契約など |
| 離婚手続 | 解消（⇒B） | 解消自由 |
| 相続／財産分与 | | 不当利得など |

高齢者　　扶　養　→　金銭（補充的）
支　援　　成年後見　→　財産管理　　　　　　社会保障
（⇒第3節）　介　護　→　な　し

240　家族生活と民法

# 第3章 社交生活と民法

青鞜社に集う女たち（上）と同潤会青山アパート（下）（いずれも毎日新聞社提供）

「『私が三年の終わりに委員を引き受けたのには，個人的な理由があったのよ．さっき佐久間さんも大里さんも，いい友達ができてよかったと言ったけど，私も本当にそう思ってるわ．家庭に入って子を持つと，なかなか友達ってできないでしょう．子供を通じて通りいっぺんのつき合いはするけど，人柄まではわからない．お互いの子供のことを知っていて，今ここで暮らしながらの友達って本当にいなかった．私は今ここで暮らしながらの友達がほしかったの』……」

——干刈あがた『ゆっくり走ろう東京マラソン』（1984 年）

「四人とも，また雑誌に目を落とす．同じ箇所を，何度も何度も読み直す．〈一丁目，二丁目では定年を迎えて世帯主も増えている．仕事に追われ街や家庭を顧みる余裕のなかった父親たちが，この街でどう自分の居場所を見つけ，老後をどう過ごしていくのか．若い世代にとっても，それは"ニュータウンでの老い方"のお手本もしくは反面教師となるだろう〉記事は，こんな言葉で締めくくられていた．〈ニッポンを支えてきたおやじたちのお並み拝見ですね——とは，学生の一人の弁である〉」

——重松清『定年ゴジラ』（1998 年）

# 序
# 「NPO 元年」
## （1990年代）

　20世紀は都市の世紀であった．もちろん，19世紀にも都市はあった．東京はすでに巨大都市であったし，その他にも大都市がなかったわけではない．しかし，日本の人口に占める都市住民の割合はわずかであった．ところが，過去100年を通じて急速に都市化が進行した．この都市化の大きな波は，東京を中心とする都市への人口流入と都市から郊外への人口拡散を生じさせた．今世紀，多くの人々が故郷を去り，東京（などの大都市）に，そして郊外に移り住んだのである[1]．

|       | 1920 | 30   | 40   | 50   | 60   | 70   | 80   | 95            |
|-------|------|------|------|------|------|------|------|---------------|
| 都市人口 | 18%  | 24%  | 38%  | 37%  | 44%  | 54%  | 60%  | 65%（市部78）  |
| 都市面積 | 0.4% | 0.8% | 2.3% | 5.5% | 1.0% | 1.7% | 2.7% |               |

*50年までは市部人口，60年以降は人口集中地区人口　　　　　　　　　　『都市移住の社会学』53頁などから

　**都市化は，人々に自由をもたらし，多種多様な文化を生み出したが，同時に，物心両面にわたる様々な問題をもたらした．**人々がまず関心を寄せたのは環境問題であった．1960年代の後半から70年代にかけて，各地で**住民運動**が発生し，革新自治体が生まれたが（67〜79年の美濃部都政がその典型例），そこには自分たちの生活環境を守りたいという都市住民たちの要望があった．確かに，乱開発された郊外には様々な生活上の不便があった．その後のバブルの時代には，住民運動はいったんは下火になったかのように見えた．しかし，一方で，地道な活動が続けられるとともに，他方，高齢化や少子化などに関わる諸問題が，新たな**都市問題**として意識されるようになってきた（福祉サービスをいかに組織するか，

---

1) 都市化の歴史については，鈴木博之『都市へ〔日本の近代10〕』（中央公論新社，1999）を参照．

> **新人ボランティア走る**
> **支援手探り1万5千人**
> 阪神大震災 2週間
> 海外旅行やめて参加／10代と20代で7割
> 経験不足を痛感／「視察旅行」との批判も
>
> 1995.1.30（朝日／夕刊）

子育て支援をどのように行うか，青少年の育成のために何をするか，等々）．

　こうした動向が一気に顕在化するきっかけとなったのが 1995 年の阪神大震災であった．この大災害の復旧の過程で，都市の地域共同体やヴォランティア・NPO (Non-Profit Organization＝非営利団体) のネットワークがはたした役割・はたすべき役割にスポットライトが当てられることとなった[2]．そうした意味で，まさにこの年は「NPO 元年・ヴォランティア元年」となった（同じ年にはカルト教団が社会を揺るがせた．また，続く数年には，郊外の住宅街を舞台とした少年犯罪などが続発した．これらの現象は，都市社会において規範を失い孤立しつつある人々の抱える影を顕在化させた）[3]．人々は，都市がもたらした自由を手放したくないと考えつつも，

---

2) NHK 取材班『ボランティアが開く共生の扉――阪神大震災からの報告』(NHK 出版，1995) を参照．
3) 問題状況につき，三浦展『「家族」と「幸福」の戦後史――郊外の夢と現実』(講談社現代新書，1999) を参照．

都市においてよりよい生き方を探求するには，人と人とのきずなが必要であると思い始めたのである[4]。

　社会的なきずなは様々な形で求められている．労働でもなく消費でもない第三の活動（たとえばスポーツ＝文化活動，福祉活動など）を行う，職場でも住居でもない第三の空間（たとえば近隣・地域）に着目する，雇用契約でも家族でもない第三の関係（たとえば非営利団体・無償行為）を利用する，という具合に．しかし，人々の思いとは別に，活動そのものが十分に行われているというわけではない．そのことは，たとえば，現にヴォランティア活動をしている人々（8.5%）としたいと思っている人々（65%）のギャップに現れている（平成12年度国民生活選好度調査による）．

　本章では，消費とも家族とも次元を異にするこのような「人と人の社会的なきずな」を広く「社交」と呼んでいる．人々の「つきあい」は都市化以前にも存在したが，それらは暗黙の共同体的慣行によって規律されており，法による調整を必要とすることは少なかった．だが，伝統的な共同体が崩壊した今日では，都市に住む人々が新たに「きずなを結ぶ」のを支援することが必要になっている．

　そして，そのためのルールや制度は，徐々にではあるが新たに形成されつつある．1998年の特定非営利活動促進法（NPO法）や2001年の中間法人法は，その顕著な例である．あるいは，現在進行中のマンションの建て替えに関する一連の法整備（建物区分所有法の改正など）もこれに加えることができる．また，既存のルールや制度の中にも，同様の観点から位置づけうるものが含まれている．以下においては，「社交生活」という観点から，関連する新旧の民法上の諸制度を整理し提示することを試みたい．

　具体的には，古くからある「近隣」との関係を出発点としたい（第1節A）．そこではまず，「私」の領域をいかに守るかが問われる．こうして「私」が確立された上で，「共」への関わりが問題となる．そこで次に，都市における「共同性」が集約的に現れるマンション問題を取り上げることにする（第1節B）．続いて，より緩やかなきずなとして検討すべきは，各種の「団体」である（第2節）．さら

---

[4] 社会学からの試みとして，たとえば，似田貝香門『都市社会とコミュニティの社会学』（放送大学教育振興会，1994），倉沢進『自治体・住民・地域社会〔地方自治政策II〕』（放送大学教育振興会，2002）などを参照．

に，団体そのものではなく団体に関与する人々との関係も視野に入れる必要がある．そこでの関係は「好意」にもとづくものであり，契約関係であるとしても，通常の取引における契約関係とは異なるものであるので，その点につき考慮がなされなければならない（第3節）．また，社交の大きな目的の一つが，労働や消費ではなく「文化」にあるとするならば，これとの関連で生じうる民法上の問題にも検討を加えておいた方がよいだろう（第4節）．

---

　第1章「消費生活と民法」，第2章「家族生活と民法」に比べると，本章「社交生活と民法」は試論の色彩が濃い．いわゆる家族法（民法典の親族編相続編）は古くから民法の一領域（ある意味では中心領域）をなしてきたし，消費者法に関しても，民法との関係につき理論的な問題は残るものの，それが民法の契約法・不法行為法などと密接な関連を有することについては，今日では異論を見ない．これに対して，「社交法」という概念は，生活民法の領域に現れた最近の諸現象を，一つの視点で統合して検討するために，本書の著者が提唱するものである．それゆえ本章では，枠組みの正当性を示すための叙述が相対的に多くなっており，前の二章とはやや異なる印象を与えるかもしれない．この点も含めて，以下の叙述は，今後，その当否が論じられるべきものとして読んでいただきたい．

# 1 近隣と民法

## A 〈私〉をまもる

　かつて人が移動可能な空間は限られていた．多くの人々は同じ住居に住み続け，変わらぬ隣人とつきあい，狭い地域の中で一生を終えた．ところが今日では，人の流動性は飛躍的に高まった．人々はもはや特定の土地に縛られてはいない．しかし，それでも住居を核とした近隣との関係は全くゼロにはなっていない．希薄化したとはいえ，**同一の空間を生きる人々は何らかの関係を持たざるをえない**．その意味では，「近隣」は「社交生活」の原点である．

　ただ，かつてと異なるのは，都市社会では「個の自律」「私の確保」に大きな価値が置かれている点である．もはや地域共同体は絶対的なものではありえず，「個」「私」の領分を尊重した，開放的・多元的なものとして構想されなければならない．人々は，単一の共同体に全面的に帰属するのではなく，様々な団体（さらには関係・状況）に異なる程度において関与することによって，「個」と「共同性」のバランスをとるのである．

　以上を前提として，「近隣」にかかわる諸問題を見ていくが，まず着目すべきは，「私」の領域をいかにまもるかということである．繰り返しになるが，「個」の領分の確保なき「共同性」は，今日では不可能だからである．以下，物質的な側面 (1.)，精神的な側面 (2.) の二つに分けて考えてみよう．

## 1. 物質的な領域

### (1) 住居への侵入

物質的な領域としての「私の領分」は，伝統的な民法においては，住居に対する侵入を禁止するという形で考慮されていたと言えるだろう．近代民法における**所有権絶対**の原則については，序章で説明した通りであるが，そこでは農地の保護という観点から考察を加えた．もちろん，この観点は重要であるが，所有権絶対には，住居の保護という意味もあることを付け加えておく必要がある．われわれは「人の家に勝手に入ってはならない」という規範意識を持っているが，法的にはそれは，所有権の絶対性・不可侵性として表現される．

（欄外：所有権）

民法206条は「所有者は法令の制限内に於て自由に其所有物の使用，収益及び処分を為す権利を有す」と定めている．ここで「自由に使用する」とは，他人の立ち入りを許さないということを含んでいる．許可なき立ち入りは所有権の侵害にあたり，所有者はこれに対する排除を求めることができる．たとえば，庭先に誰かがテントを張って住み始めたという場合には，所有権に基づき，この者に立ち退きを求めることができる（**妨害排除請求権**と呼ぶ）．この権利は所有権という物権に基づくものであり，誰に対しても（万人に対して）主張できる．また，侵入によって損害を受けた場合には，不法行為を理由に損害賠償を求めることもできる（民法709条）．

> 所有権や地上権・抵当権などの物権にもとづく請求権を**物権的請求権**と呼ぶ．妨害排除請求権のほかに，**妨害予防請求権**（妨害のおそれがある場合に妨害をしないように求める）や**返還請求権**（奪われた物の返還を求める）も認められている．このことを明示する条文はないが，所有権の性質から当然のことであると考えられている．なお，所有権の有無とは別に，占有を有するだけで一連の訴権（**占有訴権**．民法197条以下）が認められていることも，一つの根拠となっている（より強い権利である所有権には当然に同種の権利が認められると考える）．

> 住居に対しては民法以外の法律によっても保護がなされている．最も重要なのは，刑法による保護である．刑法は土地建物（不動産）に対する侵害を一般的に処罰するとともに（刑法235条の2．不動産侵奪罪），住居への侵入・不退去を特に処罰してい

る(刑法130条．住居侵入罪．刑法132条により未遂も処罰される)．なお，国家権力との関係でも，住居は厚く保護されている．憲法は住居の不可侵を宣言しており，捜索につき令状を要求している(憲法35条，刑事訴訟法102条，106条，107条など)．

**相隣関係** 以上に見たように，住居への侵入に対しては厚い保護が与えられている．もちろん，所有者の同意があれば住居への立ち入りは可能であるが，同意がなければ立ち入りはできないのが原則である．もっとも，互いに近隣に住まうことから立ち入りを認めるべき場合がないわけではない．民法は，土地・建物が隣接して存在することによって，相互に権利・義務が発生する場合を認め，隣接する所有権の関係を調整している(相隣関係と呼ばれる)．

たとえば，隣地との境界付近で建物を建てたり修繕をしたりするときには，隣地への立ち入りが不可避となる場合がある．このような場合には，必要な範囲で隣地の使用を請求することができる(**隣地使用権**．民法209条1項本文)．隣地所有者がこれを認めないと，最終的には裁判によって使用が命じられることになる．ただし，家については話は別であり，隣人の承諾がない限りは立ち入ることができない(民法209条1項但書)．なお，立ち入りが認められるとしても，隣地所有者に損害を生じさせた場合には，賠償しなければならない(民法209条2項)．

あるいはまた，自分の住居の敷地が他人の土地によって取り囲まれており(取り囲まれた土地を**袋地**，取り囲む土地を**囲繞地**[いにょうち]という)，公道に道が通じ

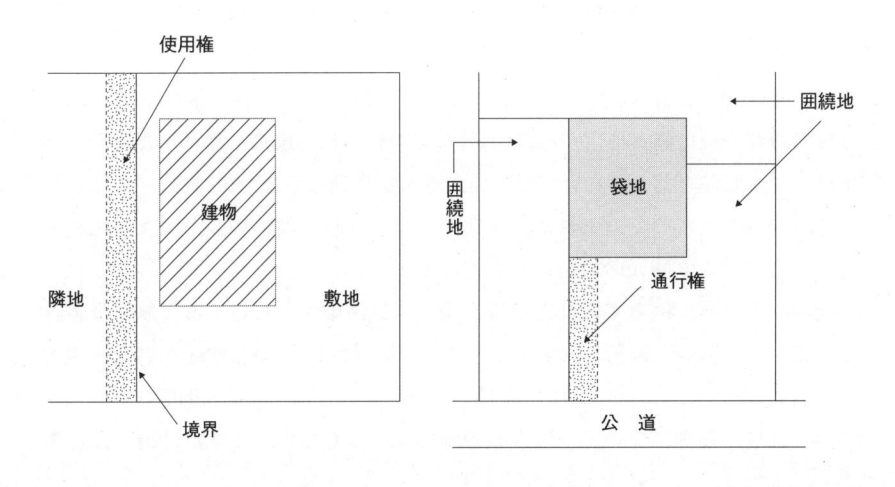

ていない場合には，袋地所有者は囲繞地を通行する権利を有する(**囲繞地通行権**.民法210条)．ただし，必要最小限で，かつ，囲繞地に対して最も損害の少ない方法で通行しなければならず，やはり損害に対しては賠償を要する(民法211条，212条)．

その他に，水利・竹木に関する規定や境界に関する規定なども置かれているが，説明は省略する．なお，境界付近での建築制限に関する規定(民法234～236条)については後述する．

### (2) 生活の妨害

騒音・振動・日照　かつては，「私の領分」の侵害の原因としては人の物理的侵入のみを考えれば足りた．しかし，今日では，人の物理的侵入を伴わない侵害も発生しており，これに対する対応が必要になっている．具体的には，騒音や振動などによる**生活の妨害**が大きな社会問題となっている．あるいは，日照の妨害についても同様である．人が活動をしていれば，一定程度の騒音や振動が発生する．また，建物があれば日陰ができるのは避けがたい．かつては，これらはそれほど大きな問題でなかった．

今日では，いくつか事情の変化が生じている．第一に，騒音・振動・日照妨害の規模・程度が大きくなっている．工場の操業，航空機・新幹線の離発着や通過，巨大マンションの建設に伴う騒音・振動・日照妨害は「やむをえない」と言ってすませられる程度を越えている．第二に，以上のような産業型の生活妨害の場合には，加害者と被害者の間に相互性がない．「お互い様」と言えない状況なのである．第三に，都市住民の権利意識が高まっていることにも注意を要する．自分の生活圏への侵害に敏感な人が増えているのである．「やむをえない」と感じられる線は確実に下がっている．「私の住居に，騒音や振動を及ぼさないでほしい，日陰を落とさないでほしい．そんな権利はあなたにはない」．こうした意識が強まっている．これは，産業型ではなく日常型の場合，すなわち相手方が企業ではなく隣人の場合にもあてはまる．

実際のところ，序章で触れた水質汚染・大気汚染などに対する大規模公害訴訟に続いて，騒音・振動に対する公害訴訟が提起された(**大阪空港公害訴訟や名古屋新幹線訴訟**など)．また，これとは別に，1970年代には多数の**日照訴訟**が提起された．騒音・振動についても隣人間の争いは少なくない．とりわけ騒音は近隣

【新聞記事】

東京・国立マンション訴訟

**20メートル超の部分撤去命令**

地裁判決 景観利益認める

■国立マンション問題をめぐる司法判断■
（○勝訴、●敗訴）
◇建築差し止め仮処分申請
00年6月東京地裁八王子支部決定 ●住 民 側 vs.○明和地所側
00年12月東京高裁決定 ●住 民 側 vs.○明和地所側
（違法建築と認めるが申し立ては棄却）
◇都が是正命令を出さないことへの行政訴訟
01年12月地裁判決 ●住 民 側 vs.○都
02年6月高裁判決 ●住 民 側 vs.○都
（上告中）
◇高さ制限条例で受けた損害の賠償
02年2月地裁判決 ○明和地所側 vs.●市
（控訴）
◇高層階の撤去
02年12月地裁判決 ○住 民 側 vs.●明和地所側

東京都国立市の「大学通り」沿いに建設された高層マンションが、建築基準法に違反するとして、約50人の周辺住民らがマンション4棟を建築した明和地所や入居者133人を相手に、高さ20メートルを超える部分の撤去を求めた訴訟の判決が18日、東京地裁であった。宮岡章判事長は「特定地域で独特の街並みが形成された場合、その景観利益は法的保護に値する」と述べ、大学通りに面する1棟について、7階以上にあたる高さ20メートルを超える部分の撤去を命じた。

景勝地などの景観利益はあるが、都市全体の景観を認めた判決は過去にも利益を理由に建物の撤去を命じたこのマンションは「グ

（15面に関係記事）

2002.12.18（朝日／夕刊）

---

紛争の主要な原因の一つとなっている．さらに，最近の国立マンション訴訟のように，景観や眺望なども問題となりうる．

**受忍限度と環境権**　騒音・振動その他の生活妨害が，人身に損害（不眠症になるなど）を生じさせるほど深刻になれば，それは一般の産業公害と同じように不法行為となるだろう．他方，ごく軽微な騒音・振動は法律問題にはなりにくい．問題は両者の中間にある．それほど深刻ではないが，かといって無視しがたい妨害をどうするか．この点については，今日では次のような考え方がとられている．平穏に生活を送るという利益は確かに尊重すべき利益だが，常に，損害の賠償を求め侵害を止めさせることができる権利としては確立されていない．そこで，侵害行為の態様と被害の程度の双方を比較考量して，一定

の限度までは被害者もがまんすべきだが，その限度を超えていれば損害の賠償ないし侵害行為の差止めを求めうる，とする．これが**受忍限度論**と呼ばれる考え方である．

この考え方は，加害者側の権利（所有権者は自己の土地を自由に使いうるので，工場の操業も高層ビルの建設も原則として許される）から出発して，権利濫用（民法1条3項）の法理によって例外的に制限を加えるというかつての考え方に比べれば，被害者側の利益を重く見るものとなっている．しかし，受忍限度論による判断はケース・バイ・ケースであり，被害者に常に保護が与えられるわけではない．この点を不満とする人々は，かつての原則・例外を逆転させ，原則として他人の生活を妨害してはならないとすべきことを主張している．これが**環境権論**である．環境権は，「権利」としては承認されていないが，環境保護運動のシンボルとしては重要な役割をはたしている．

## 2. 精神的な領域

### (1) プライヴァシーの侵害

プライヴァシーの保護

「私の領分」として，今日，物理的な領域と並んで重要なのは精神的な領域である．具体的には，「私生活」に関する秘密が守られることがきわめて重要になっている．英語の private や privacy あるいはフランス語の privé には，「（アクセスが）禁止された」という意味があるが，日本語（漢語）の「私」にも「ひそか」という意味があり，「広く人々に開かれている」という意味の public や「おもて・あからさま」という意味の「公」と対立している．

近代民法はプライヴァシーの観念が明確化する以前に制定されているので，プライヴァシー保護に関する規定を持たない．フランスのように，「私生活の尊重」に関する規定を民法典に新設した国もあるが（仏民法9条1項「各人は私生活を尊重される権利を有する」．1970年に新設），日本民法には明文の規定がない．しかし，判例はプライヴァシーを保護すべきことを認めている（最判平6・2・8民集48巻2号149頁．ノンフィクション「逆転」事件と呼ばれる事件で，実在の登場人物の前科に関する叙述が問題とされた．下級審レベルでは早い時期に現れた「宴のあと」事件——三島由紀夫の同名小説が元外相をモデルにしたことの当否が争われた——が有名）．

そもそも，民法典やその他の法律にも，プライヴァシー保護に関わる規定が

ないわけではない．たとえば，相隣関係に関する規定の一環として，境界線から50センチ以上の距離をとって建物を建てるべきこと（民法234条），また，境界線から1メートル未満に位置する窓・縁側には目隠しをつけるべきこと（民法235条）を定める規定が置かれているが，これらはその一例である．さらに言えば，住居の保護もプライヴァシーの保護に繋がると言える．

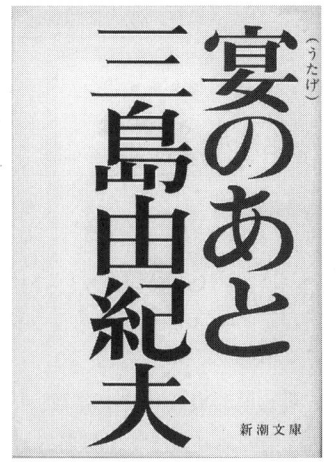

宴のあと　三島由紀夫（うたげ）

新潮文庫

新潮文庫，1969年

> 刑法も「秘密」を保護している（親書開封罪，刑法133条．秘密漏示罪，刑法134条）．これと関連するが，憲法が「通信の秘密」を保護するのも（憲法21条2項），プライヴァシー保護の趣旨を含んでいると見ることができる．

**プライヴァシーの意義**

このようにプライヴァシーが保護されているのはなぜか．それは，人が人として生きていく上で「私の領分」を持つことが必要不可欠だと認識されるようになったからだろう．手紙に書かれたことや住居（私室）の中で行われていること，こうしたことがらを他人の視線から隔離して「私の領分」を作り出すことは，「個」の確立・確保のために決定的に重要な意味を持つ．ヨーロッパでは19世紀を通じて，公私のスペースを区別する住居形態が確立し，召使いが私室から遠ざけられた．また，私室で書物を読み手紙を書く習慣も普及した．このように，本人（および親密な関係にある人々）のみがアクセスできる「私的な空間」が発生することによって，はじめて「個」はその存立基盤を得たのである．

では，「個」にとって重要なプライヴァシーとして，具体的に何が保護されるのか．この点につき，日本では必ずしも十分な裁判例が蓄積されていないが，たとえばフランスでは，感情生活（恋愛問題），妊娠出産や健康状態，宗教，民事身分，住所，肖像，職業，資産状況などが保護対象とされている．最近の日本の言葉遣いで言えば「個人情報」というのが，これにほぼ対応すると言えようか

(日本では，現在，個人情報保護立法が準備されているが，報道の自由を制約するものであるとの批判も強い)．

## (2) 名誉の毀損

**名誉の保護** 　プライヴァシーとあわせて，その保護が問題になるものとして「名誉」をあげておく必要がある．名誉は古くから法的な保護の対象となっている．民法典にも，この点にかかわる規定がいくつか置かれている．一つは，民法710条である．この規定は，身体・自由や財産権と並んで「名誉」が法の保護の対象となること，その侵害によって生じた損害には財産的損害以外に**非財産的損害(精神的損害)**が含まれることを明言している．もう一つは，民法723条であり，そこでは名誉毀損に関しては，裁判官は損害賠償(慰謝料の支払い)のみならず**原状回復処分**を命じうると定められている．たとえば謝罪広告の掲載などがここでいう原状回復処分にあたる．さらに，判例は，名誉を侵害されたものは，**人格権**に基づき侵害行為の差止めを求めることができるとしている (最大判昭61・6・11民集40巻4号872頁．北方ジャーナル事件と呼ばれる事件で，同名の雑誌の印刷・製本・頒布の禁止を求める訴えが提起されたもの)．

　人格権の概念は民法上は明示されていない．しかし，名誉が法的に保護されていることからも，人身や財産だけでなく人格もまた法的な保護の対象となりうることは明らかである．さらに，今日では，すでに触れたプライヴァシーをはじめとして，いくつかの人格的利益が法的な保護を受けるようになっている．**人格権は，法技術的には，物権的請求権との類推(アナロジー)を媒介として差止請求を認めるのに有益な概念であるが，法思想的には，人格に関する諸利益を包摂して，(民)法における人格的価値の重要性を提示する役割を担っている**といえる．

---

　名誉もまた刑法によって保護されている (名誉毀損罪，刑法230条)．ただし，公共の利害にかかわる場合には，公益目的であること・真実であることを要件として，例外的に不可罰とされている (刑法231条)．後者の規定は，民法上の不法行為の成否を判断するに際しても参照されており，重要である．

---

　最近では，コンピュータの普及により，ネットワーク上の名誉毀損が社会問題となっている．もちろん，ネット上で他人の名誉を侵害した者が不法行為責任を負うこ

> とは言うまでもないが，匿名が原則であるネット上では相手方の特定は難しい．この点に鑑み，2001 年に成立したいわゆるプロバイダ責任法[1]は，名誉毀損にあたるメッセージを除去する責任を，一定の限度でネットワークを管理するプロバイダにも課すこととした．

**名誉の意義** 　プライヴァシーと異なり，名誉が法律上保護されることは明らかであるので，その理由が問われることは相対的には少ない．しかし，少し考えてみると，なぜ名誉が保護されるのかは自明のことではない．かつて人々にとって，家産とともに家名が重要だったことはわかる．自らの家名を汚す行動は避けなければならず，いわれなく他者の家名を汚すことは許されなかった．だが，このような説明は，今日そのままの形では維持しがたい．より立ち入った説明が必要となろう．

今日では，プライヴァシーと名誉は，それぞれ人格の一要素をなすという説明がなされることがある．確かに，プライヴァシーは人格にとって重要な拠点である．このことはすでに述べた通りである．では，名誉はどうか．名誉とは「人の社会的評価」だとされるが，なぜ，「社会的評価」が損なわれることが人格が損なわれることになるのか．観念的には，他人の評価と自分の価値は無関係であると言えないわけではない．しかし，現実には，人は社会的存在であり，「個」は「他者」の視線との相互関係の中で形成される．

別の言い方をすれば，**人間は，放任を求めるが**（「私を見ないで」），**同時に，承認をも求める**（「私を認めて」）**存在でもある**．たとえばフランス語で，「人格」という言葉に対応するのは personne であるが，この語はペルソナ（仮面）という語に由来する．人は，仮面を付けてはじめて人となる．仮面の内側を見られることを望まないが，しかし，仮面の外側はしっかりと額面通りに受け止めてほしい．中は覗かず，外は傷つけないでほしい．人の同一性（アイデンティティ）は，ペルソナという半透膜を媒介として成立するのである．プライヴァシーと名誉はこうした要請に応じるものであると言えるだろう．その意味で，両者は人格を支える車の両輪なのである[2]．

最近の憲法学は，プライヴァシーを自分に関する「情報コントロール権」と

---

1) 総務省電気通信利用環境整備室『プロバイダ責任制限法』（第一法規, 2002）を参照．
2) 大村「人」法学教室 2002 年 9 月号も参照．

して把握するようになっている．この用語を用いるならば，狭義のプライヴァシーは情報の「提供」（情報を出すか出さないか）に関するコントロール権であるのに対して，名誉は情報の「評価」（出された情報をどのように評価するか）に関するコントロール権であると言えるかもしれない．

[条文をもう一度]
　第710条【非財産的損害の賠償】　他人の身体，自由又は名誉を害したる場合と財産権を害したる場合とを問はず前条の規定に依りて損害賠償の責に任ずる者は財産以外の損害に対しても其賠償を為すことを要す．
[他の概説書では]
　大村 I 197〜198頁，289〜291頁，内田 I 352〜355頁，同 II 344〜349頁
[図書館で探すなら]
　丸山英気『都市の法律学』（悠々社，2000）
　山口浩一郎『市民活動と法〔法システム II〕』（放送大学教育振興会，2002）
　大村敦志『フランスの社交と法』（有斐閣，2002）
　佐伯仁志「プライヴァシーと名誉の保護（1–4）」法学協会雑誌101巻7〜11号（1984）
　坂本昌成『プライヴァシー権論』（日本評論社，1986）

## Pause café 19 ●監視する人々（坊つちやん）

　現代の人々が笑いながら読む『坊つちやん』の次のくだりは，人々の「視線」に対する描写として，早い時期のものに属するだろう．
　　「翌日何の気もなく教場へ這入ると，黒板一杯位な大きな字で，天麩羅先生とかいてある．おれの顔を見てみんなわあと笑つた．おれは馬鹿々々しいから，天麩羅を食つちや可笑しいかと聞いた．……一時間あるくと見物する町もない様な狭い都に住んで，他に何にも芸がないから，天麩羅事件を日露戦争の様に触れちらすんだらう．憐れな奴等だ．……学校へ出て見ると，例の通り黒板に湯の中で泳ぐべからずと書いてあるには驚ろいた．何だか生徒全体がおれ一人を探偵して居る様に思はれた．くさくさした．……」（『坊つちやん』3）
　最後に出てくる「探偵」という言葉は興味深い．都市における匿名性は個人の秘密を生み出す．秘密がなければ探偵の必要もない．と同時に，匿名性が探偵の活動を可能にする．

漱石は，都市における「プライヴァシー」に大きな関心を寄せていたようである．このテーマは，後に『彼岸過迄』でより大がかりに取りあげられることになる．

......................................................................

# B 〈共〉をつくる

　伝統的な「共同体」は徐々に解体しつつあるが，人と人とが共に生きていく以上，何らかの共同性は不可欠である．群衆の中にも雑踏の中にも，ある種の共同性が潜んでいる．地方から上京し，一人で暮らし，近隣とは没交渉で無関心を決め込んでいる若者も，共同性と全くは無縁ではない．一方で，彼もまた様々なパーソナル・ネットワークに包まれて生きており，他方，望むと望まざるとにかかわらず，近隣とも何らかの関係を持たざるをえないことがある．そうだとすると，都市社会において必要なのは，共同性を否定することではなく，古い共同性を新たに組み直すということであろう．

　都市社会における共同性は様々な局面で問題になりうるが，われわれにとって最も日常的であり，かつ，その拘束の程度の大きさゆえに，問題となるのは，おそらくマンションにおける共同性であろう．本節 B では，マンションにおける共同性の特色を示し(1.)，これを規律する法制度につき説明し(2.)，その上で，現在および将来の問題に触れる (3.)．

## 1.「強いられた共住」としての区分所有

　ここで「マンション」と呼んでいるのは，1棟の建物が独立した複数の居住区画に分かれている集合住宅のうち，各区画の所有者が異なる場合である．集合住宅の各区画は，それぞれに独立の所有権の対象となりうる．したがって，たとえば，四つの居住区画を持つ集合住宅には，四名の所有者がありうる．これに対して，集合住宅であっても，建物は1個の所有権の対象であり，一人の所有者が所有していて，居住者はいずれも賃借人であるという場合もある．いわゆる「アパート」である．以下で問題にしたいのは，「アパート」ではなく「マンション」の方である．

　もちろん，アパートの住人相互の間にも「共同性」は存在する．しかし，それは「所有」とは無縁の共同性である．もっとも，ある意味では，「所有」の要

公団住宅の抽選風景——昭和30年代の人々のあこがれ（青木俊也『再現・昭和30年代 団地2DKの暮らし』河出書房新社，2001，12頁より，写真提供：都市基盤整備公団）

素の介在しない純粋な「共同性」こそが検討されるべきであるとも言える．だが，この種の共同性は希薄なものであり，把握するのがより困難である．これに対して，「所有」を媒介とする「共同性」はより強固なものであり，把握しやすいだけでなく，社会的にもまず検討すべき重要な問題を含んでいる．

　マンションにおける「共同性」は，1棟の建物に住居を所有してしまっているということに由来する「共同性」である．そこでの共同性は「共住」という事実からのみ発生するのではなく，「所有」という強固な法律関係を媒介としている．そして，そこに大きなジレンマが発生する．一方で，各区画の所有権はあくまでも所有権であるので，所有者は自己の所有物を自由に使用することができるはずである．他方，各所有者は1棟の建物全部ではなく，その一部をそれぞれ所有することによって，密接な関係を持たざるをえない．たとえば，廊下・階段・エレベータのように共同で利用・管理しなければならない施設がある．また，1棟の建物であるがゆえに，騒音・振動などがもたらす生活妨害は深刻になりやすい．このように，マンションでは「共同性」を避けて通ることができない．しかも，そこでは「共同性」は，たまたま同じ建物に住居を有し，そこに住んだがゆえに持たざるをえないいわば「強いられた」ものである．つまり，マ

258　社交生活と民法

ンションの居住者たちは,「強いられた共住」という条件の中で,「個」と「共同性」の両面を調整しつつ生活していかなければならないのである.

マンションの所有関係を規律するのは,建物区分所有法という法律である.この法律においては,マンションの各区画が所有権の対象となる(**区分所有権**という)という前提に立ち,各区分所有権の調整をはかる規定が置かれている(区分所有法1条参照).以下,この区分所有法について,その仕組みと問題点を見ていく.

公団住宅の建設の担い手となった日本住宅公団の発足は1955年,民間の分譲マンションの第1号が現れたのも1955年頃である.その後,60年代末の第1次ブーム以来,何度かのブームが到来している.少し古いデータだが,総数(ストック)で見ても,集合住宅の戸数は約1250万戸で全戸数の約32%(1990年),単年度(フロー)で見ると,1993年の建築戸数は79万戸で約53%に達しているという.マンションのストックをとりだしてみると,1980年には90万戸,90年には216万戸,2000年には386万戸と増加をつづけている.

> 区分所有法は民法の特別法として(民法旧208条に代えて)1962年に制定され,83年に大改正がなされた(現在,再び大きな改正作業が準備されている).この法律が扱うのは,各区画が独立の所有権の対象となる場合である.これとは別に,ある建物を複数の所有者が共同で所有しているという場合があるが(たとえば親の残した家を兄弟が相続した場合など),これは共有(民法249~264条)と呼ばれ,民法に規定が置かれている.

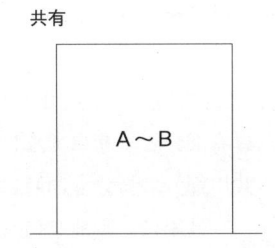

区分所有

| A | B |
|---|---|
| C | D |

共有

| A〜B |
|------|

## 2. 区分所有法の仕組み

すでに見たように,区分所有は「所有」には違いないが((1)),同時にそこには,1棟の建物に「共住」する人々の関係としての側面があり,区分所有法は,これに「団体」としての規律をも加えている((2)).

### (1) 所有権としての側面

マンションを所有の観点から分析すると，次の異なる三つの部分からなることがわかる．

まず，マンション所有のいわば本体にあたるのは，1棟の建物のうちの各区画部分である（**専有部分**という．区分所有法2条3項）．専有部分は独立の所有権の対象となる（区分所有法2条1項）．したがって，区分所有権を持つ者（区分所有者と言う．区分所有法2条2項）は，その専有部分を自由に使用・収益し，また，処分することができる．なお，区分所有権は建物登記簿に登記され，所有権の移転や抵当権の登記などもまた登記される．通常，われわれが「マンションを買う」という時に念頭に置いているのは，この専有部分である．

次に，専有部分以外の建物の部分などがある．先に掲げた廊下・階段・エレベータなどである．これらの部分は各区分所有者が共同で使用するものであるが（**共用部分**という．区分所有法2条4項），法的には区分所有者の共有に属するものとされている（区分所有法11条1項）．

区分所有者は，これら共用部分を，その用方に従って使用することができる（区分所有法13条）．廊下を通行し，階段・エレベータを利用できるわけである．共用部分の管理のうち，保存行為（例．エントランスのガラス戸の修理）は各共有者（区分所有者）が単独で行うことができる．しかし，通常の管理については，単純な多数決で決め，建物の変更については3/4以上の多数決で決める（区分所有法17条・18条．頭数および議決権の双方で多数が必要．議決権については後述）．

なお，共用部分について，各共有者（区分所有者）は専有部分の床面積に応じて持分を持つ．この持分は一般の所有権や共有持分と同様に処分（売却したり，借金のために抵当権を設定する）が可能である．ただし，区分所有建物の共用部分の場合には，専有部分と一緒にでなければ処分できない．また，専有部分が処分されれば，共用部分の持分も同時に処分されたことになる（区分所有法15条1項）．

最後に，**敷地**（区分所有法2条5項．建物が建っている土地などのこと）**利用権**に関する権利がある．敷地を利用する権利（区分所有法2条6項．敷地利用権）は所有権であることも借地権であることもある．建物が区分所有されており，かつ，敷地利用権もまた共同で有する権利である場合には，専有部分と敷地利用権は同時に一括して処分されなければならない．分離譲渡は禁止されている（区分所有法22条）．専有部分だけが譲渡されて敷地利用権が譲渡されな

いと，その専有部分を譲り受けた区分所有者には敷地利用権がないことになる．単独所有であれば，このような場合には建物所有者は建物を除去して土地を明け渡さなければならないが，1棟の建物の区分所有権の場合には，「除去」は不可能であるかきわめて困難である．そこで，分離処分自体が禁止されているのである．

以上からわかるように，「マンションを買う」ということは，専有部分とあわせて共用部分の持分，さらには敷地利用権（所有権ならばその持分）を買うことを意味する．

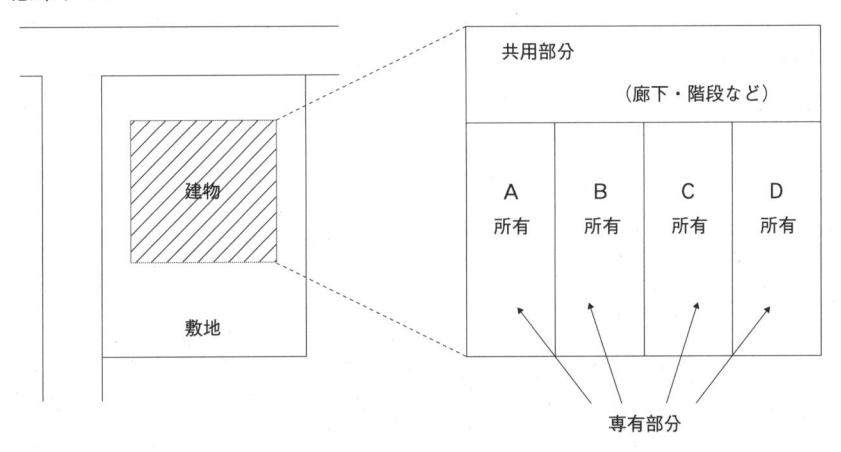

## (2) 団体としての側面

マンションは団体の観点から見ることもできる．

**管理組合** マンションの専有部分を所有する者は，建物・敷地などの管理を行う団体を構成する（区分所有法3条）．通常，管理組合などと呼んでいる団体が，これに対応すると考えられる．しかし，厳密に言えば，この団体は，全区分所有者をメンバーとして，特別な設立手続を経ずに当然に成立する．その意味では法定の団体であると言える．賃借人はメンバーではないが，集会で意見を述べる権利を有する（区分所有法44条）．なお，この団体は法人格を取得することもできるが，法人格を取得した団体は**管理組合法人**と呼ばれている（区分所有法47条以下）．ただし，法人格取得のためには，メンバー（区分所有者）が30名以上であることと集会における3/4以上の多数決が必要である（前者の要件は，後述する2002年法改正により削除）．ある程度の規模以上の管理組合には法人格を

与えようという趣旨である．

　マンションの管理は，この管理組合が中心となって行うわけだが，ここで若干の用語の整理をしておく．上記の管理組合・管理組合法人の区別の他に，管理組合と管理者，管理組合と管理人とを区別する必要がある．**管理者**というのは，共用部分や敷地などを保存し，決議を実行する（区分所有法26条1項）．また，その職務に関しては，外部に対して全区分所有者を代理する（区分所有法26条2項）．管理組合は望むならば，このような管理者を選任することができるとされているが（区分所有法25条），通常，管理組合の理事長がこの任にあたる．なお，管理組合が法人になった場合には（区分所有法47条），理事が選任されるが（区分所有法49条・52条），管理者に替わることになる．

　なお，いわゆる**管理人**は，管理組合が日常の事務遂行のために雇った者のことであり，契約によって与えられた権限を有するにすぎない．

**規約・集会決議と多数決**　管理組合は，建物・敷地その他の管理・使用につき，区分所有法が定める事項以外の事項を，**規約**で定めることができる（区分所有法3条，30条）．自分たちの手で自治規範を定めることができるわけである．規約はいわばマンションの憲法であるので，その設定・変更・廃止は，3/4以上の多数決（頭数および議決権の3/4以上．議決権の割合は持分の割合による．たとえば，2階建建物の専有部分のうち1階部分はABが等分の割合で所有し，2階部分はCが単独で所有するとするときに，ACが賛成すると，議決権では3/4以上の賛成があるが，頭数では2/3の賛成しかないことになる．区分所有法38条）によって行う（区分所有法31条1項）．また，多数決によって区分所有者の権利を無制限に制約することはできないので，規約の設定・変更・廃止が一部の区分所有者の権利に「特別の影響」を及ぼすべきときは，その承諾が必要とされている（同但書）．なお，規約では，専有部分や付属建物を共用部分としたり（たとえば，集会室・集会棟．区分所有法4条2項），一体として管理する土地を敷地としたり（たとえば，庭・通路．区分所有法5条2項）することができるほか，管理に関するルールを定めることができる（区分所有法18条2項）．

　管理組合は，最低でも年に1度は集会を開かなければならない（区分所有法34条2項）．こちらはいわば議会にあたる．管理組合の決議事項はいろいろあるが，共用部分の変更（区分所有法17条）や管理（区分所有法18条），規約の設定・変更・廃止（区分所有法31条）などのほか，後で述べる復旧・建て替えに関する事項が

管 理 規 約

目 次

第1章 総　則
第1条 目　的 …………………………………………………… 1
第2条 定　義 …………………………………………………… 1
第3条 規約の遵守義務 ………………………………………… 1
第4条 対象物件の範囲 ………………………………………… 1
第5条 規約の効力 ……………………………………………… 2
第6条 管理組合 ………………………………………………… 2

第2章 専有部分等の範囲
第7条 専有部分の範囲 ………………………………………… 2
第8条 共用部分の範囲 ………………………………………… 2

第3章 敷地及び共用部分等の共有
第9条 共　有 …………………………………………………… 2
第10条 共有持分 ………………………………………………… 3
第11条 分割請求及び単独処分の禁止 ………………………… 3

第4章 用　法
第12条 専有部分の用途 ………………………………………… 3
第13条 敷地及び共用部分等の用法 …………………………… 3
第14条 バルコニー等の専用使用権 …………………………… 3
第15条 駐車場及びトランクルームの専用使用権 …………… 3
第16条 敷地及び共用部分等の第三者の使用 ………………… 4

第17条 専有部分の修繕等 ……………………………………… 4
第18条 使用細則 ………………………………………………… 5
第19条 専有部分の貸与 ………………………………………… 5

第5章 管　理
第1節 総　則
第20条 区分所有者の責務 ……………………………………… 5
第21条 敷地及び共用部分等の管理に関する責任と負担 …… 6
第22条 必要箇所への立入り …………………………………… 6
第23条 損害保険 ………………………………………………… 7
第2節 費用の負担
第24条 管理費等 ………………………………………………… 7
第25条 承継人に対する債権の行使 …………………………… 7
第26条 管理費 …………………………………………………… 8
第27条 修繕積立金 ……………………………………………… 8
第28条 使用料 …………………………………………………… 8

第6章 管理組合
第1節 組合員
第29条 組合員の資格 …………………………………………… 9
第30条 届出義務 ………………………………………………… 9
第2節 業務
第31条 管理組合の業務 ………………………………………… 9
第32条 業務の委託等 …………………………………………… 9
第3節 役員
第33条 役　員 ……………………………………………………10
第34条 役員の任期 ………………………………………………10
第35条 役員の誠実義務等 ………………………………………10
第36条 理事長 ……………………………………………………10
第37条 副理事長 …………………………………………………11
第38条 理　事 ……………………………………………………11
第39条 監　事 ……………………………………………………11

マンション管理規約の一例

重要である．なお，集会は，区分所有者の権利義務に影響を与える決定を行うものであるので，その招集手続についても規定が設けられている（区分所有法35条）．

以上のように，マンションに関しては，規約・集会決議によって決定されるべきことがらが少なくない．その場合には**多数決**が用いられるため，**反対の区分所有者も決定に拘束される**ことになる．ここに区分所有の団体性の一つの側面が現れている．

また，賛成・反対をとわず，区分所有者には「建物の保存に有害な行為その他建物の管理又は使用に関し区分所有者の共同の利益に反する行為をしてはならない」という義務が課されている（区分所有法6条1項）．そして，義務違反に対しては，違反行為の停止・予防や結果の除去が求められる（区分所有法57条）ほか，3/4以上の多数決により使用禁止を請求されたり（区分所有法58条），さらには区分所有権の競売が請求されることもある（区分所有法59条）．つまり，共同の利益を損なう者を排除することが可能な仕組みが作られているのである．ここにも区分所有の団体性が現れている．なお，これらの規定は占有者にも準用される（区分所有法6条3項）．このことは，これらの規定が「所有」とは異なる次元の論理を含むことを示しているとも言える．

> 競売請求権は，暴力団事務所の追い出しなどを想定して置かれたものであるが，「共同の利益に反する」かどうかの判断は慎重になされなければならない．そうではないと，社会的に見て周辺的な（マージナルな）人々を追い出すための道具となりかねない（特定宗教信者，外国人労働者，同性愛者などの排除に用いられる可能性がある）．

## 3. 区分所有の問題点[3]

### (1) 修繕・建て替え

阪神大震災は，被災マンションの建て替えという深刻な問題を提起した．もちろん，区分所有法は建て替えを想定しており，そのための特別な規定を置い

---

[3] マンションをめぐる諸問題につき，小林一輔＝藤木良明『マンション──安全と保全のために』（岩波新書，2000），小菊豊久『マンションは大丈夫か──住居として資産として』（文春新書，2000）などを参照．

ている．具体的には，復旧・建て替えという二つのプロセスを想定して次のような規定が置かれている．

第一に，**復旧**について．まず，建物が滅失してその価格の半分以下が失われた（逆に言えば，半分以上は残っている）場合には，区分所有者は滅失した共用部分と自己の専有部分の復旧工事を行い，共用部分については持分に応じて他の区分所有者に費用の償還を求めることができる（区分所有法61条1項2項）．ただし，管理組合が集会において復旧の決議を行った場合（区分所有法61条3項），また，建て替え決議を行った場合（区分所有法62条）は別である．次に，建物価格の半分を超える部分が失われた場合には，集会において3/4以上（頭数および議決権）の多数決によって復旧の決議をすることができる．この決議がなされた場合には，決議に賛成した者以外の者は，賛成した者に対して建物および敷地に関する権利の買い取りを求めることができる（区分所有法61条6項）．つまり，**程度の小さな滅失の場合には，各区分所有者または管理組合は復旧の方向で工事を行うことができるが，大規模な滅失が生じた場合に，復旧するかどうかは要件の加重された多数決によって決めるわけである**（反対の者には買取請求権を認めて，マンションから立ち去ってもらうという形で，その権利を保障している）．

第二に，**建て替え**について．建物の老朽・損傷・一部滅失などによって，「建物の価額その他の事情に照らし，建物がその効用を維持し，又は回復するのに過分の費用を要する」に至ったときは，管理組合は，集会で4/5以上（頭数および議決権）の多数決で，建て替え決議を行うことができる（区分所有法62条1項）．復旧の対象となる一部滅失との関連で言えば，もはや復旧では対応できない場合には，建て替えを認めようというわけである．この決議がなされた場合には，まず，決議に賛成しなかった者に改めて建て替えに参加するか否かを尋ねた上で（区分所有法63条1～3項），建て替え参加者は，参加しない者に対し，それらの者の建物および敷地に関する権利を売り渡すように請求することができる（区分所有法63条4項）．こうして，**「過分の費用」がかかるということを前提に，多数派は，少数派の権利を買い上げることによって，建て替えを実行することができるわけである**．

以上の規定では，阪神大震災による被災マンションの再建にはかならずしも十分に対応できなかった．すなわち，一方で，これらの規定は全部滅失を想定していないが，大震災では少なからぬマンションが全壊した．建物がなくなっ

> **マンション建て替え 後押し** 法制審議案
> **「老朽化の定義 明確に」**
> **「損傷」など条件設定**
> **融資も受けやすく**
>
> 2002.3.6（朝日）

てしまった場合には，区分所有者の団体も消滅すると解さざるをえず，残るのは土地の所有・利用関係のみである．しかし，特別なルールのないところで，マンションのかつての所有者たちが建物を再建するのは難しい．他方，半壊（一部滅失）の場合についても，区分所有法61条8号では6ヵ月以内に復旧あるいは建て替えの決議がないと，各区分所有者は他の区分所有者に対して買取請求権を行使できるとしているが，大災害の場合にはこの期間は短すぎ，期間経過によって買取請求訴訟が多発する可能性があった．そこで，1995年3月に「被災区分所有建物の再建等に関する特別措置法」が制定された（全壊建物についての再建の決議の要件を定める法3条や半壊の場合に決議をなすべき期間を延長した5条を置いた）．また，これまでの規定では，「過分の費用」とは何かがはっきりせず，紛争になりやすかった．今後，老朽化するマンションが急増することを考えると，より

明確なルールを定めて建て替えを円滑に進める必要がある．そこで，区分所有法の改正が企図され，2002年末には改正法が成立した（「過分の費用」の要件は削除された）．

## (2)「選ばれた共住」へ？

　ところで，区分所有に関する問題はほかにもある．

　一言で言ってしまえば，マンションの管理はこれまで問題なく行われているとは言い難い．その最大の原因は，管理が人任せになっているという点にある．これまでマンションは，不動産会社によって建てられ各区画が販売されてきた．住民である区分所有者たちはマンション購入以前には全くの他人であった．そして，このような関係はマンション購入後もあまり変化しなかった．というのは，売主である不動産会社があらかじめ規約（原始規約）を定め，住民たちはお仕着せの規約をただ承認するだけで，実際の管理もまた，不動産会社の系列の管理会社に委ねられてきたからである．もちろん，法律上は管理組合が存在するが，その集会は形式的であり，役員たちの活動も積極的ではないことが多い．つまり，**マンションには区分所有法が想定しているような共同性の基礎が欠けている**のである．

　このような共同性の欠如は，平和に日常生活を送っている限りはそれほど大きな問題を惹起しない．人々は管理費を払って，面倒な問題には関与しないですませることができる．しかし，修繕・建て替えといった物心両面で負担の大きな問題が浮上すると，状況は一転する．これらの問題については，各区分所有者はそれぞれ異なる利害・思惑を持つ．もはや管理会社が一存で決定できることがらではない．こうなって初めてマンションの住民たちは，自分たちが運命共同体であったことに気づく．もちろんさっさと売り抜けようとする人もいるだろうが，問題のあるマンションには容易には買手はつかない．そこで，なんとか自分たちで解決をはかることが必要になる．こうして共同性の(再)構築が必要となる[4]．

　一口に，共同性の(再)構築と言ってみても，制度的な装置がないところで共

---

[4] マンションにおける生活の実情につき，倉沢進編『大都市の共同生活——マンション・団地の社会学』（日本評論社，1990），尾崎一郎「都市の公共性と法——マンションにおける生活と法 (1-4)」法学協会雑誌113巻9号～12号 (1996) などを参照．

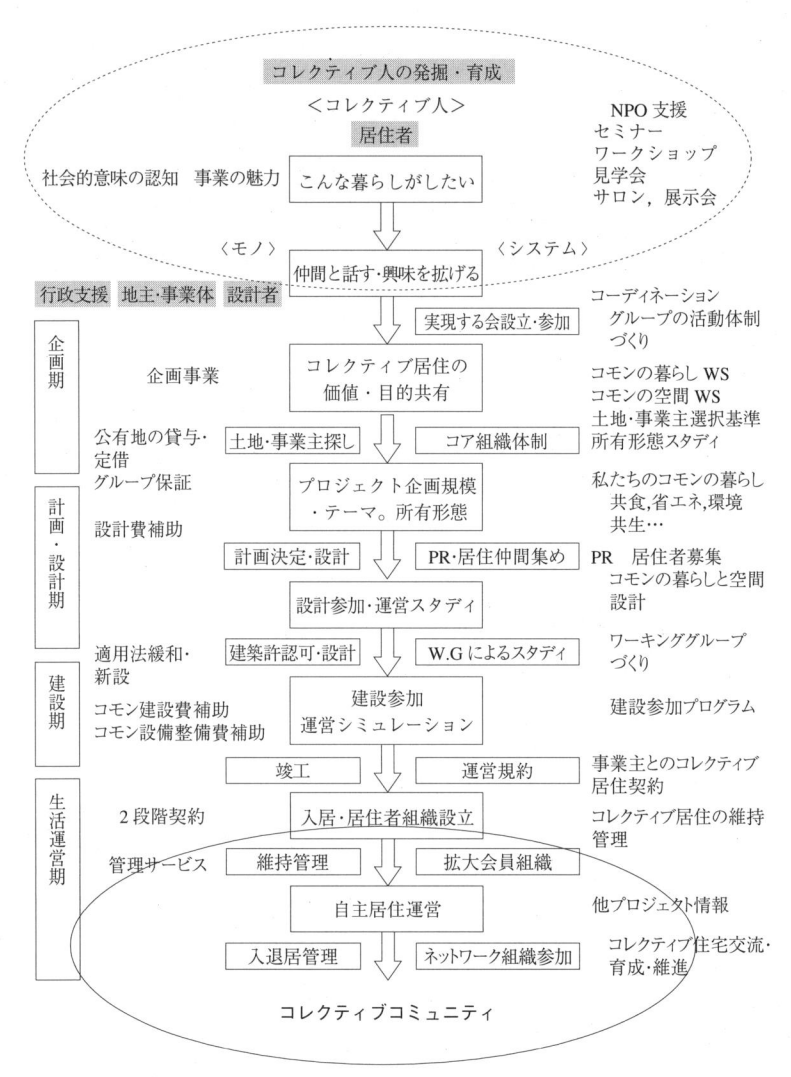

```
                    コレクティブ人の発掘・育成
                         ＜コレクティブ人＞                NPO 支援
                            居住者                      セミナー
                                                       ワークショップ
   社会的意味の認知   事業の魅力   こんな暮らしがしたい        見学会
                                     ↓                  サロン，展示会
                         〈モノ〉           〈システム〉
                         仲間と話す・興味を拡げる
                                     ↓
行政支援  地主・事業体  設計者    実現する会設立・参加        コーディネーション
                                                       グループの活動体制
企                                                      づくり
画      企画事業       コレクティブ居住の
期                    価値・目的共有              コモンの暮らし WS
                                                       コモンの空間 WS
      公有地の貸与・   土地・事業主探し    コア組織体制    土地・事業主選択基準
      定借                                             所有形態スタディ
      グループ保証
計                    プロジェクト企画規模                私たちのコモンの暮らし
画      設計費補助     ・テーマ。所有形態               共食,省エネ,環境
・                                                      共生…
設                   計画決定・設計    PR・居住仲間集め   PR  居住者募集
計                                                         コモンの暮らしと空間
期                   設計参加・運営スタディ                   設計

建     適用法緩和・   建築許認可・設計   W.G によるスタディ   ワーキンググループ
設     新設                                                 づくり
期    コモン建設費補助  建設参加
      コモン設備整備補助 運営シミュレーション                  建設参加プログラム

                         竣工           運営規約        事業主とのコレクティブ
                                                       居住契約
生     2 段階契約      入居・居住者組織設立              コレクティブ居住の維持
活                                                    管理
運     管理サービス    維持管理      拡大会員組織
営
期                   自主居住運営                    他プロジェクト情報
                                                       コレクティブ住宅交流・
                    入退居管理    ネットワーク組織参加    育成・維進
                       コレクティブコミュニティ
```

コレクティヴハウジング流れ図（小谷部育子作成「コレクティブ居住実現のプログラムモデル」本間博文＝佐藤滋編著後掲注 5) 104 頁より)

同性を立ち上げるのは容易なことではない．たとえば，マンションの建て替えに関しては，ともかくも区分所有法に依るべきモデルが示されている．しかし，このモデルはあくまでも再建に向けて建物を「壊す」ための決定を行うためのものである．そこには再建そのものを導くモデルは示されていない．そこで，この点を補うための立法が，区分所有法の改正とは別に準備されている．

さらに考えてみると，そもそも再建ではなく，最初の建築の時から将来の住民たちが集まって共同して建築を行うというやり方もありうる（コーポラティヴ・ハウジング，あるいはコレクティヴ・ハウジング）[5]．もしこうした集合住宅が普及すれば，マンションは「強いられた共住」から「選ばれた共住」へと変化する．諸外国には，このような建設のための立法が行われている例もある．戸建て住宅に建売住宅と注文住宅が併存するように，マンションにも建売の既製品があってよいだろう．しかし，自分たちの手で自分たちの要望にあわせた集合住宅を建てたいという人々の要望にも応えた方がよい．そのために制度を整備することも今後の大きな課題だろう．

> 　コーポラティヴ・ハウジングは建築のプロセスでの共同性（建築のために協同組合を設立する）に，コレクティヴ・ハウジングはできあがった建物の利用（共用スペース・設備を設けて食事や育児などを共同化する）に際しての共同性に，それぞれ着目した概念である．標語的に言えば，「一緒に建てる」のが前者，「一緒に住む」のが後者であると言えよう．

**[条文をもう一度]**
　**区分所有法第3条**　区分所有者は，全員で，建物並びにその敷地及び附属施設の管理を行うための団体を構成し，この法律の定めるところにより，集会を開き，規約を定め，及び管理者を置くことができる．一部の区分所有者のみの共用に供されるべきことが明らかな共用部分（以下「一部共用部分」という．）をそれらの区分所有者が管理するときも，同様とする．

**[他の概説書では]**
　大村Ⅰ299〜306頁，内田Ⅰ385〜393頁

---

[5] このような試みにつき，延道安弘『これからの集合住宅づくり』（晶文社，1995），本間博文＝佐藤滋編著『生活科学Ⅱ〔すまいづくりまちづくり〕』（放送大学教育振興会，2002）などを参照．

[図書館で探すなら]

稲本洋之助＝鎌野邦樹『コンメンタールマンション区分所有法』（日本評論社, 1997）

丸山英気『マンションの建替えと法』（日本評論社, 2000）

山野目章夫『建物区分所有の構造と動態』（日本評論社, 1999）

## Pause café 20 ●隣の学校（猫）

人々が隣り合って生活することに由来する不便は少なくない．漱石は『猫』の中で，この問題に触れている．苦沙弥先生の家に隣接する中学校から野球のボールが飛び込んでくるという話である．

「『只今邸内に此者共が乱入致して……』と忠臣蔵の様な古風な言葉を使つたが『本当に御校の生徒でせうか』と少々皮肉に語尾を切つた．……『左様みんな学校の生徒であります．こんな事のない様に始終訓戒を加へて置きますが……どうも困つたもので，何故君等は垣抔（など）を乗り越すのか』さすがに生徒は生徒である．倫理の先生に向かつては一言もないと見えて何とも云ふものがない．……『丸（たま）が這入るのも仕方がないでせう．かうして学校の隣に住んで居る以上は，時々はボールも飛んで来ませう．しかし……あまり乱暴ですからな．仮令垣を乗り越えるにしても知れない様に，そつと拾つて行くなら，まだ勘弁の仕様もありますが……』」（『猫』8）

この騒動の背後には近隣の金田氏のさしがねがあるが，その背後には金田氏との間のあつれきがある．いずれにしても，苦沙弥先生の近隣関係はあまりよろしくない．様々な不満がある．これを聞いた哲学者先生は言う．「君の様な貧乏人でしかもたつた一人で積極的に喧嘩をしやうというのがそもそも君の不平の種さ」と．では，どうすればよいか．漱石は直接には答えない．

# 2 団体と民法

　かつては，同じ家族に属することや同じ地域に暮らすことによる結びつき（血縁・地縁）が「社会的きずな」のすべてであったと言っても過言ではない．しかし，今日では，このような自然発生的な「きずな」とは別に，人々が意図的に「きずな」を作り出すことも多くなっている．様々な場面で，特定の共通目的のもとに，その実現を目指す人々が集まり，一定のメカニズムを持ったグループを結成している．

　このような団体の存在は，われわれにとっては自明のことに思われる．しかし，法的な観点から団体をどう扱うかについては，様々な選択肢がありうる．よく知られているように，フランス革命においては，各種の団体（職業団体や宗教団体）は封建制度の担い手として否定され，国家と個人との間にいかなる中間団体も存在しない社会が構想された．また，多くの国で，労働組合は禁圧の対象となってきた．団体が広く法的に承認されるようになるのは，19世紀後半以降のことなのである．

　日本で近代的な法典編纂が行われたのは19世紀末なので，モデルとなった諸外国ではすでに団体の存在が認められていた．それゆえ，日本法においては，団体の存在をめぐって深刻な議論がなされることは比較的少なかった．たとえば，大日本帝国憲法（1889年）はすでに「結社の自由」を認めていた（大日本国憲法29条）．民法（1898年）においても，法人に関する規定が当初から置かれていた（民法33条以下）．

　それでは近代日本において，人々が任意に作り出す「団体」が活発に活動していたかと言えば，民法によって設立される法人については，必ずしもそうは言えない．後に述べるように，このところ法人に関する一連の立法が進行中であるが，このことは民法上の法人制度の機能不全の現れでもある．

ところで，一口に「団体」と言っても，多種多様なものがある．これに対応する法制度も法人（特に民法上の法人）に限られるわけではない．以下においては，まず，民法における「団体」一般にかかわる予備的な検討を行い (1.)，その上で，法人に関する説明に移る (2.)．さらに，法人と並んで，「団体」の法的な受け皿となる「組合」についても説明したい (3.)．

## 1. 民法における団体

### (1) 団体性の諸相

「団体」を緩やかにとらえるならば，団体にかかわる民法中の法制度は，**法人**に限られない．

先に古いタイプの団体として家族や地域をあげたが，民法にはこれらの団体性に着目した法制度がいろいろ設けられている．たとえば，**夫婦**は，メンバー二名の小さな団体であると見ることもできる．実際のところ，夫婦の財産関係を団体としてとらえる考え方は日本でも外国でも見られるところである（家団論・夫婦法人論）．また，相続人が複数いる**共同相続**の場合には，遺産分割が必要となるが（民法 906 条），それまでの間，共同相続人は遺産を共有していることになり（民法 898 条），そこには団体的な関係があるとも言える．さらに，**入会**に関する規定に見られるように，村落共同体の団体性を背景とした法制度も残っている．

まず血縁や地縁がある，というのとは異なるタイプの団体性も，以上とは別に存在する．一つは，**共有**の場合である．二人の人 A, B が同じ一つの倉庫に今年収穫した同一種類の穀物（たとえば麦）を預けていたが，地震によってこの倉庫が倒壊し，別々に貯蔵されていた二人の穀物が混じり合ってしまったとしよう．この場合には，二人は倉庫内の穀物を共有することになる（民法 245 条参照）．AB はたまたま同じ倉庫に穀物を預けただけで，事前に何らかの関係があったわけではない．あるいは，第 1 節 B で扱った**区分所有**の場合も同様である．二人の人 C, D が同じ一つの建物にマンション（の一区画）を購入した．この場合には，各区画は専有部分であり単独の所有権の対象となるが，廊下・階段などは共用部分として共有することになる．ここでも通常は CD 間に事前の関係はなく，たまたま同じ建物にマンションを持っただけのことである．もう一つは，共同して事業を行うために契約をするという場合である．後で述べる**組合**がこれにあた

り，売買や賃貸借などと並ぶ契約類型として民法典に規定が置かれている（民法667条）．

　これらの「団体(性)」は，いくつかの観点から分類可能である．一つは，自然発生的な団体であるか人為的・意図的な団体であるか．もちろん，夫婦にせよ区分所有にせよ，そこには意思（結婚をする・マンションを買うという意思）が介在しているわけだが，ここでの「意図」とは団体を作るという意図のことである．そう考えると，（純粋に）人為的・意図的な団体に関する法制度としては，法人のほかには組合があることになる．もう一つは，暫定的な団体であるか継続的な団体であるか．共同相続や単純な共有の場合，そこでの団体性は早晩解消されるべきものと考えられている．その他の場合には団体は継続する．法人のほかに，夫婦・入会・区分所有そして組合がこれにあたる．このうち，夫婦・区分所有はそれぞれ，独立の制度として規律されており，独立の社会的役割を担っている．これらは「団体」であるより先に，「夫婦」であり「区分所有」である．また，入会は，その考え方には興味深いものが含まれているが，今日では社会的重要性を失っている．そうなると，継続的な団体性を持つものとして検討すべきものとしては，ここでも法人のほかには組合が残ることになる．

　では，法人と組合はどう違うのか．この点については，次の項目で考えてみたい．

## (2) 参照対象としての株式会社

　ここまでいくつかの「団体(性)」を見てきたが，日本で「団体」と言えば，まず「会社」をあげるべきではないか，と思った人もいるだろう．「会社」が社会ではたしている重要性，そして，「会社」との関係で日本の団体主義が論じられてきたこと（国家を一つの会社にたとえて「日本株式会社」と呼ばれた）に鑑みれば，これは当然の疑問である．歴史的に見ても，法人制度は**株式会社**との関連で発展してきた（東インド会社など）[1]．また，フランスでは「会社」と「組合」は（さらには「社会」も）いずれも société という同じ語で表す．こうして見ると，団体・法人・組合を語るのに，「会社」を避けることはできない．

　ここで，「会社」を軸にして，法人と組合の関係について簡単に説明しておこ

---

1) 大塚久雄『株式会社発達史論』（同著作集第1巻，岩波書店，1969．初出は，有斐閣，1938）．

う[2]．ヨーロッパでは，営利活動を行う組織を作るために様々な契約が考案された．そのうちで団体性の強いものの一つとして「組合＝会社 (société)」があり，近代の民法典はこれを契約類型の一つとして取り込んだ．そして，特定の「組合＝会社」には，その名において契約をすることやメンバーの財産とは独立の財産を持つことが認められるようになった．いわばあたかも一人の「人 (personne)」であるような取り扱いを受けるようになったのである．これが「法人化 (personnification)」ということである．このように，フランスなどにおいては，組合＝会社のうちの特別なものが法人格を取得した．つまり，組合＝会社と法人とは，異なる実体を持つものとして同じ次元に存在するのではなく，両者はもともと次元を異にする概念なのであり，実体面で何か違いがあるというものではない（この点は，委任と代理の関係に似ている）．したがって，団体について考えるには，組合・会社・法人を一括して視野に入れることが望ましい．

> 以上のことは，組合＝会社や法人が歴史的な過程を経て成立したヨーロッパ諸国では理解しやすい．ところが，19世紀末に，組合＝会社も法人も同時に輸入した日本では，事情が異なる．日本では，民法典において組合と法人が分断されてしまい，さらに，組合と会社とがそれぞれ別々に，民法典と商法典で規律されることとなったため，以上のような関係がわかりにくくなっている．

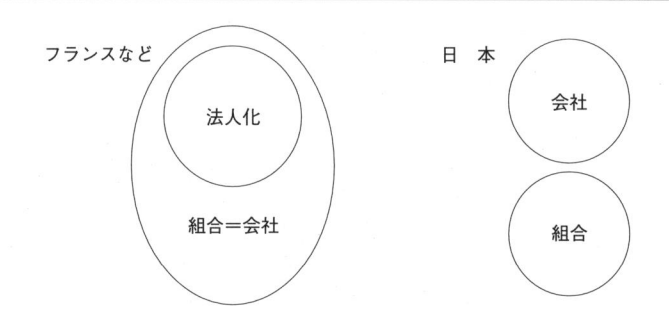

フランスなど：法人化／組合＝会社

日本：会社／組合

しかし，以下においては検討対象から会社を除き，会社以外の団体として，法人と組合を取り上げることにしたい．二つの理由がある．第一に，どこの国でも会社に関する法は，独立の法領域として確立されており，簡単にこれを取り

---

[2] 星野英一「いわゆる『権利能力なき社団』について」同『民法論集 第一巻』（有斐閣，1970，初出は，1967）．

上げるのは困難だからである．すでに述べたように日本法においても，会社に関する法（会社法）は商法第2編「会社」を中心に有限会社法なども加えて，商法の中心となる法領域を形成している[3]．以上はやや消極的な理由づけであるが，より積極的には次の点が重要である．すなわち第二に，会社とは「商行為を為すを業とする目的を以て設立したる社団」および「営利を目的とする社団」（商法52条）のことであるが，以下で検討したいのは，商行為や営利を目的とするのではなく，われわれの日常生活のための活動を行う団体だからである．

とはいえ，繰り返しになるが，「団体」について考える際には，社会的に重要な団体であり詳しい法規制のなされている「会社」を，常に念頭に置くことが望ましい．

## 2. 法 人

広い意味での民法上の法人には，民法によって設立される法人（(1)）のほかに，最近の法律も含めて，特別法によって設立される法人（(2)）がある．

### (1) 民法の法人

民法上の法人は，次の二つの観点から分類することができる．

**営利法人と公益法人**　法人には営利を目的とするもの（営利法人）としないもの（非営利法人）がある．すでに述べたように，商行為を業として行うものは商法上の会社（商事会社）であるが，商行為を業として行うことを目的とするわけではないが，営利を目的とするものもありうる．そうした団体は形式上は民法上の法人（民事会社）にあたるが，その設立は商事会社の場合のルールに従って行われるほか，広く商事会社に関する規定が準用される（民法35条）．したがって，実質上は民事会社と商事会社を区別する意義はあまりなく，営利法人は民法の対象外であると言っても過言ではない．

そうなると，**民法が規律するのは非営利法人である**ということになる．しかし，民法典が実際に規律しているのは，さらにこのうちの一部，すなわち，公益に関するもの（公益法人）に限られる．**公益法人**とは，「祭祀，宗教，慈善，学

---

[3] 会社法の現状につき，神田秀樹『会社法』（弘文堂，第3版，2002），江頭憲治郎『株式会社・有限会社法』（有斐閣，2001）を参照．

術，技芸其他公益に関する」もので，主務官庁の**許可**を得て設立されるものである（民法34条）．ある団体が公益法人になりたいと考えても，ここでいう公益法人に当たらないとして許可が下りなければ，その団体は公益法人となることはできない．たとえば，非営利目的であってもメンバーの利益のために活動する団体（たとえば同窓会など）は，公益法人にはなれない．また，財産的基盤の脆弱な団体にも許可は下りにくい．

以上の結果として，少なくとも民法上は，非営利の団体のすべてが法人となれるわけではないことになる．また，手続の煩雑さを嫌って，公益法人にならない団体もある．こうした問題点に対応するために，後述の特別法が制定されることとなったのである．

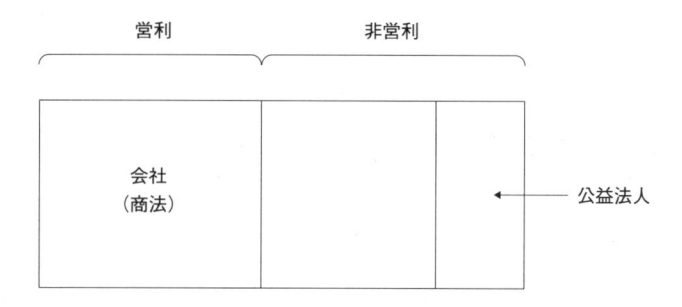

```
        営利           非営利
┌─────────────┬──────────┬──────────┐
│             │          │          │
│   会社      │          │  ←────── 公益法人
│  （商法）   │          │          │
│             │          │          │
└─────────────┴──────────┴──────────┘
```

**社団法人と財団法人**

法人には人の集まり（団体）を基礎とするもの（**社団法人**）とある特定の財産を基礎とするもの（**財団法人**）がある．営利法人（民事会社）となりうるのは社団だけであるが（民法35条），公益法人には社団法人と財団法人の双方がありうる（民法34条）．社団法人と財団法人では，その設立方法（民法37条，39条）・管理運営方法（民法60条以下）などに若干の違いがある．しかし，いずれも，基本事項（目的・名称・事務所・資産・理事）を文書（社団法人：**定款**，財団法人：**寄附行為**）で定めて設立し（民法37条・39条），登記をしなければならず（民法45条），また，法人の活動を行う——意思決定をした上で契約などを締結する——のは**理事**である（民法52条以下）などの点では共通している．

理事は，法人の包括的な代理人として法人の活動を司るが，定款や寄附行為の趣旨に反することができない．また，社団法人の場合には，**総会決議**にも従う必要がある（民法53条）．国家にたとえると，理事が行政府（内閣）だとすれば，定款・寄附行為は憲法，総会は立法府（国会）にあたる．なお，司法府（裁判所）に

あたるものを求めるのはやや難しいが，監事（民法58条），主務官庁（民法67条）がこれにあたると言えなくもない．

> 団体が法人となるのはわかりやすいが，財産が法人となるというのは直感的には理解しにくい．財団法人は，個人財産とは別に，特定の目的のために使われる財産を独立させるための法技術であると思えばよい．もともとは，ある目的のために使うべき財産を贈与や遺贈により寄付したが，それを受け取るべき人がいないという場合に，この財産に法人格を認めよう（寄付者やその遺族の財産とは別にして管理運用しよう）というのが，財団法人の趣旨である（民法41条参照）[4]．同じことは，**信託**という法技術を使っても実現することができる．信託とは，受託者に財産を移転するが，受託者の固有財産とは区別してその財産を管理運用するというものである（信託法を参照[5]）．その機能は法人に近いが，新たに法人格を作り出すわけではない点で法人と異なる．

## (2) 特別法の法人

特別法によって法人格の取得が認められる場合は少なくないが（たとえば，地方自治法260条の2は自治会などに法人格を付与する），ここでは最近になって立法されたもので，かなり広い適用範囲を持つものを紹介する．

**NPO法人** 1998年に制定された特定非営利活動促進法（いわゆるNPO法）は，ヴォランティア活動などを促進するために，その担い手であるNPO（非営利団体）に法人格を付与しようというものであった[6]．ヴォランティア活動を行うNPOの一部には，民法34条によって公益法人となることができるものがある．しかし，この規定の要件を満たさない場合もある．そこで，NPOがより簡易に法人格を取得できるように，NPO法が制定されたのである．

---

[4] 財団法人につき，林雄二郎＝山岡義典『日本の財団』（中公新書，1984）を参照．
[5] 信託法に関しては，四宮和夫『信託法（新版）』（有斐閣，1989）のほか，新井誠『信託法』（有斐閣，2002），能見善久「現代信託法講義（1–8）」信託199～211号（1999–2002）を参照．
[6] NPOに関する文献は多いが，比較的早い時期のものとして，電通総研『NPOとは何か』（日本経済新聞社，1996），アメリカの状況に関して，レスター・M. サラモン（山内直人訳）『NPO最前線——岐路に立つアメリカ市民社会』（岩波書店，1999）などを参照．また，非営利活動に関する研究も，様々な学問分野からなされている．たとえば，富沢賢治『社会的経済セクターの分析——民間非営利組織の理論と実践』（岩波書店，1999），初谷勇『NPO政策の理論と展開』（大阪大学出版会，2001），李妍焱『ボランタリー活動の成立と展開』（ミネルヴァ書房，2002）を参照．

> **NPO 優遇税制の申請2件**
> **開始1カ月 条件緩和を望む声**
>
> 10月から始まったNPO（非営利組織）優遇税制の認定を申請したNPO法人が1カ月たっても全国で2団体しかないことがわかった。認定要件が厳しすぎるからと見られ、多くのNPOが申請したくてもできないでいるという。
>
> 様々なNPO支援団体がつくる「NPO/NGO（非政府組織）に関する連絡会」が、国税庁のまとめをもとに、10月1カ月の申請状況を明らかにした。
>
> 同連絡会によると、都道府県などが発行する申請に必要な書類も11月半ばまでに12件しか出ておらず、申請が急増する様子はみられない。
>
> 優遇税制は財政基盤が弱いNPOを支援するために設けられた。対象に「NPO支援を掲げた制度がかけ声倒れに終わっている。現実離れした認定要件を緩和してほしい」とし、主要政党に改善要望書を提出した。
>
> 段階で申請する権利をもつ団体は推定で約180あった。ところが10月末までに申請があったのは東京国税局管内の2件だけ。国税庁への事前相談も306件にとどまっており、一定の要件を満たして国税庁長官の認定を受けたNPO法人が税の優遇を受けた団体。この団体への個人、法人の寄付は税の優遇措置が受けられる。
>
> ところが、収入の内訳に対する要件の厳しさや繁雑な提出書類などが「障害」となり、多くのNPOが申請を最初からあきらめているという。
>
> 同連絡会は「NPO支援を掲げた制度がかけ声倒れに終わっている。現実離れした認定要件を緩和してほしい」とし、主要政党に改善要望書を提出した。◆
>
> NPO法人が税の優遇措置を受けるための主な要件は次の通り。①②事業年度の活動実績②総事業費の8割以上、寄付金の7割以上がNPO活動向け③総収入等内の1以上④⑥親族が役員総数の3分の1以下⑤活動地域が複数の自治体に及ぶ
>
> 2001.11.24（朝日／夕刊）

　具体的には，次の四点を指摘しておく必要がある．第一に，NPO 法人は「営利を目的としない」ことが必要である（NPO 法 2 条 2 項 1 号）．ただし，その活動のために収益事業を行うことはできる（NPO 法 5 条 1 項）．第二に，「特定非営利活動」とは何かであるが，「不特定かつ多数の者の利益の増進に寄与することを目的とする」ものであり，かつ，別表で定める 17 の活動のいずれかに該当するものでなければならない．17 の活動とは次の通りである[7]．

---

[7) 様々な領域における NPO の活動については，渋川智明『福祉 NPO』（岩波新書，2001），佐藤一子編著『NPO と参画型社会の学び』（エイデル研究所，2001），鳥越皓之編『環境ボランティア・NPO の社会学』（新曜社，2000），岡部一明『サンフランシスコ発：社会変革 NPO』（御茶の水書房，2000）などを参照．

① 保健・医療・福祉
② 社会教育
③ まちづくり
④ 学術・文化・芸術・スポーツの振興
⑤ 環境保全
⑥ 災害救援
⑧ 人権擁護・平和推進
⑨ 国際協力
⑩ 男女共同参画
⑪ 子どもの健全育成
⑫ 情報化社会の発展
⑬ 科学技術の振興
⑭ 経済活動の活性化
⑮ 職業能力の開発・雇用機会の拡充
⑯ 消費者保護
⑰ 以上の活動を行う団体の連絡・助言・援助

　第三に，民法上の公益法人については主務官庁の許可が必要であり，この許可は裁量によって与えられると考えられているのに対して，NPO法人の場合には必要なのは「**認証**」であり（NPO法10条），一定の要件を満たす場合には必ず認証しなければならないとされている（NPO法12条）．第四に，税法上の特例についてであるが，NPO法人は，法人税に関しては公益法人と同じ扱いを受けるが，その他の税に関しては当然には公益法人と同じ扱いを受けるわけではない．

**中間法人**　2001年に制定された**中間法人法**は，公益のためでもなく営利のためでもない（「中間」の）団体にも法人格を取得することを可能にするものである．従来，このような団体は，民法上の公益法人になることはできず，また，NPO法人にもなれなかった．こうした団体を救済するために，判例・学説は「**権利能力なき社団**」理論（内縁に関する準婚理論に対応する役割をはたしている）を展開してきたが，中間法人法の出現により，このような法理論が必要とされる局面は大幅に減少した．学説はかねてからこのような団体にも法人格を付与すべきことを主張していたが，なかなか立法はなされなかった．この時期に至って立法が実現した背景には，（行政による）公益法人の濫用的な利用に対して社会的な批判が集まっているという事情がある．

　中間法人法は150ヵ条以上の条文からなる大きな法律だが，ここでは次の点のみを確認しておくにとどめる．第一に，中間法人とは「社員に共通する利益を図ることを目的」とし，かつ，「剰余金を社員に分配することをを目的としない」団体である（中間法人法2条1号）．第二に，中間法人には，社員が**無限責任**を

負うものと**有限責任**を負うものとがある (中間法人法2条2項・3項)．法人には，メンバー (社員や株主) が出資の限度でのみ責任を負うもの (有限責任) とこのような限度なしに責任を負うもの(無限責任) とがある．たとえば，会社の場合には，株式会社・有限会社は有限責任，合名会社は無限責任とされており，公益法人 (社員のいない財団は除く) は有限責任であると理解されてきた．中間法人の場合には，規模の大きなものについては株式会社・有限会社同様の規制を行うことによって有限責任を認める一方で，規模の小さなものについては簡単な設立を認める代わりに無限責任としたわけである．第三に，中間法人の設立については，**準則主義**がとられている (ルールに従っていれば設立できる．会社と同様)．

> 公益法人の数は，約26,000件前後である (過去10年ほぼ変わっていない．その年間収入額は平均で約8億円弱，メジアン (中央値＝サンプルを大きさの順に並べた場合に中央に位置する値) で約6,000万円，資産額は平均で約50億円弱，メジアンで約1億円である (平成14年版公益法人白書による)．これに対して，NPO法人の数は，法施行後約1年半の2000年6月の時点で約2,000件である．その半数以上は年間収入1,000万円未満である．中間法人法はまだ施行されて間もないのでデータはない．

## 3. 組　合

組合についても，狭義の民法上の組合 ((1)) のほかに，特別法によって認められているいくつかの組合 ((2)) に触れておいた方がよい．

### (1) 民法の組合

**本来の組合**　民法上の組合は契約として位置づけられており，「各当事者が出資を為して共同の事業を営むこと」を約することによって成立する (民法667条)．組合契約が成立すると，出資によって形成された組合財産は組合員の共有となり (民法668条)，組合の業務執行については組合員の多数決で決めるが，業務執行者を定めることもできる (民法670条)．組合の損益は組合員の間で分配する．その割合は組合員が合意によって定めることができるが (民法674条)，この分担割合を知らない債権者には対抗できない (民法675条)．この限度で組合員は無限責任を負っていると言える．

「共同の事業」にはいろいろなものが含まれる．たとえば，田畑の水利を目的

とする地主・小作人などの団体（水利組合），建設業における共同事業体（ジョイント・ヴェンチャー）などがよく見られる例である．第1節Bに触れた，共同で集合住宅を建てるための団体も組合だろうし，商店会なども，特別法によって法人格を取得していない限り，民法上の組合というべきだろう．あるいは，共同でアトリエ・工房を営む芸術村・職人村のような団体も同様だろう．さらに言えば，婚姻によらないカップルについても組合契約は可能だろうと思う．

**性質決定にかかわる諸問題** 契約に「組合」という名が付けられているというだけで，その契約が当然に「組合」となるわけではない．逆に，契約にどのような名が付けられているにせよ，「組合」の要件を満たすものは「組合」である．このように，ある契約がいかなる契約かを決定することを**性質決定**と呼ぶが，組合契約の性質決定に際しては問題が生じやすい．

その理由は，黙示の組合契約が認定されることが少なくない点に求められるだろう．もちろん，当事者が意図的に組合を設立する場合も多い．しかし，組合とされるものの中には，事前に明示的な契約があったわけではなく，ある人々の財産関係を事後的に評価した結果としてそうなったというものが含まれているのである．

たとえば，都会の人々に趣味の園芸用の土地を貸す事業を営む会社が，会員を募り規約を定めて「○○園芸組合」と称したとしよう．しかし，これだけでただちに組合契約があるとは言えない．会社と個々の会員の間に土地の賃貸借契約がなされたにすぎない場合も多いだろう．

これとは別に，数人の人々がお金を出し合ってヨットを買ったという場合，はっきりとした契約がなくとも，彼らはこのヨットを共同で使用してマリンライフを楽しむつもりだったと言えるだろう．ヨットの使い方などについて，部分的なルール，暗黙のルールが存在することもある．このような場合には，彼らの関係は組合であると評価されることになる．すでに述べた商店会，芸術村・職人村やカップルの関係などについても同様の場合がありうる．

## (2) 特別法の組合

**各種の組合** 「組合」という名のついた団体にはいくつかのものがある．労働組合，あるいは各種の協同組合がその例である．

労働組合法によって規律されている**労働組合**は，労働条件につき団体交渉の担

い手として各種の権限を持っている(労組法6条).また,労働組合は法人格を取得することができる(労組法11条).

協同組合には,**農業協同組合**,**中小企業等協同組合**,あるいは**消費生活協同組合**などがある.これらはいずれも法律によって規律されており,組合員のための事業を行う.また,法人格を有している(農協法5条,中小企業法4条,生協法4条).

事業の範囲　これらの組合の連合体が大きな政治力を持っていることは周知の通りであるが(連合,全農,日生連など),その経済力も侮りがたい.たとえば,生協の中には大手のデパートやスーパーに匹敵する売り上げを有するものもある.生協は,われわれの日常の生活にとって大きな意味を持つようになってきているが,その経済力に対しては警戒も強い.非営利団体として優遇措置を受けながら,事業の範囲を拡大して企業に打撃を与えているのに対する批判もある.中間法人にも共通の問題であるが,非営利法人の収益活動に対してどのように対応するかは,今後,一層の検討を要するところであろう[8].

[もう一度条文を]

　第34条【公益法人の設立】　祭祀,宗教,慈善,学術,技芸其他公益に関する社団又は財団にして営利を目的とせざるものは主務官庁の許可を得て之を法人と為すことを得.

　特定非営利活動促進法第1条　この法律は,特定非営利活動を行う団体に法人格を付与すること等により,ボランティア活動をはじめとする市民が行う自由な社会貢献活動としての特定非営利活動の健全な発展を促進し,もって公益の増進に寄与することを目的とする.

[他の概説書では]

　大村I 313～344頁,内田I 205～231頁,山本I 378～392頁

[図書館で探すなら]

　堀田力＝雨宮孝子編『NPO法コンメンタール』(日本評論社,1998)

　相澤哲＝杉浦正典編著『一問一答中間法人法』(商事法務研究会,2002)

---

[8] NPOの事業としての側面につき,金子＝松岡＝下河辺『ボランタリー経済の誕生』(実業之日本社,1998)や町田洋次『社会起業家』(PHP新書,2000)を参照.

## Pause café 21 ●会合する人々

都市には田舎とは違う集まりがある．『三四郎』にも，様々な会合が出てくる．たとえば，学生たちの懇親会——．

「木造の廊下を回つて，部屋に這入ると，早く来たものは，もう塊まついてゐる．其塊りが大きいのと小さいのと合せて三つ程ある．中には無言で備付の雑誌や新聞を見ながら，わざと列を離れてゐるものもある．話は方々に聞こえる．話の数は塊まりの数より多いやうに思はれる．然し割合に落着いて静かである．……」(『三四郎』6の7)

学校を卒業した大人たちも同様である．

「原口さんは先づ用談から片付けると云つて，近いうちに会をするから出て呉れと頼んでゐる．会員と名のつく程の立派なものは拵らえない積だが，通知を出すものは，文学者とか芸術家とか，大学の教授とか，僅かな人数に限つて置くから差支はない．しかも大抵知り合の間だから，形式は全く不必要である．目的はただ大勢寄つて晩餐を食ふ．それから文芸上有益な談話を交換する．そんなものである．広田先生は一口『出やう』と云つた．……」(『三四郎』7の4)

そもそも，人々はよく互いに訪ね合う．広田先生の家にせよ『猫』の苦沙弥先生の家にせよ，来客がすこぶる多い．もちろん漱石山房もそうであった．

# 3
# 好意と民法

　われわれが他者と結ぶ社会関係のうち最も重要なものは財の交換であろう．それは通常は有償の「**取引**」という形態において行われる．取引には様々なものがありうる．企業は生産・流通のための取引を行い，消費者は消費のための取引を行う．日常生活の観点からは後者に着目する必要があるが，これについてはすでに検討を終えている（第1章）．取引は「物」（およびサービス）を媒介とした関係であるが，より直接的に「人」同士が結ぶ関係もある．家族の関係（第2章）や団体の構成員の関係（第3章第1節B，第2節）がそれである．これらの関係においては，その内部での「物」（およびサービス）の移転は，いちいち取引としては観念されない．むしろ団体が解消する際に，移転の結果が一括して事後的に清算される．このような関係をさしあたり「**組織**」と呼んでおこう．

　以上の二つのいずれでもない関係も存在する．他者のために無償で何かを与える・する（他者から無償で何かを得る・してもらう）という関係である．そこには「物」（およびサービス）の移転が見られるが，対価が求められるわけではない．つまり有償ではない．また，好意により何かをする人としてもらう人の間には，家族や団体のような人間関係があるわけではない．このように取引でも組織でもない第三の関係，これをここでは「**好意**（bénévolat）」と呼んでおく．

　好意にもとづく関係は，人々の社交生活にとって重要である．日常生活の中でわれわれは，家族でも団体メンバーでもない人との間で，対価を得ることなく「物」（およびサービス）を交換していることがある．こうした無償のやりとりがわれわれの「社会的なきずな」を支えている．**好意は，取引や組織を補完するゆるやかな，しかし，重要な「きずな」**であると言える．とりわけ最近では，好意の重要性は増している．第2節で見たNPOなどが活動するにあたっては，NPOのメンバーとなる中核的な人々に加えて，その周辺にゆるやかな形で（組織

のメンバーとなることなく）これに関与するヴォランティアの人々が不可欠だからである．ヴォランティアというのは，ここでいう好意にもとづく人間関係にほかならない．

以下，好意にもとづく人間関係について検討を加えるが，まず，民法において好意がどのように取り扱われているかを概観することから始めよう．

## 1. 好意と無償

### (1) 好意の諸相

「取引」は単純な，ある意味ではわかりやすい人間関係である．民法はこれを有償契約として把握している．「組織」はより複雑でよりわかりにくい．家族や法人・組合の法律関係を見れば，このことは容易に理解できるだろう．しかし，家族や団体は，それぞれ一定のまとまりを有する社会的実在として，民法の規律の対象となっている．これに対して，「好意」は，複雑な関係ではないが，とりとめのない・とらえどころのない関係である．実際のところ，民法典を見ても，好意にもとづく人間関係は必ずしもまとまった形では規律されてはいない．

いくつかの例を挙げてみよう．たとえば，何か（物や金銭）を誰かに寄付するという場合．生前の寄付は贈与，遺言による寄付は遺贈となるが，民法典はそれぞれ別々に規定を置いている．物や金銭ではなく仕事をするという場合はどうか．たとえば，留守にしている隣家宛の宅配便を受け取るという場合．頼まれて預かれば寄託にあたるが，頼まれていなければ事務管理として処理されることになろう．さらに，次のような状況で「好意」が問題とされることもある．タクシーやバスに乗っていて交通事故にあったとしよう．運転手の不注意が原因であれば，乗客はタクシー会社やバス会社に対して損害賠償請求をすることができる．では，友人の車に乗せてもらった場合はどうか．この場合にも運転者に過失があれば責任を問うことができるはずだが，知り合いだということでしかもタダで乗せてもらった場合にも，プロの運転手の運転と同じに扱ってよいだろうか．これは好意同乗と呼ばれる問題で，素人の運転する車に乗せてくれと頼んだ（あえて乗った）側にも落ち度があるという考え方もある．

以上のように，民法では，好意はさまざまな側面から断片的に規律されている．それぞれの規律の法的性格は同じではない．たとえば，遺贈は，相続法の一環として規律されている．また，事務管理は法定の債務発生原因の一つとし

て契約とは別に扱われており，好意同乗もやはり法定の債務発生原因である不法行為にかかわる問題として処理されている．これに対して，贈与や寄託は契約の一種であるとされている．上には掲げなかったが，好意で何か(空地・通路・部屋，あるいは金銭)を借りているという場合も，**使用貸借**や**消費貸借**であり，やはり契約となる．好意によるものではあれ，当事者の間に約束がなされている以上，その約束は契約として扱われうるのである．ただ，売買や賃貸借とは異なり，いずれも対価を伴わない契約である．売買などの**有償契約**に対し，これらは**無償契約**と呼ばれる．もちろん約束なしで好意が示されることもある(遺贈や事務管理)．しかし，好意に基づく人間関係もまた約束によるものが多い．そこで，以下では，無償契約に絞った形で，好意についての検討を行いたい．

### (2) 法概念としての無償契約

　有償契約・無償契約というのは，民法における契約の分類として基本的なものの一つである．現行民法典には契約の分類に関する規定は置かれていないが，旧民法典は「合意ニハ有償ノモノ有リ無償ノモノ有リ」と定めていた(旧民法財産編298条1項)．旧民法典によれば，「相互ニ利益ヲ得」る場合などにはその契約は有償であり，「当事者ノ一方ノミカ何等ノ利益ヲ給セスシテ他ノ一方ヨリ利益ヲ受クル」場合には，その契約は無償であると定義されている(同2項・3項)．また，民法典には様々な種類の契約に関する規定が置かれているが，そこには，次のような有償契約・無償契約の組合わせを見出すことができる．売買と贈与(物の所有権を有償または無償で移転する)，賃貸借と使用貸借(物の利用が有償または無償で行われる)の組合わせである．あるいは，有償のものと無償のものとがありうる契約類型も存在する．消費貸借，委任・寄託がそれである(これに対して，雇

| 有　償 | 無　償 |
|---|---|
| 売　買<br>賃貸借 | 贈　与<br>使用貸借 |
| 使用貸借<br>委　任<br>寄　託 ||
| 雇　傭<br>請　負 | ―<br>― |

備・請負は有償であることを前提としている）．そして，民法は，有償契約と無償契約とでは，異なる取扱いをしている．以下においては，主要な無償契約を概観し，有償契約とは異なる点を説明する (2.)．その上で，無償契約の将来についても考えてみたい (3.)．

> 　無償契約における「無償」の意味について，補足しておきたい．対価（代金）を得て物の所有権を与えるのが売買であり，対価（代金）を得ずに物を与えるのが贈与である．一方は有償契約であり，他方は無償契約である．これは，一見すると明らかな対比である．しかし，無償契約は，本当に「無償」なのだろうか．歴史的には必ずしもそうではなかったし，今日でもそうではない面がなお残っている．たとえば，お中元やお歳暮などの贈答を考えてみよう．このような贈り物は，それ自体を取り出してみると，確かに対価を伴うものではないので，無償である．だが，実際には贈り物には贈り物をもって報いることが期待されている．あるいは，事前・事後の何らかの便宜を想定して贈り物がなされる．贈答を行う人々の関係をより広くトータルに観察すれば，そこでは物やサービスが，長期的には辻褄が合う形で，循環している．つまり，1回限りで見れば，贈与は無償であると言えるが，長期的に見れば，贈与はより大きな交換システムの一こまであるとも言える．このような交換システムを「互酬」と呼ぶ[1]．この「互酬」のシステムを契約の論理で把握すると，個々の贈り物をとらえるしかない．システムの全体は捨象して，一こま一こまを無償と考えることになるのである．「無償」性の背後には，このように法的にはとらえにくい人間関係が伏在している．このことは，「互酬」とは異なる現代における好意を，法的に処理していく上でも知っておいた方がよいことがらである（なお，各地で見られるいわゆる**地域通貨**の導入は，このような互酬を取引とは異なる原理によって，組織化して再生させる試みであるとも言える[2]）．

---

[1] この点に関しては，モースやマリノフスキー以来，多くの研究がなされているが，日本の最近の研究として，山本泰＝山本真鳥『儀礼としての経済――サモア社会の贈与・権力・セクシュアリティ』（弘文堂，1996）．なお，法的な観点からは，広中俊雄『契約とその法的保護』（創文社，同著作集，1992，初版，1974）第2章を参照．
[2] 加藤敏春『エコマネー』（日本経済評論社，1998），坂本龍一＝河邑厚徳編『エンデの警鐘――地域通貨の希望と銀行の未来』（NHK出版，2002），ディヴィッド・ボイル（松藤留美子訳）『マネーの正体――地域通貨は冒険する』（集英社，2002）などを参照．

有償契約　　　　　　無償契約

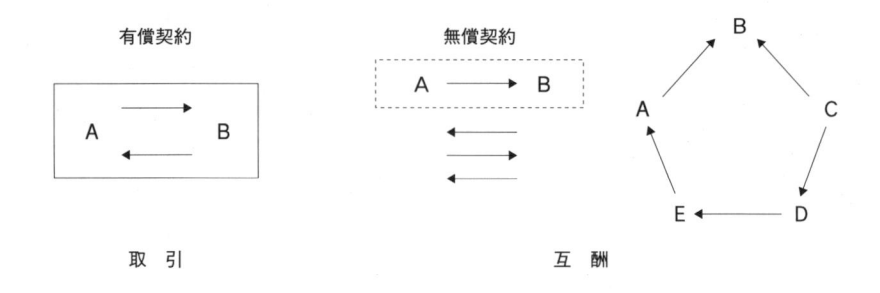

（図：有償契約 A⇄B／無償契約 A→B／互酬 A→B→C→D→E→A）

取　引　　　　　　　　　　　　　　　互　酬

## 2. 無償契約の意義

### (1) 無償契約の諸類型

**贈与と使用貸借**　すでに述べたように，贈与と使用貸借はそれぞれ，売買と賃貸借に対応する無償の契約類型である．まず，これらについて説明しよう．

　贈与とは，無償で物を与える約束であるが，民法典は次のように定めている．「贈与は当事者の一方が自己の財産を無償にて相手方に与える意思を表示し相手方が受諾を為すに因りて其効力を生ず」（民法549条）．この規定からは次の二つのことがわかる．一つは，贈与は契約であり，相手方の「受諾」が必要であるということ．相手方が拒んでいる場合には贈与はできない．もう一つは，贈与もまた（売買などと同様に）諾成契約であるということ．ただし，書面によらない贈与でまだ履行されていないものは取り消すことができる（民法550条）．その意味では，贈与は要式契約あるいは要物契約に近い面を持っている．

　民法の規定上は，贈与とは何かはわかりやすい．しかし，「無償にて」にあたるか否かの判断は，実際には難しいこともある．たとえば，1億円相当の絵画の「寄付」に対して，製作した画家に，絵具代・額縁代という名目で1,000万円が支払われた場合，あるいは，画家から，それを飾る展示室（時価5,000万円）を建てることが求められた場合などには，この「寄付」が「無償にて」と言えるかどうかが問題になりうる．前者の場合にはなお贈与だろうが，支払われた金額がたとえば7〜8,000万円になれば贈与とは言いにくくなろう．後者の場合には**負担付贈与**となるだろう（民法553条）．

　**使用貸借**とは，無償で物を貸す約束であるが，民法典は次のように定めている．「使用貸借は当事者の一方が無償にて使用及び収益を為したる後返還を為す

ことを約して相手方より或物を受取るに因りて其効力を生ず」(民法593条). こ こでも使用貸借は契約である (「約して」). ただ, 贈与の場合と異なり, 「或物を 受取る」ことによって初めて契約が成立する (要物契約). 賃貸借が諾成契約であ るのと異なる点である. したがって, 知人から有償で (賃料を払って) アパートを 借りる約束をした場合には, それだけで契約は成立し, 家主たる知人は後になっ て「やっぱり貸さない」とは言えない (債務不履行になる) が, 無償で借りる約束 をした場合には話は別で, 実際に「或物を受取る」(アパートの場合には鍵を受け 取る) までは相手が翻意したとしても仕方ない. なお, 使用貸借か賃貸借かとい う**性質決定**の問題は, ここでも現れる. 固定資産税を払っているとか留守番をし ているなど金銭・サービスを提供することが賃料にあたるか否かが問題になり うる. やはり金額などを考慮して判断するほかない.

> 物を与える・物を貸すという約束には贈与・使用貸借にすらあたらないものもあ る. たとえば, ①コンビニの店員が賞味期限切れの食べ物をたまたま外にいたホー ムレスに与えた, あるいは, ②空き地の所有者が子どもたちがそこで遊ぶのを黙認 している. こうした場合に, 贈与や使用貸借がなされたと言う必要はないだろう. もっとも, ③いつもホームレスがやってきている場合, ④いつも子どもたちが遊ん でいる場合はどうかは問題となりうる. ①②の場合には贈与・使用貸借とする必要 がなく, ③④の場合にはその必要があるかもしれないのはなぜか. 無償契約である とされることの意義と関わっているが, この点については後述する (292頁).

**ヴォランティア** 贈与や使用貸借は「物」を目的とする無償契約であるが, 好 意にもとづく関係で, これと並んで, あるいは, これ以上に 重要なものとしては, 「サービス (役務)」の提供を目的とするものがある. ヴォ ランティアと呼ばれる活動の多くはこれに当たるだろう[3]. ヴォランティアとは 何か. この点については特に法律上の定義がなされているわけではない. 言葉 の意味から言って, それは**自発的**でかつ**無償**の活動であると言えるだろう. また, その実体から言って, そこでは**金銭や物の提供**ではなく**労働力や技能の提供**が想定 されていると言える.

---

[3] ヴォランティアの意義につき, 金子郁容『ボランティア――もうひとつの情報社会』(岩波新書, 1992), コールズ, R. (池田比佐子訳)『ボランティアという生き方』(朝日選書, 1996), 田中尚輝 『ボランティアの時代』(岩波書店, 1998) などを参照.

サービスの提供にかかわる契約類型として，日本民法典は，雇傭・請負・委任・寄託の四つを持っている．しかし，すでに触れたように，雇傭と請負は有償を前提とした契約である（雇傭に関する民法 623 条，請負に関する 632 条には「報酬」という言葉が使われている）．また，以前に触れたように，寄託は一種の委任であるとも言える．そうなると，残るのは委任しかないことになる．では，ヴォランティアは委任だろうか．民法典は「委任は当事者の一方が法律行為を為すことを相手方に委託し相手方が之を承諾するに因りて其効力を生ず」（民法 643 条）と定めている．もちろん，ヴォランティアは法律行為（契約）を行うわけではない（そういうヴォランティアもあるだろうが）．しかし，委任の規定は「法律行為に非さる事務の委託」にも準用される（民法 656 条．準委任）．そして，ヴォランティアに諸活動を委ねるのは「事務の委託」であるとも言える．

　しかし，疑問がないわけではない．これも以前に述べたように，委任契約において受任者が負う義務の程度はかなり高い（民法 644 条）．ヴォランティアのように無償で活動する者に，このように高い義務を課してもよいのだろうか．一口に委任と言っても，義務の程度の低いものもあると考えるべきではないか．あるいは，ヴォランティアは委任とは違う契約類型だと考える方がよくないか．なお，検討を要する問題である．

> 　好意で仕事を引き受けた人の責任が裁判で争われた例としては，いわゆる隣人訴訟が著名である[4]．近所の子どもを「預かった」（この点がまさに問題となった）ところ，その子どもが住宅裏のため池で溺死したという事件である．裁判所は「預かった」人の責任を認めたものの，委任契約の成立は認めず不法行為を理由とした（賠償額の算定については大幅に過失相殺をした）．

## (2) 無償契約の法理

　無償契約には，有償契約の場合とは異なる法理が存在する．契約の拘束力と契約当事者の負う責任に分けて，見ていこう．

**拘束力**　すでに見たように，使用貸借は要物契約とされているし，贈与も実質的には要式あるいは要物の契約に近い．売買・賃貸借などの有償

---

[4] この事件およびこれに対する社会的な反響につき，星野英一＝青山善充『隣人訴訟と法の役割』（有斐閣，1984）を参照．

契約が原則として諾成契約とされているのと対照的である．このことは，**無償契約の拘束力の弱さ**によるものと考えることができる．有償契約の場合には，一方当事者は自らが行う給付に対して，反対給付を得ることを目的として契約を結んでいる．売主が目的物の所有権を譲り渡すのは代金を獲得するためであるし，買主が代金を支払うのは目的物を獲得するためである．こうした客観的な対価関係の存在を前提として，合意のみにより契約が成立するとされているのである．これに対して，使用貸借にせよ贈与にせよ，無償契約では一方からの給付が行われるにすぎない．なぜそのような契約がなされたのか客観的には明らかではない．現実には無償契約がなされる理由は様々だろう．しかし，法律上はそうした背後の理由は捨象されてしまう．その代わりに（理由を問わず），何らかの方式がふまれる，あるいは，現に履行がなされるという客観的な事情をとらえて，初めて契約の拘束力を認めるのである．別の言い方をすると，**対価となる反対給付がない無償契約においては，合意だけでは契約の拘束力を認めるのに十分ではない**のである．

無償契約の拘束力の弱さは，契約の成立のみならずその存続においても現れる．ここから，賃貸借と使用貸借の存続保障の差が生ずる．借地借家法による保護は別にして民法典のレベルだけで比べても，たとえば，期間を定めない賃貸借は，解約申入れ後一定の期間を経て初めて終了する（土地は1年，建物は3ヵ月．民法617条1項）．これに対して，期間を定めずまた目的も定めない使用貸借の場合には，貸主はいつでも返還を請求することができる（民法597条3項）．また，賃借権は，一般の財産権と同様に賃借人の相続人によって承継されるが，使用借権は借主の死亡によって終了する（民法599条）．このように，使用借権の存続保障はきわめて弱いものである．

**責任**　同様の脆弱さは責任についても認められる．たとえば，売買の場合には売主は瑕疵担保責任を負うが（民法570条），贈与の場合には原則として（瑕疵を知らない限り）このような責任を負わない（民法551条）．もらった物に瑕疵があっても文句を言うことはできないのである．また，使用貸借についても，贈与の場合の規定が準用されている（民法596条）．タダで借りたのだから瑕疵があっても文句を言うなというわけである．そもそも瑕疵担保責任は，有償契約における対価性を確保するための制度であるので，無償契約においては認められないのは当然であるとも言える．

> 　以上のように，贈与や使用貸借に与えられている法的保護は弱いものである．それでも一定の保護が与えられていることは確かである．たとえば，贈与を受ければ，その目的物の所有権が移転するし，使用貸借が成立していれば，その目的物を使用する権限がある．さらに，瑕疵を知っていれば瑕疵担保責任も発生するし，期間の定めがあればもちろん，期間の定めがなくとも返還請求をせずに使用借権を奪うことはできない．しかし，このような保護すら認める必要がない場合もある．たとえば，一部は腐っていて食べられないだろうがその部分が捨てるだろうと思いつつ，売れ残りの弁当のいくつかを与えたとしても，ホームレスは瑕疵担保責任を追及できると考えるべきではない (289 頁の ①)．もっとも，一見しただけではわからずに，腐った物を食べて食中毒になった場合には話は別で，弁当を与えた者の注意義務違反が問題となり，場合によっては不法行為責任が発生するだろう．また，地主がある日，突然，空き地に柵を設けて子どもたちを排除しても，返還請求がなされていないのにおかしい，と考えるべきではない (289 頁の ②)．これらの場合には，贈与・使用貸借として法的な保護を与えるべき関係すら生じていないと見るべきだろう．確かに，有償契約と比べると，無償契約に対する法的保護は薄い．しかし，契約であるとされることによって，それ以前の関係に比べれば，より厚い法的保護が与えられている．ある意味で，無償契約は，法の世界と事実の世界の中間に位置づけられるのである．

## 3. 無償契約の将来

　以上に見てきたように，拘束力・責任の両面において，無償契約の効力は弱いものである．他方，委任契約に伴う責任の程度はかなり高い．次第に盛んになりつつある寄付やヴォランティアを有効に規律するためには，このような法状況を改善する必要がある．

### (1) 適度の拘束

**提供者の義務**　無償契約の履行は，基本的には義務者の意思にかかっている．贈与にしても使用貸借にしても，イヤならば止めることができる．ヴォランティアについても同様だろう．自発性・無償性を基調とする以上，そうなるのは当然であるとも言える．しかし，物（寄付）にせよサービス（ヴォランティア）にせよ，それを受け取る側にすれば，いったん約束されたのに履行がされないという事態は，決して望ましいものではない．一部のヴォランティアに対してはその無責任さが指摘されることがあるが，そうした面があることも否

定しがたい．法的に見て，そうならざるえないところがあるとしても，ヴォランティアを組織する側にとっては迷惑なことには違いない．ヴォランティアのサービスを受ける人々にとっても同様である．

こうした事態に対応するためには，**一定程度まで，無償契約の拘束力を増す必要がある**．もちろん，法的には，書面による贈与は拘束力を持つし，委任契約は諾成契約である．だからと言って，小口の寄付につき訴訟を起こして強制執行することは費用の面から見ても合理的でないし，そもそも寄付の趣旨に反するだろう．ヴォランティアとして参加する予定だった人が来なかったという理由で損害賠償請求をするのにも，同様の問題がある．そもそも，委任契約だからと言ってあまり高い義務を課すこと自体に疑問があることは，すでに述べた通りである．

では，どうすればよいか．法理論上は，オール・オア・ナッシングではない中程度の拘束力を認める工夫をする必要がある．具体的には提供を受ける者の信頼を保護するような賠償を認める方向を模索すべきだろう．同時に，制度上は，寄付者やヴォランティアがその義務をはたすのを促進するような工夫がなされるべきだろう．寄付に対する税制優遇措置やヴォランティア休暇などはその一例であろう．

**提供者の権利**　物やサービスの提供者に従来以上のコミットメントを求めるならば，同時に，従来以上の権利を認める必要もあるだろう．寄付を求められるだけで，その使い道は全く知らされない．あるいは，個別具体的な作業をさせられるだけで，組織内部の決定などには全く関与できない．そうしたやり方では，寄付やヴォランティアを集めるのにも限界があるだろう．

寄付については，これを単純な贈与と考えるのではなく，**負担付贈与・信託**などと考えることも可能である．あるいは，**委任**ととらえて費用を支払っていると見る余地もないではない．どの構成でも，寄付の相手方に寄付者のコントロールが及ぶことになる．ヴォランティアについても，ヴォランティアが何か事務を委任されていると考えるのではなく，労務を出資しているという方向で考えてみるのもよい．そうなると**組合**であることになるが，ヴォランティアの人々を，組合の負債には責任を負わない組合員として位置づけることが可能かどうかが問題になろう．

## (2) 責任の確保

**様々な責任**　ヴォランティア活動に関しては，様々な責任が問題となりうる．第一に，ヴォランティア活動を行う人々が，これを組織するNPOや第三者に対して負う責任が問題になる．ヴォランティアが委任契約に基づいて活動しているとすると，たとえ無償であっても高い注意義務を負うことになるが，それはNPOなどとの関係では場合によっては妥当ではない．しかし，第三者との関係では，ヴォランティアだからという理由で責任の程度を切り下げるのには慎重でなければならない．介護ヴォランティアだから被介護者にケガをさせても仕方がないとは言えないだろう．以上はすでに述べた通りである．第二に，ヴォランティアを組織するNPOなどがヴォランティア活動参加者に対して責任を負うこともあるだろう．十分な情報提供がなかった，十分な安全確保がなされていなかったという場合に責任が発生しうることには，おそらく異論はないだろうが，この責任は何にもとづく責任だろうか．まず，組織・主催者に一般的な注意義務があったとして不法行為責任を課すことが考えられるが，何らかの契約責任を課すことは考えられないだろうか．もし考えられるとすると，ヴォランティアとNPOなどの組織の間にはいかなる契約があると見るべきなのだろうか．委任でも組合でも十分には説明はできない．今後，検討を要する点である．

**保険の利用**　様々な責任のそれぞれについて法律構成を明らかにするのは，理論的には大事な作業である．しかし，ここでも実際上の工夫を講ずる必要がある．具体的には，**保険**によるリスクの分散がはかられるべきだろう．ヴォランティアに参加する場合には，ヴォランティア本人・組織・第三者に生じる損害をカバーする保険に入っておくべきである．こうした保険は現に存在するが，これをより利用しやすいものとしていかなければならない．

[条文をもう一度]

　第549条【贈与】　贈与は当事者の一方が自己の財産を無償にて相手方に与ふる意思を表示し相手方が受諾を為すに因りて其効力を生ず．

　第550条【書面によらない贈与】　書面に依らざる贈与は各当事者之を取消すことを得．但履行の終はりたる部分に付ては此限に在らず．

## ボランティア活動保険

- ボランティア活動保険の内容
- 補償金額・掛金
- ボランティア活動保険の加入方法
- 事故がおこったら
- 日本興亜損保都道府県担当部署一覧
  日本興亜損保のホームページはこちら

**ボランティア活動保険**

ボランティア活動保険は、ボランティア活動中におこる様々な事故からボランティアの方々を補償する保険です。この保険は、ボランティア活動者のための補償制度として昭和52年度に発足しました。

各市区郡町村社会福祉協議会ならびに各都道府県社会福祉協議会のご協力のもと、発足当初1万人の加入者も現在150万人に達する規模にまで拡大しております。

高齢化社会を迎え、ボランティア活動への意識が高まり、そしてそれを担うボランティア活動者が著しく増加しています。また、わが国の社会経済情勢、国民の生活形態の変化も著しく、ボランティア活動の範囲・内容も福祉・環境保護・災害救助ボランティア・NPO活動などと広範囲に変貌しています。

そこで、ボランティアの方々が安心して活動に取り組むことができるよう、活動実態に合わせた補償をすべく、毎年ボランティア活動保険の内容の充実もおこなっています。

「ボランティア活動を支えます！」

[本制度の契約形態]
本制度は、ボランティア個人またはボランティアグループが加入申込者となり、ボランティア個人を被保険者として全国社会福祉協議会が一括して保険会社と締結する団体契約です。

社会福祉法人 全国社会福祉協議会

ヴォランティア保険の一例（株式会社福祉保険サービス HP (http://www.fukushihoken.co.jp/volunteer/menu.html) より）

[他の概説書では]

内田 II 157〜162 頁

[図書館で探すなら]

大村敦志「現代における委任契約」中田裕康＝道垣内弘人編『金融取引と民法法理』（有斐閣，2000）

吉田邦彦「贈与法学の基礎理論と今日的課題（1–4）」ジュリスト 1181〜1184 号（2000）

## Pause café 22 ●乞食と迷子

　広田先生の一行は菊人形見物の道すがら，乞食に出会う．先生は三四郎に銭をやったかと尋ねる．三四郎は「いいえ」と答え，よし子は「遣る気にならないわね」と言う．野々宮が「何故」と問い，美禰子が「ああ始終焦（せ）つ着いて居ちや」と応ずる．これを受けて広田先生が言う．

　「『いえ場所が悪いからだ』と今度は広田先生が云つた．『あまり人通りが多過ぎるから不可ない．山の上の淋しい所で，ああいふ男に逢つたら，誰でも遣る気になるんだよ』」（『三四郎』5 の 5）

　さらに進むと，今度は迷子に出会う．今度はみんながかわいそうだと思ったようだった．

好意と民法

「然し誰も手を付けない．小供は凡ての人の注意と同情を惹きつつ，しきりに泣き号（さけ）んで御婆さんを探している．不可思議な現象である．『これも場所が悪い所為ぢやないか』と野々宮君が小供の影を見送りながら云つた．『今に巡査が始末をつけるに極つているから，みんな責任を逃れるんだね』と広田先生が説明した．……」
（『三四郎』5の6）

　小さな挿話ではあるが，ここには都市のモラルに対する洞察が込められている．漱石は「彼等（三四郎以外の4人）は己れに誠であり得る程な広い天地の下に呼吸する都会人種であるといふ事」を三四郎は悟った，と書いている．

．．．．．．．．．．．．．．．．．．．．．．．．．．．．．．．．．．．．．．．．．．．．．．．．．．．．．．．．．．．．．．．

# 4

# 文化と民法

　(財の) 生産のための労働時間，(個や種の) 再生産のための生活時間，このいずれでもない時間．この第三の時間——**自由時間としての「余暇」**——を利用して，われわれは他者とつきあう．誰かと一緒に外出して食事をする．映画や芝居を見る．コンサートに美術館に出かける．あるいはサッカーやジョギングをする．様々な学習・習い事，そしてヴォランティア活動も．ここでは，こうして**余暇に行われる様々な活動**を広く文化活動と呼んでおきたい．民法は，このような文化活動とどのようにかかわるのか[1]．本節では，この問題を取り上げたい．まず，文化とは何かについて，もう少し一般的な話をし，文化と民法の関係について概観をしてみよう．

## 1. 文化とは何か

　およそ一般的に「文化」を定義するのは難しい作業であるが，ここでは法の世界の内部で「文化」の定義を求めてみよう．まず憲法であるが，憲法 25 条は「健康で文化的な最低限の生活」という表現を用いている．しかし，ここでの文化は，物質的な生活水準を示すために用いられているように見える．次に，世界人権宣言である．その 24 条では「余暇をもつ権利」を，27 条では「自由に社会の文化生活に参加し，芸術を鑑賞し，及び科学の進歩とその恩恵にあずかる権利」や「その創作した科学的，文学的又は美術的作品から生ずる精神的及び物質的利益を保護される権利」が宣言されている．冒頭に述べた一連の「文化活動」と重なり合う定義であると言えるだろう (人権 A 規約＝経済的，社会的及び

---

[1] 経済学からのアプローチとして，池上惇『文化経済学のすすめ』(丸善ライブラリー，1991) などを参照．

文化的権利に関する国際規約15条もほぼ同様の定義をしている). ここでの文化の中核は**文学・芸術**さらに**科学**であると言えるが, 各種の**スポーツ**や, ヴォランティアなどの**社会活動**を加えることも可能だろう (「社会の文化生活」に含まれる). そうすると, 先に用いた文化活動という表現は, 余暇を用いて文学・芸術あるいは科学を享受しスポーツ・社会活動を実践することを意味することになろう.

では, このような意味での文化につき, 民法は何らかの関係を有しているのだろうか. 文化の中核をなす文学・芸術との関係に絞って見てみよう. 民法典には文学・芸術に直接に関連するような規定は置かれていないが, 文学・芸術の享受が民法と関連しないわけではない. たとえば, 読者が小説を買うのは**売買**である. 絵画を買うのも同様である. また, 劇団が芝居を上演し, 演奏家がコンサートを行うのは**役務提供契約**(おそらく一種の請負)であろう. このように, 文学・芸術作品が生み出され, 人々の手に渡るまでにはいろいろな契約が介在している. しかし, これらの契約自体に何か特殊性があるわけではない. 文学・芸術の特殊性は, 契約によって流通する対象, すなわち作品そのものにある. そして, 作品そのものについては, 確かに特別な取扱いがなされている. 文学作品・芸術作品には一定の保護が与えられているのである. 作品の創作(2.)と創作された作品そのもの(3.)に分けて, どのような保護がなされているのかを見ていくことにしよう.

> ヴォランティア活動についてはすでに述べた. スポーツについては, 作品の保護は問題にならず(選手の肖像権は問題になる), むしろ, 各種競技を規律する関連団体のあり方が重要であるが, 団体についてもすでに述べた通りである.

> 文学・芸術作品の創作に関する保護は, 後述のように著作権法によって行われており, 創作された作品のうち文化財と呼ぶべきものの保護は, やはり後述の通り, 文化財保護法を中心とする法律によって行われている. 前者は, 知的財産法の一環として研究されているが, 知的財産法は, 従来, 商法や経済法と関連づけられることが多かった. しかし, その法思想・法技術には民法の所有権・人格権と共通の面がある. また, 後者は, 独立の研究対象とされることが少ないが, 強いて言えば行政法各論のテーマの一つとされてきたようである. しかし, ここでも, 民法の特則にあたるルールが形成されており, 民法との関連をもっと意識する必要がある.

## 2. 創作活動の保護

### (1) 著作権の制度

**趣旨** 文学や芸術における作品は，紙に印刷され書物となったり，録音・録画されて CD・ヴィデオなどになったりして，商品として流通し，われわれの手に届く．すでに触れたように，書物や CD などは物であり売買の対象となる．しかし，われわれがお金を払って手に入れようとしているのは，紙やプラスティック板ではなく，そこに記録された内容である．文学や芸術の内容そのものは，作家たちの精神的な(知的な)生産物であり，それ自体は物ではない．精神的な(知的な)生産物は，物と結びついた形で創造されるとしても(小説は原稿用紙に書かれ，音楽は五線紙に書かれる．絵画はキャンバスに描かれ，映画はフィルムに焼き付けられる)，その物から切り離して**複製・再現**することができる．とりわけ複製技術の発達している今日，文学・芸術はより自由に・容易に流通するようになっている(ネット上での小説提供・音楽配信など)．そうなると，物自体に対する権利を保護するだけでは，そこに盛られた知的生産物を保護するには十分ではないことになる．**知的生産物**そのものを保護することが必要となる．

近代以前には，このような保護はごく例外的に与えられていた．たとえば，フランス国王は，ラ・フォンテーヌの遺族に『寓話』に関する権利(出版の権利)を与えて，これを保護した．また，フランス革命直前には，ボーマルシェらが劇作家の保護を訴えていた．革命はこのような要求を受けて著作権に関する法律を定めた．そして，19 世紀には職業作家となったユーゴー，バルザック，デュマらが，自分たちの権利を守るために戦った．イギリスやドイツでも同様の動きは見られた．やがてこのような考え方は世界に広がり，19 世紀末には国際条約(ベルヌ条約)が締結されるに至った．こうして**著作権**が法の世界に登場することになった．

**内容** 著作権は，知的生産物に対する権利であるが，ここでいう知的生産物とは，すでに述べたように，媒体である物そのものではなく，そこに盛られた**新しい情報**のことである．物は物理的存在を有するために，これを排他的に支配することが可能である．法は現実の支配を正当化すれば足りるのであり，所有権はまさにそのための権利であった．ところが，情報の場合にはそうはいかない．情報も排他的に支配することができないわけでない．誰にも知ら

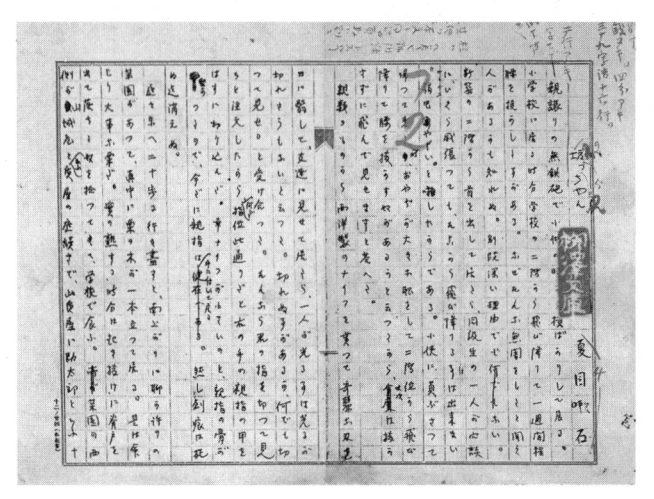

漱石肉筆原稿——このまま手元に置けば誰にも知られない（個人蔵，瀬沼茂樹監修『別冊太陽　夏目漱石』平凡社，1980，9頁より）

せずに秘匿していればよい．しかし，情報には，人に知らせて初めて価値を持つ面がある．そして，一度人に知らせてしまうと，人から人へと広がっていくのを避けるのは難しい．文学・芸術などだけでなく，技術・デザインなどについても同様である．そこで，このような情報をあたかも物であるかのように扱って保護する法技術が必要となる．**著作権**はまさにそのような法技術であるが，**特許権**など工業所有権と呼ばれる諸権利もこれと似た性格を持つ権利であると言える．このような権利を総称して，**知的財産権**と呼んでいる．

　日本では，前述のベルヌ条約に加入するため明治期に著作権法が制定された（1899年）．民法典編纂などと同様に，これは条約改正の条件でもあった．その後，1970年に全面改正による新著作権法が制定されている．現行の著作権法は，「著作物」を「思想又は感情を創作的に表現したものであつて，文芸，学芸，美術又は音楽の範囲に属するものをいう」（著作権法2条1項1号）としている．これに対して，特許法が保護するのは「発明」であるが，発明は「自然法則を使用した技術的思想の創作のうち高度のもの」と定義されている（特許法2条1項．

なお，「高度でないもの」は「考案」として実用新案法で保護されている）．二つの法律の保護対象を対比すると次のことがわかる．第一に，双方ともに知的生産物ではあるが，一方は文芸・学芸・美術・音楽を対象領域とし，他方は技術を対象領域としている．第二に，特許権の対象は「思想」の創作であるが，著作権の対象は「思想又は感情」そのものではなく，その「表現」の創作性の方である．

さらに，著作権と特許権には次のような重要な相違がある．すなわち，第三に，著作権は創造と同時に発生し（著作権法51条1項），いかなる方式をふむことも必要としない（著作権法17条2項）．これに対して，特許権は，出願し審査を経て登録され，初めて認められる．第四に，著作権は，原則として著作者の死後50年間存続するが（著作権法51条2項），特許権の存続期間は出願の日から20年である．一言で言えば，著作権は本来的な権利としての側面が強く，特許権は人為的・政策的な権利としての側面が強い．この点は，次に見る権利の内容とも関連する．

著作権は，**著作者人格権**と**著作権**（**著作財産権**）からなる（著作権法17条1項）．著作者人格権には，公表権，氏名表示権，同一性保持権が含まれ（著作権法18～20条），著作権（著作財産権）には，複製権，上演権・演奏権，上映権，公衆送信権，口述権，展示権，頒布権，翻訳権・翻案権などが含まれる（著作権法21～27条）．このような個別の権利を定めることによって初めて保護が可能になる点に，情報を対象とする知的財産権の特殊性がある．また，人格権の延長線上で著作権がとらえられているがゆえに，特許権のような人為性・政策性が後退していると言える．なお，著作者人格権は，著作者に固有の権利（一身専属権）であり譲渡することができないが（著作権法59条），著作権は，譲渡，利用許諾，質入が可能である（著作権法61条，63条，66条）．著作権はこの意味で財産権であるが，公共の利用のために一定の制限を受ける．たとえば，私的使用のための複製や図書館等における複製などは許されている（著作権法30条，31条）．ここには，文学・芸術は著作者のみならず万人のものでもあるという思想が見て取れる．他方，著作者人格権にはこのような制限はない（著作権法50条）．著作権の侵害に対しては，損害賠償請求権のほかに差止請求権も認められる（著作権法112条）．この効果は，**所有権**（ないし**人格権**）との類推（アナロジー）から導かれる．損害賠償に関しては，立証の負担を軽減するために，侵害とみなされる行為を定め，損害額を推定する規定が置かれている（著作権法113条，114条）．

## (2) 著作権の現状[2]

　現行の著作権制度には，文学・芸術をめぐる知的生産の現状に必ずしも十分に対応できていない点がある．いくつかの問題点を指摘しておく．

　<small>権利主体</small>　まず，権利主体に関する問題がある．著作権は，基本的には著作者に与えられる権利である．著作権法によれば，「著作者」とは「著作物を創作する者」である．一見すると，この定義には問題はない．しかし，今日では，文学・芸術の創作は複雑なプロセスを経て行われるようになっているために，問題が生ずることになる．

　一方で，組織の内部での創作，複数の者の関与する創作が増えている．著作権法もこの点は意識しており，**職務著作**や**映画の著作物**に関する規定を設けてはいる（著作権法 15 条，16 条）．しかし，これらの規定だけでは十分に対処のできない問題もある[3]．なお，特許についても同様であり，職務発明の扱いが問題となる（特許法 35 条）．

　他方，オリジナルな創作をもとにした二次的創作も増えている．著作権法は，一方で翻訳・翻案などについての規定を置いているが，原作者と脚本家の利害の調整は容易ではない．また，演劇や音楽にはこれを実演する者がいるが，録画・録音の盛んな今日では，これら実演家の権利も問題となる．この点についても著作権法は規定を置いているが（著作隣接権，著作権法 89 条以下），たとえば，実演家には人格権はないかといった問題が残されているようである．

　<small>権利内容</small>　次に，権利内容に関わる問題もある．著作権で保護される対象が，個別の作家・芸術家の創作だけではなく，企業による産業的な創作をも含むようになっている今日，すべての著作物を伝統的な文学・芸術と同様に保護する必要があるかという問題が投じられている．**コンピュータ・プログラム**がその典型例である[4]．著作権法はこの点についても一定の配慮はしているが（著作権法 15 条 2 項参照），問題は残されている．たとえば，ここでは著作者人格権をなお認める必要があるのかが問われている．

---

[2] 参照，斉藤＝作花＝吉田『現代社会と著作権』（放送大学教育振興会，2002）．
[3] 参照，潮海久雄「著作権法における創作者主義の変遷過程——職務著作制度の分析を中心として（1–5）」法学協会雑誌 116 巻 12 号〜119 巻 9 号（1999–2002）．
[4] 参照，中山信弘『ソフトウェアの法的保護』（有斐閣，新版，1988）．

> 権利の主体・内容の双方とかかわる問題として，権利保護のシステムの問題がある．個々の著作者が権利侵害に対して対抗するのは難しいので，権利管理団体（たとえば，音楽著作権についてはJASRAC＝日本音楽著作権協会）が設けられている点が重要である（著作権法104条の2以下）．

## 3. 文化財の保護

作家・芸術家の手によって，あるいは，名もない人々の手によって創造され，今日では「**文化財**」としての扱いを受ける物がある．人々が文化を享受するのを促進するには，創作そのものだけでなく，このような文化財を保護することも必要である．

> 保護の対象となる文化財とは何か．文化財保護法は，「有形（あるいは無形）の文化的所産で我が国にとって歴史上又は芸術上（あるいは学術上）価値の高いもの」などを「文化財」と定義している．具体的には，建造物・絵画・彫刻・工芸品・書跡・典籍・古文書・考古資料など（有形文化財）や演劇・音楽・工芸技術など（無形文化財）がこれに当たりうる．他に，民俗文化財，史跡名勝天然記念物や伝統的建造物群も文化財に含まれるが，以下で問題にするのは，無形文化財を除く広い意味での有形文化財である．なお，いずれの場合にも，文化財としての保護を受けるには指定等がなされることが必要である（有形文化財につき文化財保護法27条など）．

### (1) 喪失の回避

文化財については，これを喪失の危険から守る必要がある．

物理的な喪失，すなわち，滅失毀損がまず問題になる．有形文化財のうち重要文化財に指定されたものについては，現状を変更する行為は一般的に制限されており，文化庁長官の許可を得た場合にのみ可能である（文化財保護法43条1項）．自ら毀損してはならないことは言うまでもなく，滅失・毀損（さらには亡失・盗難）が生じた場合には，所有者は届出の義務を負う（文化財保護法33条）．なお，毀損に対しては刑罰が科されているが（文化財保護法107条1項），自己の所有物の場合には刑罰が軽くされている（同2項）．処分の自由（民法206条）に配慮した結果であろう．それにしても，自分のものでも，勝手に壊すことができなくなるのは確かである（ただし，指定された場合に限られる）．

金閣寺——1950年，放火により消失，55年，再建（毎日新聞社提供）　　新潮文庫，1960年

**売却**　　重要文化財の海外輸出は原則として禁止されている（文化財保護法44条）．国内で有償譲渡する場合には，相手方および対価等を書面で明らかにして，文化庁長官に対して国への売渡の申出をしなければならない（文化財保護法46条1項）．つまり，国に優先的な買取権（**先買権**）が認められているのである．この手続を経ずに売却しても，売買契約自体は無効とならないというのが判例・学説の考え方であるが，文化財保護を重視するならば無効とする余地もあろう．いずれにせよ，取引にも一定の制限がかかることは確かである（ただし，指定された場合に限られる）．

　文化財の売却に関しては，盗品の取扱いが問題になる．一般に，動産の場合には，善意で（売主の所有物でないとは知らずに）買った買主は，その物の所有権を取得する（**即時取得**という．民法192条）．登記制度のある不動産とは違って動産の場合には，それを占有する者が所有者であるように見えるので，そのように信

## バーミヤン

## 大仏すでに破壊

### ユネスコが確認

【パリ13日＝国末憲人】アフガニスタンのイスラム原理主義勢力タリバーンがバーミヤンの大仏を破壊しようとしていた問題で、国連教育科学文化機関（ユネスコ）は十二日、「すでに破壊が実施された」と発表した。タリバーン側は大仏の上部の破壊を認めていたが、国連機関によるようとしていた問題で、国連教育科学文化機関（ユネスコ）は十二日、「すでに破壊が実施された」と発表した。（2面に関係記事）

ユネスコによると破壊は大仏の全体に及んでおり、フランス特使が独自の情報源から確認、松浦晃一郎事務局長に伝えたという。松浦事務局長は「特使から直接聞いて、ぼうぜんとしている。アフガニスタン市民だけでなく、人類全体にとっての貴重な文化遺産を壊すとは、憎むべき行為であり、取り返しのつかない被害だ」との声明を出した。タリバーンの行為を「文化に対する犯罪だ」、彼らは国際社会の働きかけにも、イスラム教の指導者らの反対にも、耳を貸そうとしなかった」と批判した。

2001. 3. 13（朝日／夕刊）

破壊後のバーミヤン石仏（毎日新聞社提供）

> 「返したい」「返せない」…
> **盗難美術品 我が家どこに？**
> 国際ルールと国内法に溝　相手国の情勢も壁
>
> 2001.6.18（朝日）

じた者（買主など）を保護する趣旨である．ただし，盗品・逸失物の場合には，例外的に，盗難・逸失から2年間に限り，本来の所有者は返還請求をすることができる（民法193条）．この例外ルールにはさらに例外があり，買主が，競売や公の市場で，あるいは，専門の商人から購入した場合には，所有者は買主が支払った代金を弁償しなければ目的物を取り戻すことができない（民法194条）．以上のルールに従うならば，コレクターが通常のルートで入手したものならば，2年内に限り代金の提供を受けて返還すればよいことになる．

```
  X      Y   →  Z      192条：Zを保護
（所有者）（占有者）（購入者） 193条：Xに配慮（例外）
                       194条：Zに配慮（例外の例外）
```

しかし，諸外国の取扱いを見ると，美術品の場合には[5]，より広い範囲で返還請求を認める傾向にある．また，国際的なルールを見ても，同様の傾向が認められる．日本法においてもルールを再考する必要があるが，2002年に若干の立法がなされるに至った[6]．

> 文化財の喪失に対する規制は各国で行われている．外国（たとえばフランス）の立法と比べた場合，日本法の保護は手薄な印象を与える．そもそも保護の対象は重要文化財に限られているが，重要文化財に指定されている文化財の数は限られている（建造物2000件，その他の美術品9000件程度である．なお，国立東京博物館の所蔵品約9万件のうち重要文化財は600件足らずである．重要文化財はごく僅かなのである）．

---

[5] 美術品の盗難については，朽木ゆり子『盗まれたフェルメール』（新潮選書，2000）を参照．
[6] この問題につき，簡単には，大村「文化財」法学教室2002年12月号を参照．

## (2) 保存の手法

文化財をより積極的に保存するには，どうすればよいのか．

<small>動産</small>　重要文化財について管理の責任を負うのは，第一次的には所有者である（文化財保護法31条1項）．ここでいう「管理」とは，美術品の保管と保守，建造物の見回りや清掃などを意味している．なお，所有者が判明しない場合や所有者による管理が著しく困難又は不適当なときには，文化庁長官は適当な法人を**管理団体**に指定することができる（文化財保護法32条の2の1項）．この指定には，所有者の同意が必要である（文化財保護法32条の2の2項）．管理団体の指定がされると，所有者は管理団体の行う管理上の措置を妨げてはならないとされている（文化財保護法32条の2の5項）．なお，管理に要する費用は原則として所有者の負担であるが，管理団体が指定されると管理団体の負担となる（文化財保護法32条の4）．そして，国は，所有者や管理団体に対して費用（あるいは修理）の一部を**補助**することができる（文化財保護法35条）．

<small>不動産</small>　個々の重要文化財については上に述べたのと同様である．ここでは，**伝統的建造物群**について述べよう．市町村は「伝統的建造物群保存地区」を決定する（文化財保護法83条の3）．そして，市町村は条例により規制および保存のために必要な措置を定める（文化財保護法83条の3）．さらに，文部科学大臣が市町村の申出に従い，文化財保護審議会の諮問を経て，「重要伝統的建造物保存地区」を選定する（文化財保護法83条の4の1項，84条の2の1項7号）．選定された保存地区については，国が管理・修理などの費用の一部を**補助**する（文化財保護法83条の6）．なお，以上とは別に，古都保存法（1966年）に基づき，国土交通大臣による「歴史的風土保存区域」の指定がなされている（文化財保護法4条）．この指定がなされたときには，歴史的風土保存計画が作成される（文化財保護法5条）．

## (3) 公開の促進

文化財は，その喪失を防ぎ保存をはかるだけでは十分ではない．広く一般に公開されてはじめて，人々の文化活動に役立つことになる．

文化財保護法も，もちろんこの点につき一定の配慮をしている．重要文化財の公開の主体は，所有者又は管理団体である（文化財保護法47条の2の1項）．だが，いくつかの場合には，文化庁長官はある程度まで強制的に公開を行うこと

ができる．まず，一般の重要文化財については，**出品の勧告**ができる（文化財保護法48条1項）．さらに，国がその管理・修理・買取りにつき費用の一部又は全部を負担・補助した重要文化財については，**公開の命令**を出すこともできる（文化財保護法51条2項）．

　もっとも，強制的な手段だけで公開が促進されるわけではないし，重要文化財でない文化財には強制的な手段はそもそも用いることができない．そこで，**美術品公開促進法**（1998年）は，美術品の価値と公開可能性を要件に，美術品所有者は文化庁長官の登録を受けることができるとした（登録美術品制度．美術品公開促進法3条）．ここでいう「美術品」とは「絵画，彫刻，工芸品その他の有形の文化的所産である動産」（同法2条1項）に限られ，不動産を含まない．不動産は美術館などでの公開に適しないからである．また，「公開可能性」とは「登録美術品公開契約が確実に締結される見込みがある」ことと定められている．登録がされても，それだけでは所有者にメリットはないように見えるが，登録美術品には相続税につき**優遇措置**が講じられており（美術品公開促進法附則3条），これが公開の誘因（インセンティヴ）となる．また，美術館には，登録美術品につき無償の受寄者の責任よりも重い責任が課される（美術品公開促進法4条）．

　以上に見てきたように，個々の重要文化財や登録美術品，あるいは伝統的建造物群などの（広い意味での）文化財は，民法上は動産または不動産にほかならないが，特殊な規律に服している．その根拠は，一言で言えば，文化財の公共的性格に求められるだろう．確かに，**文化財は個人に属しており所有権の対象となる．しかし，同時にそれは，公衆・公共のためのものでもある**[7]．それゆえ，国外への流出が制限され，保存が図られ，公開が促進されるのである．

[条文をもう一度]
　　**著作権法第1条**　この法律は，著作物並びに実演，レコード，放送及び有線放送に関し著作者の権利及びこれに隣接する権利を定め，これらの文化的所産の公正な利用に留意しつつ，著作者等の権利の保護を図り，もつて文化の発展に寄与することを目的とする．

---

[7] この点につき，ジョセフ・L. サックス（都留重人監訳）『「レンブラント」でダーツ遊びとは——文化的遺産と公の権利』（岩波書店，2001）を参照．

第192条【即時取得】 平穏且公然に動産の占有を始めたる者が善意にして且過失なきときは即時に其動産の上に行使する権利を取得す.

[他の概説書では]
　大村 I 259～263 頁

[図書館で探すなら]
　田村善之『著作権法概説』(有斐閣, 第2版, 2001)
　椎名慎太郎＝碑貫俊文『文化・学術法』(ぎょうせい, 1986)
　美術品公開促進法研究会編著『美術品公開促進法 Q＆A』(ぎょうせい, 1999)

## Pause café 23 ●運動会と展覧会

　『三四郎』にはスポーツや芸術にかかわる場面も盛り込まれている. まずは運動会から――.

　　「午過になつたから出掛けた. 会場の入口は運動場の南の隅にある. 大きな日の丸と英吉利の国旗が交叉してある. ……運動場は長方形の芝生である. 秋が深いので芝の色は大分褪めている. 競技を看る所は西側にある. 後ろに大きな築山を一杯に控へて, 前は運動場の柵で仕切られた中へ, みんなを追ひ込む仕掛になつている.」(『三四郎』6 の 9)

　芸術の方は, たとえば, 次のように描かれている.

　　「会場へ着いたのは殆んど三時近くである. 妙な看板が出ている. 丹青会と云ふ字も, 字の周囲についている図案も, 三四郎の眼には悉く新らしい. 然し熊本では見る事の出来ない意味で新らしいので, 寧ろ一種異様の感がある. 中は猶更である. 三四郎の眼には只油絵と水彩画の区別が判然と映ずる位のものに過ぎない.」(『三四郎』8 の 8)

　他にも, 演芸会に関する詳しい描写もある. また, 丹青会の展覧会はラストシーンにも出てくるが, 引用はこれぐらいにしよう. 帝大運動会が始まったのは 1883 年だが, 三四郎の時代には一大イベントとなり小学校などでも行われていたようである. 洋画の展覧会の起源はわからないが, 上野の美術館は 1881 年に建設され, 89 年には明治美術会 (旧派) が, 96 年には白馬会 (新派. 黒田清輝・久野桂一郎ら) が, それぞれ展覧会を始めている. 1907 年には第 1 回の文展 (文部省展覧会) が開催されており, 洋画もようやく日本に根付きはじめていた.

## 第3章・まとめ

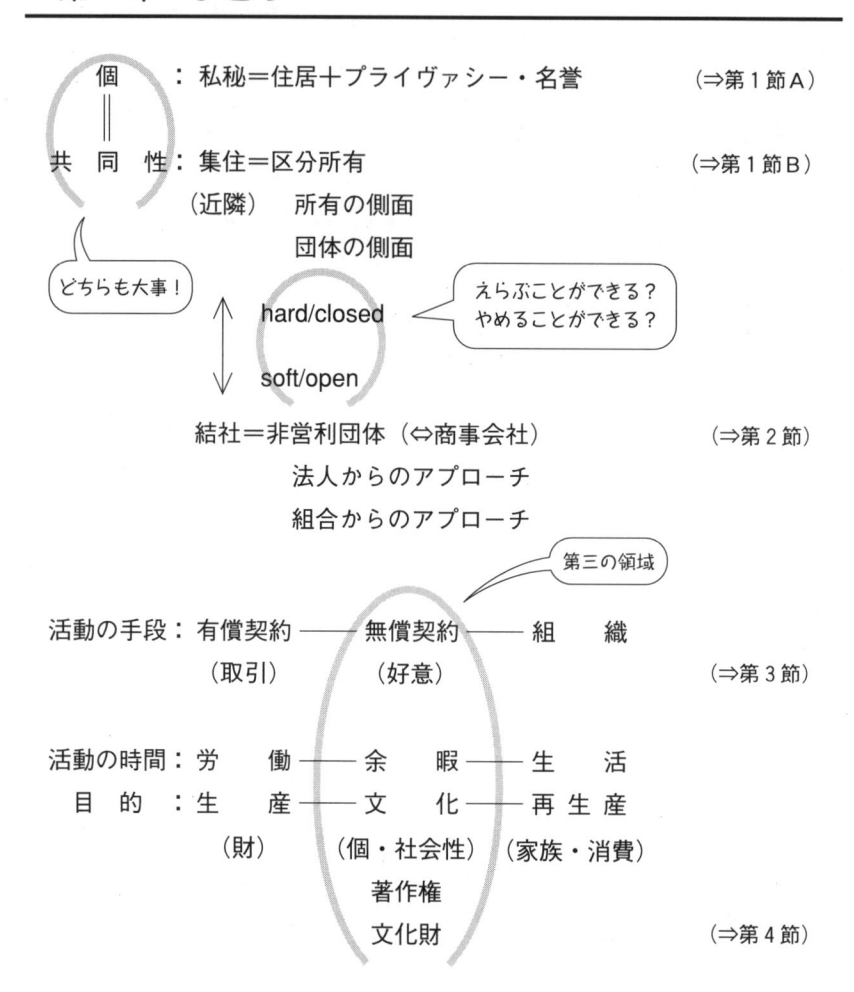

```
個      ： 私秘＝住居＋プライヴァシー・名誉        （⇒第1節A）
‖
共 同 性 ： 集住＝区分所有                （⇒第1節B）
       （近隣）  所有の側面
             団体の側面
```
（どちらも大事！）

↑↓ hard/closed / soft/open
（えらぶことができる？やめることができる？）

```
         結社＝非営利団体（⇔商事会社）       （⇒第2節）
             法人からのアプローチ
             組合からのアプローチ
```
（第三の領域）

```
活動の手段： 有償契約 ── 無償契約 ── 組  織
        （取引）  （好意）               （⇒第3節）

活動の時間： 労  働 ── 余  暇 ── 生  活
目  的 ： 生  産 ── 文  化 ── 再 生 産
        （財）  （個・社会性）（家族・消費）
                著作権
                文化財                 （⇒第4節）
```

# 生活民法，これから

小泉癸巳男「市政会館と勧業銀行」昭和大東京百図絵版画（1932年作，江戸東京博物館蔵，『近代版画にみる東京—うつりゆく風景—』展覧会図録，江戸東京博物館，1996，116頁より）

「『総体としての社会』は，家族，コミュニティなどの社会システムと，そこで営まれる人間の生活のために存在する政治システムと経済システムから構成されている．人間のために政治と経済があり，政治と経済のために人間があるわけではない．人間の生活を支えるには，社会を構成する掛けがえのない人間が，掛けがえのない能力を最大限に発揮することである．……『強者の論理』を賛美する市場至上主義は，単なる集団的信仰にすぎない．この集団的信仰の催眠状態から目覚め，人間の，人間による，人間のための『協力社会』を創出しなければ，人類の社会に明日はない．そのために必要なことは，人間の手が届き，目に見える距離に公共空間を創り出すことである．」

　　　　　　　　　――神野直彦『「希望の島」への改革』（2001年）

ここまで序章とそれに続く三つの章を設けて,「**生活民法**」という観点から,民法による日常生活の規律について述べてきた.最後に,「**生活民法**」という観点そのものについて考えてみることにしよう.三つの問いを立ててみたい.まず,「生活民法」の名の下に括れる法領域は,なぜ生成しているのか(1.).次に,「生活民法」という概念を設けようというのは何のためか(2.).そして最後は,次の問いである.「生活民法」というとらえ方をするだけでは不十分な点はないか(3.).一言でまとめれば,「生活民法」の原因,目的,そして,限界について語ること.これらが「生活民法,これから」の課題となる.

## 1. 生活民法はなぜ？

20世紀の民法史,特に,その最後の30年の民法史を描き出すのに,「生活民法」という概念は有益だろうと思う.というのは,20世紀,特にその最後の30年は,民法の規律対象である「家産」(財産と家族＝経営体としての「家」)が「取引」と「生活」に分化した時代だったからである.このような「生活」の析出・登場には,物心両面での条件があった.

### (1) 物質的な条件――都市化によって

農村からの脱出　　すでに繰り返し述べたように,20世紀を通じて日本では,産業化・都市化が進展した.その結果として,次のような伝統的な社会イメージはもはや妥当しなくなった.農村に居住し,先祖伝来の田畑を耕する.食料は自給自足して,必要のない物は買わない.家族は家長の下に団結し,そのメンバーは家族経営を支える.伝統的なしきたりに従い,隣近所とのつきあいには気を遣う,という社会イメージである.もちろん,今日でも農業は営まれており,農村部に住む人々もいる.人によってはまた地域によっては,家族や近隣に関する伝統的な規範意識が根強く残っている.しかし,それでも,社会モデルが変化したことは確かだろう.**人々の多くは,少なくとも意識の上では,生活の中心に「自己」を据えて,消費生活を重視し,緩やかな家族生活・希薄な社交生活を望んでいる**.社会モデルとしての「農村」は,現代日本から消えつつあると言える.

**都市の流民**　ところで,「農村」を捨てたわれわれ日本人は,「都市」をどう生きているのだろうか. 都市には都市の掟がある. 中世ヨーロッパの都市ではそうであったし, たぶん, 江戸や大坂をはじめとする近世日本の都

---

**故　郷**　（高野辰之作詞, 岡野貞一作曲, 1914 年）

兎追いしかの山, 小鮒釣りしかの川,
夢は今もめぐりて, 忘れがたき故郷.

如何にいます父母, 恙なしや友がき,
雨に風につけても, 思いいづる故郷.

こころざしをはたして, いつの日にか帰らん,
山はあおき故郷, 水は清き故郷.


**木綿のハンカチーフ**　（松本隆作詞, 筒美京平作曲, 1975 年）

JASRAC 出 0300732-301

恋人よ　ぼくは旅たつ
　東へと向かう列車で
　はなやいだ街で　君への贈りもの
　探す　探すつもりだ
　いいえ　あなた　私は
　欲しいものはないのよ
　ただ都会の絵の具に
　染まらないで帰って
　染まらないで帰って

恋人よ　半年が過ぎ
　逢えないが泣かないでくれ
　都会で流行りの指輪を送るよ
　君に　君に似合うはずだ
　いいえ　星のダイヤも
　海に眠る真珠も
　きっと　あなたのキスほど
　きらめくはずないもの
　きらめくはずないもの

恋人よ　いまも素顔で
　くち紅も　つけないままか
　見間違うようなスーツ着たぼくの
　写真　写真を見てくれ
　いいえ　草にねころぶ
　あなたが好きだったの
　でも　木枯らしのビル街
　からだに気をつけてね
　からだに気をつけてね

恋人よ　君を忘れて
　変わってく　ぼくを許して
　毎日愉快に　過ごす街角
　ぼくは　ぼくは帰れない
　あなた　最後のわがまま
　贈り物をねだるわ
　ねえ　涙拭く木綿の
　ハンカチーフ下さい
　ハンカチーフ下さい

新旧の上京物語

市においてもそうだったろう．その名残は，東京の下町や地方の城下町には残っているかもしれない．しかしながら，激しい人口流入によって生まれた 20 世紀の都市は，**匿名性**（anonymat）や**脱規範性**（anomie）を特色とする．都心でも郊外でも，社会的なきずなは希薄化し，相互の無関心が支配し，時としてむき出しの力（経済力や物理力）が猛威をふるう．**都市には，自由で多様で創造性に富んでいる人々が集うと同時に，孤独でかつ同調的，荒々しく押さえがたい力を内向させた人々も増えている．**遊民（nomade）や流民（déraciné）にもモラルはあるはずだが，新しい時代の遊民・流民であるわれわれは，まだ新しいモラルを手にするに至っていない．いかに消費するか．あるいは，いかなる家族を構成するか．また，隣人や友人・知人といかなる人間関係を結ぶか．どれもまだ模索の段階にある．

## (2) 精神的な条件──市民化によって

<small>私生活＝内面の誕生</small>　　かつて農村の家屋敷には多くの人々の出入りがあった．襖や障子で仕切られた日本家屋には，厳密な意味でのプライヴァシーは生まれにくい．近代の産物である兵舎や学生寮についても同様だろう．企業のオフィスはいまでも大部屋中心である．しかし，都心のマンションや郊外の戸建て住宅は，「個室」を産み出した．今日では「勉強部屋」を持たない子どもたちは少なくなった．物理的な環境だけではない．明治以来，青年たちは西洋の哲学を学び西洋の小説を読んできた．そうして，人生のあり方を問い，恋愛を理想とする「内面性」を手にしたのである．女学校に通う少女たちもまた，手紙や日記を書くようになり「内面性」を持つようになった．下宿や個室によって，そして，内省を価値としそのモデルを示す小説や哲学によって，若者たちは内面を持つ「個人」となったのである[1]．

<small>新しい公共性へ</small>　　しかし，かつての下宿にはプライヴァシーがあったとしても，同時に，そこには友人・知人の往来があった．それは完全に

---

[1] 個室の問題につき，藤原智美『「家をつくる」ということ』（プレジデント社，1997），宮脇檀『男と女の家』（新潮社，1998），西川祐子『借家と持ち家の文学史──「私」のうつわの物語』（三省堂，1998）など，内面の問題につき，本田和子『女学生の系譜』（青土社，1990），佐伯順子『恋愛の起源──明治の愛を読み解く』（日本経済新聞社，2000），北村三子『青年と近代』（世織書房，1998），木村直恵『青年の誕生』（新曜社，1998），小倉敏彦『赤面と純情』（廣済堂出版，2002）などを参照．

様々な日記

は閉じた「個室」になってはおらず，「個」の領分は「共同性」への回路を保っていた．ところが，郊外住宅の「勉強部屋」の一部は，親さえも接近できない空間になりつつある．すべてがそうであるわけではないが，不登校・自閉症・閉じこもり，そうした用語で語られる精神的な傾向は，普通の子どもたちの中にも見出されるだけでなく，大人たちにさえ見られる．

「個」の確立は必須のことである．だが，その先に新しい公共性を開くことができなければ，都市は，新商品が現れては消えるだけの空間，孤立無援・弱肉強食の空間となるほかない．昼間はファーストフード店で働く独居のフリーター青年が，帰りがけに一人でゲームセンターに立ち寄り，コンビニで弁当を買って帰宅し，缶ビールを飲んでヴィデオを見てから眠る．盆暮れに帰省することもなく，年に1度の管理組合の集会ももちろん知らん顔．こうした人生を，われわれは自由な人生，豊かな生活と呼ぶのだろうか．

もちろん，だからと言って，全面参加を求めるばかりで，変化に応えられない古いタイプの共同性に逆戻りするのがよいというわけではない．「個」の領分を守りつつ，「共同性」を確保する (民法1条の2，1条1項参照)．そこでの「共同性」は，開放的・限定的で，かつ柔軟なものでなければならない．また，「共同

性」には，個人の幸福追求のための条件・手段であるもの（たとえば，マンションの共同性）と個人の幸福追求の目的の一部であるもの（たとえば，ヴォランティアの共同性）とがある．この両者を仕分けることも必要である．

## 2. 生活民法は何のため？

過去の歴史を振り返ることは重要だが，同時に，新しい時代を展望することも必要である．「生活民法」は，認識のための枠組みであるだけでなく，21世紀の民法学の課題を提示し，それに取り組むための実践的な枠組みでもある．もちろん，「生活民法」に属する諸知識は，法律問題の解決・予防のために有益だろう．しかし，さらに進んで，「生活民法」という視点は，自己＝社会について考え，そのあり方を変えていくためにも役立ちうるはずである．

### (1) 法律問題の解決・予防のために

消費や家族や社交について，様々な法的ルールを知っていること．そのような知識は，日常生活の中で法律問題に遭遇した時に，あるいは，遭遇する以前に，紛争を解決したり予防したりする上で役に立つ．しかし，ここで「知識」と言っているのは，民法典の様々な条文や新旧あれこれの判例のことではない．消費ならば消費，家族ならば家族，これらを規律するルールをつらぬく基本的な考え方を理解することこそが重要である．売買契約とは何であり，親子関係はどのように成立するのか．それぞれにつき，**基本的な発想を共感をもって受容しているということ**．これが法を理解しているということである．繰り返しになるが，法の理解のためには，何が基本であり，何が例外・応用であるかを知らなければならない．そのためには，ある基本原則がなぜ定立されているのかが分からなければならない．そして，それにはその原則が想定する社会関係の実際を知っていることが必要である．社会と離れて法だけが抽象的に存在するわけではない．どうして，こうした原理が存在するのか，その背後にはどのような社会的事情があったのか．これまでの諸章ではこれらの点を説明してきたつもりである．もちろん，具体的な紛争を解決する知識を求めるのには，より専門的な解説書を読んで調べ，あるいは，実務に詳しい弁護士などに相談し助言を求める必要がある．しかし，基礎知識があれば，そうした調査や相談のしかたを誤ることもないだろう．

## (2) 自己＝社会の発見・変革のために

**制度を創る**　自分がたまたま遭遇した紛争に解決を与える．このことは，法を知ることの重要な目的には違いない．しかし，われわれが法を学ぶのは，紛争解決のためのみだろうか．紛争の解決にせよ予防にせよ，そこでは法規範自体は所与のものとして想定されている．そこで重要なのは，個別の事件について法規範をいかに適用するかである．狭義の法律家（弁護士・裁判官など）にまず期待されているのは，まさにこのような能力である．だが，これからの法律家はそれだけでは十分ではない．紛争を解決する，ルールを単純に適用するというのではなく，**制度を創り出す**，**ルールを巧みに組み合わせる**ということが必要になる．児童虐待がなされているのならば，当面はそれを止めさせなければならない．だが，その次には児童虐待の原因になっている子育ての困難を解消する方策を考えるべきだろう．マンションの建て替え紛争を解決するルールを知っているのは大事なことである．しかし，もっと大事なのは円滑に建て替え事業を進行させることである．子育て支援にせよ，建て替え支援にせよ，そのために利用可能な法的ツールにはいかなるものがあるのか．そして，それらをいかにうまく利用するか．有効な法技術の標準的な組合せ（パッケージ）としての制度を創ることがなされるべきであろう．

**自己＝社会を構想する**　こうした制度創りには，法改正が必要なこともあるだろうが，事実（契約や団体設立）のレベルで実現可能なこともある．また，全国レベルで展開しなければならないこともあるが，自治体ベースでも十分に意味があるという場合もあろう．創られるべき制度はいろいろである．ここで大事なのは，**小さな制度を創ることも，実は社会を構想することにほかならない**ということである．かつて近代化の過程では，橋を一本架け，水道を通すことが社会を創ることであった．各種のインフラとともに，制度もまた，社会の基盤をなすのである．そして，制度を創って社会のあり方を構想するというのは，実は，それに関与する自分自身のあり方を構想するということでもある．自己をどのようなものとしてとらえ，社会をどのようなものとしてとらえるのか．抽象的な議論も大事であるが，制度を通じて具体化された自己＝社会像の持つ意味も大きい．

## 3. 生活民法を超えて

「生活民法」は，「生活」と「民法」がクロスしたところに成立する．そうだとすると，そこには当然，次のような限界がある．それは「生活」にかかわる法現象のすべてをカバーしているわけではない．逆に，それは「民法」に含まれる法原理をすべて含むわけではない．「生活」の法には「民法」以外のものがあるし，「民法」は「生活」以外のことがらも規律しているからである．

### (1) 民法を超えて——市場・社会保障・自治へ[2)]

**競争法へ**　消費者の利益は，民法（契約法や不法行為法）によってのみ守られているわけではない．たとえば，食品の安全性については行政法による規制が不可欠である．あるいは，刑事法に訴えるべき場合もある．さらに，少額被害の救済には裁判外紛争処理制度，大量被害の救済には集団訴訟・団体訴訟が必要であるが，これらは訴訟法の問題である．消費者に関する法を「消費者法」と呼ぶならば，消費者法は，様々な既存の法領域を横断して存在する複合法領域であると言える．その中でも特に重要なのは，個別の消費者取引が行われる市場の環境を改善するということである．この任務を担うのは独占禁止法や不正競争防止法を中心とするいくつかの法律であり，これらは一括して競争法と呼ばれる（現在，競争法は経済法の一部として，同時に，知的財産法の一部として，取り扱われている）．消費について考えるのには，個別取引を超えて市場を司る**競争法**へと視野を広げる必要がある．さらに言えば，現にここにある「市場」とは異なる，別様の（オールタナティヴな）交換の場も構想されてよい．

**社会保障法へ**　家族の役割はいろいろあるが，メンバーの生活保障はその主要な一つである．特に，子どもにとってはこの機能は重要である．高齢者にとっても一定限度で意味を持つ．しかし，様々な局面での生活保障は，家族のみによって実現可能なわけではない．むしろ，今日では，育児・介護などに要する家族の負担が過度に大きくなっていることが，家族をゆがめているのではないかが問題とされている．そうだとすると，「家族」の領分と「社会」

---

2) 近江幸治『New Public Management から「第三の道」・「共生」理論への展開』（成文堂，2002）も参照．

の領分を仕分けることが必要になる．社会的なサポートが必要な局面では，社会保障を充実させていかなければならない．そう考えると，家族法の延長線上には**社会保障法**があることになる（現在，社会保障法は労働法の一部として，あるいは，行政法の一部として，位置づけられている）．同様に，税制上の取り扱いもまた家族に大きな影響を与えるので，税法も視野に入れる必要がある．

<small>地方自治法へ</small>　社交の諸側面は，近隣関係にせよ団体にせよ，あるいは，文化活動にせよ，自治体と密接な関係を持っている．自治会や各種のNPO，あるいは，文化サークル・スポーツクラブ，これらは自治体と連携を図りつつ，地域を拠点として活動していることが多い．そもそも地方自治体も地縁に由来する団体である．このように，社交の先には自治があるとも言える．そして，地方自治全般にかかわる法としての**地方自治法**を充実させることが社交の活性化にも繋がる．実際のところ，福祉・社会教育・まちづくり・文化＝芸術＝スポーツ，環境保全，地域安全，子どもの健全育成などNPO法が掲げる「特定非営利活動」の多くは，地方自治にかかわるものであると言える．

> 　（現に存在するのとは別様の，新たな交換の場の構想にも及ぶ）競争法を含む消費者法，社会保障法を含む（広義の）家族法，地方自治法を含む社交法．こうした構想は，いずれも重要であり，今後さらに推進される必要がある．ただ，現時点におけるそれぞれの法分野としての成熟度には，かなり差がある．すなわち，消費者法がある程度まで法の世界に定着したのに対して，（広義の）家族法はまだ十分には認知されていない（ただし，狭義の家族法は確立された領域である）．社交法に至ってはその存在すら認められていない．

## (2) 日常生活を超えて──社会構成原理へ

　最後に残ったのは「**取引民法**」との関連である．「生活」と「取引」が分化していることは，繰り返し述べた通りである．それでは，「生活」は生活民法，「取引」は取引民法と，民法の方も分化させるべきなのだろうか．ここまでの話は「イエス」という前提で行ってきた．「生活民法」と「取引民法」の分化は不可避である．民法は「いくつかの民法」とならざるを得ない．今後は，それぞれの対象に集中して，それぞれにふさわしい検討をすべきである．しかし，同時に「ノー」と言っておく必要もある．「生活」も「取引」もわれわれの社会活動の一部をなすものであるという認識を失ってはならない．民法典は「財産と家

族」の総体を規律の対象としているが，このことの意味を忘れてはならない．そこには，「財産と家族」をトータルに把握して，われわれの生きる社会(市民社会)のルールを提示しようという大いなる意欲がある．21世紀になって，「生活」と「取引」の乖離が大きくなり，それぞれの領分が独立性を持つようになったとしても，「生活と取引」の双方を，われわれ自身の問題，われわれの社会の共通の問題として認識し，よりよい制度を求めていくには，両者を含む「民法」の観念を維持していくことが必要である．社会の構成原理を示すルールとしての「民法」，それは，あくまでも「ひとつの民法」として，われわれの手で育んでいくべきものだろう．

[条文をもう一度]
　第1条1項【基本原則——公共の福祉】　私権は公共の福祉に遵[したが]ふ．（昭和二二法二二二本条追加）
　第1条の2【解釈の基準】　本法は個人の尊厳と両性の本質的平等とを旨として之を解釈すべし．（昭和二二法二二二本条追加）

[図書館で探すなら]
　星野英一『民法のすすめ』（岩波新書，1998）
　大村敦志「民法と民法典を考える」同『法典・教育・民法学』（有斐閣，1999，初出，1996）所収

## Pause café 24 ●三四郎のその後は……

　坊っちゃんは教師を辞めて市電の技手になったが，三四郎のその後は明らかではない．しかし，ここで「その後」を問いたいのは三四郎その人についてではなく，三四郎のような若者たちについてである．
　1947年の『青い山脈』，56年の『太陽の季節』，64年の『されどわれらが日々——』，69年の『赤頭巾ちゃん気をつけて』，76年の『限りなく透明に近いブルー』，87年の『ノルウェーの森』……．青春群像を描いてベストセラーになった小説は少なくないが，『三四郎』のように時代をトータルに映し出した作品はあまり多くなく，最近ではほとんど見られない．あるいは，現代の三四郎は，小説ではなく，TVドラマ・アニメ・コミック・音楽（さらにはゲーム・CM）などの中に潜んでいるのかもしれない．
　三四郎に匹敵するものとして，本書の読者が思い浮かべるのは，どのようなメディアを

通じて伝えられるどのような人間像なのだろう．願わくは，これからの時代にふさわしい魅力ある人間像が，どこかにすでに息づいていることを──．

# 一般用語索引
(民法以外の法律名や訴訟事件名を含む)

## ア 行

アイデンティティ 204, 255
秋田住宅問題 88
アパート 257
イタイイタイ病 20, 47, 54
イデオロギーとしての家族制度 171
医療過誤 56
ウーマン・リブ 169, 170
ヴォランティア 244, 277, 285, 289, 292, 298
「宴のあと」事件 252
NPO 244, 277, 284
大阪空港公害訴訟 250

## カ 行

カードの不正使用 164
介護保険 227
核家族 174, 226
家族 172, 226
家族(夫婦)の一体性 174, 175, 176
割賦 146
カネミ油症事件 67, 80
貨幣(金銭) 70, 143
環境基準 52
寄付 285, 288, 292
競争法 319
兄弟姉妹 220, 259
雲右衛門事件と大学湯事件 50
クレジット 143
クレジットカード 149
経済成長 20, 46, 65, 154, 169
芸娼妓契約 108
血縁・地縁 272
欠陥商品 80
後遺症 57
好意・取引・組織 284
公害 20, 45, 57
工場法 27
交通事故 20, 45, 57
高齢者 226

小作争議 29
互酬 287
個人主義 49
個人の尊厳(個の尊重・自律) 172, 176, 247
(個人の)内面性 315
誤振込 164
コレクティヴ・ハウジング, コーポラティヴ・ハウジング 269
コンセンサス 41, 85
コンピュータ・プログラム 302

## サ 行

サービス化 116
再婚 187, 217, 223
先物取引・変額保険・ワラント債 156, 160, 161
里親制度 187
サラ金 143, 147
サリドマイド事件 67, 80
産業界 85
産業の振興(殖産興業) 24, 32, 45, 100, 142
事後的・包括的な清算 222, 237
事実婚 210
自社割賦と第三者割賦 149
市場の活性化(開放) 42, 88
自然災害 55
児童虐待防止法 183
児童福祉法 187
市民(社会) 15, 20, 321
社会活動 298
社会保障制度 227
社会保障法 319
社会問題 27, 32, 45, 250
弱者救済・被害者保護 51, 57, 88
社交 245
住居(の保護) 248, 253
住民運動 243
主婦婚 174
ジョイント・ヴェンチャー 281
象徴効果 42, 139, 200, 210
消費 116

消費者　67, 83, 86, 101, 105, 136, 150
消費社会　66, 142
消費者金融　142
消費者契約　96, 101, 134, 139
消費者保護基本法　67
消費生活協同組合　282
情報・交渉力　96, 135
信用情報機関　151
診療契約　123, 126
水利組合　281
スポーツ　298
スモン病事件　80, 83
生活　13, 20, 57, 66, 85, 252, 267, 284
生活科学　13
生殖補助医療　175, 195, 196
制度を創る＝社会を構想する　318
性別役割分担　169, 174, 210
専業主婦　169, 226
戦後家族　174
戦後補償問題　59

タ　行

大気汚染防止法・水質汚濁防止法　52
大東水害事件　55
男女雇用機会均等法　28, 170
男女平等　100, 182
団体（性）　261, 271, 273, 298
地域共同体　244, 247
地域通貨　287
地方自治法　320
DNA鑑定　194, 198
電子取引　99
投資の枠組み　142
同性婚　212
東大梅毒事件　56
匿名性・脱規範性　315
都市（社会）　23, 27, 174, 243, 257, 313
都市問題　243
豊田商事事件　155, 157, 161

ナ　行

名古屋新幹線訴訟　250
日常的・継続的な生活共同体　185
ネズミ講　155

農業協同組合・中小企業等協同組合　282
脳死＝臓器移植　232
農村（社会）　20, 22
農地法　30

ハ　行

パック旅行　66, 116, 122, 126, 129
バブル（崩壊）　154, 155
阪神大震災　20, 244, 264
複製・再現　299
不倫（不貞）　210, 217
文化　297
文学・芸術　298
ペイオフ　163
別居　183, 192, 217
訪問販売・通信販売・マルチ商法　97, 155
保証書　84

マ　行

松下テレビ発火事件　87
マンション　245, 257
　（――における）共同性　258, 267
水俣病　20, 46, 52, 54
モータリゼーション　20, 46, 51

ヤ　行

薬害・食品公害　67, 80
雪印事件　81
余暇　297
預貯金　156
　支払手段としての――　164
四日市ぜんそく　20, 54
四大公害訴訟　47

ラ　行

隣人訴訟　290
労働基準法　20, 27, 180
労働組合　281
労働組合法　28
労働者　20, 27, 32, 101, 105

ワ　行

私の領分　248, 250, 252, 253

# 法律用語索引
(民法上の用語・概念を中心とする)

## ア 行

与える債務となす債務(引渡債務と行為債務)
　　120, 133
「家」制度　　25, 172
遺言　　199, 220, 237
　　相続させる——　　236
遺言自由の原則　　236
遺言状　　237
意思の欠缺・瑕疵ある意思表示　　95, 105
慰謝料　　254
遺贈　　220, 235, 277, 285
一体不可分(密接不可分)　　108, 150
一般条項　　139
一般法と特別法　　10, 97
囲繞地通行権　　250
委任　　119, 121, 123, 127, 290, 293, 294
違約金　　101, 127, 138
入会権　　22
遺留分　　198, 236
因果関係　　54
請負　　119, 121, 123, 127
運行供用者　　51
永小作権　　24, 28, 32
営利法人と公益法人　　275
疫学的証明　　54
役務提供契約　　118, 298

## カ 行

解除(解約)　　38, 127, 133
開発危険の抗弁　　86
家産　　25, 180
家産の相続観・生活保障の相続観・対価的相続
　　観　　221, 222, 235, 237
過失責任主義　　49, 54
過失相殺　　52, 290
過剰与信　　150
家族法　　170
割賦購入あっせん　　149
家庭裁判所　　216
家督相続　　25, 172, 221

株式会社　　273
環境権論　　252
監護教育権　　179
監護権　　217
管理組合(法人)　　261
管理者・管理人　　262
危険負担　　132
帰責事由　　132, 136
寄託　　156
義務
　　寛容——　　151
　　婚姻費用分担——　　205, 221, 229
　　重要事項説明——　　162
　　情報提供——　　98, 161
　　書面交付——　　126
　　善管注意——　　121
　　忠実——　　126
　　貞操——　　191, 202
　　同居——・協力——・扶助——　　202, 210
　　扶養——　　188, 212, 217, 221, 228
規約　　262
協議離縁　　186
強制保険　　51
供託　　131
共同相続　　272
共同不法行為　　54
共有　　259, 260, 272
許可主義・認証主義・準則主義　　279, 280
金融商品販売法　　162
クーリング・オフ　　97, 127, 149, 161
区分所有権　　259, 272
組合　　210, 269, 272, 274, 280, 293, 294
継親子関係　　187
契約　　25, 92, 129, 206
　　(——の)拘束力　　72, 93, 291
契約書　　74, 92
契約における正義　　138
欠陥　　86, 90
結社の自由　　271
血族・姻族　　188, 220
原状回復　　38, 134

法律用語索引 | 325

原状回復処分　254
現存利益　107
「権利能力なき社団」理論　279
合意　92, 291
好意同乗　285
好意認知　196
交換　70
後見　184
工作物責任　49
公序良俗　93, 105, 138, 162, 212
抗弁の対抗　150
戸籍　174, 193
子の奪い合い　183
子の利益　175, 183, 186
雇傭　27, 119, 120
ゴルフ会員権　160
婚姻　190, 193, 198, 202
　——障害　208, 210, 217
　——適齢　178, 208
　——届　206, 208
婚姻による親子関係　195
婚氏続称　217

## サ 行

債権者平等の原則　163
催告　134
再婚禁止期間　191, 208, 217
財産管理権　180
財産損害と人身損害　80
財産分与　174, 217, 224
債務(義務)　129
　結果[債務]と手段[債務]　123
　約定[債務]と法定[債務]　129
債務不履行　38, 56, 132, 136, 289
錯誤・詐欺・強迫　93, 94, 97, 109, 162
差押え　131
試験養育期間　186
自己の財産におけると同一の注意　157
事実上の推定(間接反証理論)　54, 55
事実の先行性　209
私生活の尊重　252
失踪宣告　223
自動車損害賠償保障法(自賠法)　20, 51, 57
児童の権利条約　175, 178
地主　24, 29, 281
自筆証書遺言・秘密証書遺言・公正証書遺言

237
私法と公法　10
事務管理　233, 285
借地借家法　41, 47
借地法　20, 33, 47
借家法　20, 33, 48
射倖契約　159
社団法人と財団法人　276
自由結合　209, 212, 224
重婚・近親婚　208, 211
終身定期金　234
住宅性能表示　89
住宅品質確保促進法(品確法)　88, 126
出資法・貸金業規制法　147, 151, 157
出生届　193
取得時効　23, 26
受忍限度論　252
準婚理論　209, 279
準正　192
状況の濫用　98
条件(停止条件・解除条件)　76
証拠　58, 74
条項
　違約金——　137
　責任制限——　136
　付随——と中心——　137
使用者責任　49
使用貸借　286, 288
譲渡禁止特約　146
消費者契約法　97, 138
消費貸借　143, 286
消滅時効　57
職務著作・映画の著作物　302
所有権絶対の原則　23, 248
人格権　254
信義誠実の原則(信義則)　39, 75, 131
親権　178
　——者の変更　182
　——の制限　183
　共同——と単独——　182, 185, 188, 204, 217
身上監護　231
信託　277, 293
親等　188
信認関係　126
信頼関係破壊理論　20, 39, 41

心裡留保・虚偽表示　94, 109
生活妨害　250
制限能力　105, 107, 181
清算　218
性質決定　122, 281, 289
製造物責任　56, 83
製造物責任法(PL法)　85, 139
正当の理由　37, 41
成年　178
成年後見・保佐・補助　94, 184, 230
成年後見制度　175, 230
(成年後見人等の)代理権と同意権　230
生命保険・養老保険　157
善意・悪意　26, 107, 109, 223, 304
潜在的共有制　222
選択的夫婦別姓制度　175, 204
先買権　304
専門家の責任　161
占有　23, 26, 110
占有訴権　248
専有部分と共用部分　260
総会決議　276
相互保険　158
相続　21, 25, 185, 219
総則と各則　73
相続人　220
相続分　220
　指定——　235
双務契約　132, 133, 146
贈与　234, 277, 285, 288
　負担付——　288, 293
相隣関係　22, 249, 253
遡及効　104, 109
遡及法の禁止　54
即時取得　26, 304
(租税上の)特例・優遇措置　279, 293, 308
(祖父母の)面接交渉権　232
損害の算定方式(積極的損害・得べかりし利益)　52
損害賠償(請求)　49, 57, 127, 134, 162, 218, 248, 254, 285
尊属・卑属　188, 220

## タ 行

対抗要件　23, 36, 146
第三者　23, 34, 109, 223

代諾　232
代理　181
　双方——と自己契約　181
　任意——と法定——　181
諾成契約(諾成主義)・要式契約・要物契約　74, 121, 144, 157, 206, 289
多数決　260, 261, 262, 264
建物買取請求権・造作買取請求権　37
建物保護法　33, 47
担保　101, 142, 144, 162
　法定——と約定——　145
担保責任(瑕疵担保責任)　76, 82, 89, 137, 291
担保物権　145
地上権　24, 32
地代増減請求権・借賃増減請求権　37
父を定める訴え　191
知的財産権　300
嫡出子・非嫡出子(婚内子・婚外子)　198
嫡出推定　190, 204
(嫡出性の)承認　192
嫡出否認の訴え　192
中間責任　49, 51
中間法人法　245, 279
懲戒権・居所指定権・職業許可権　179
著作権　299
著作者人格権　301
直系・傍系　188, 220
賃借権(賃貸借)　24, 29, 34, 119, 291
　[賃借権]の譲渡・転貸の禁止　35, 39
追認　104
定款・寄附行為　276
定期借地権　42
定期借家権　42
適合性の原則　161
手付　76
電子消費者契約特例法　99
伝統的建造物群　307
登記　23, 25, 110
動機　95
登記簿　35, 110, 260
同時履行(の抗弁)　132, 146, 150
特定継続的役務　126
特定商取引法　96, 126, 127
特定非営利活動促進法(NPO法)　245, 277
特別縁故者　209

特別受益と寄与分　237
土地所有権　21, 22, 36
特許権　300
取引の安全　24

## ナ 行

内縁（保護）　206, 208, 279
　　重婚的[内縁]関係　211
日常家事債務の連帯責任　205
日用品　230
2分の1ルール　218
任意規定と強行規定　78, 89, 99, 138
任意後見契約法　235
認知　182, 196, 199
認知の訴え　197
認知無効の訴え　197

## ハ 行

配偶者　25, 174, 188, 220
　　（――）相続権　174, 209, 212, 221, 224
売買　70, 119, 160, 298
売買は賃貸借を破る　34
売買法　72
破産・個人再生手続　151
反対給付　291
パンデクテン方式　72
判例　7, 20, 39, 50, 55, 75, 83, 101, 108, 161, 211
　　（――の）法創造機能　40
判例変更　50, 175, 217
引渡　23
非財産的損害（精神的損害）　254
美術品公開促進法　308
非典型契約　123
非典型担保　145
秘密　253
夫婦　272
　　――財産契約　204
　　――財産制　205, 218, 222
　　――同氏　203
附合契約　134
物権的請求権　248
物権と債権　28, 29, 32, 34, 73
物的担保と人的担保　144
不動産と動産　22, 25, 110
不当条項規制　138

不当条項リスト　139
不当利得　107, 210
不法原因給付　107
不法行為　48, 151, 162, 248, 254, 290
不法行為責任と契約責任　75, 84, 294
不法行為法　48
扶養　185, 217
プライヴァシー　194, 198, 252
文化財　303
　　（――の）管理団体　307
　　（――の）出品の勧告・公開の命令　308
　　（――への）補助（金）　307
別産制　205
返還請求　106
弁済（履行）　130
弁済の提供　131, 132
法　9
妨害排除請求権・妨害予防請求権・返還請求権　248
包括承継　219
方式の自由と内容決定の自由　74, 78, 129
報酬と費用　121, 185, 234
法人　271, 275
法人格　261, 281, 282
法定財産制　204
法典　9
法の解釈・適用　39
暴利行為　101
法律　9
法律行為・意思表示　93
保険　157, 294

## マ 行

マンション
　　（――の）立て替え　265
　　（――の）復旧　265
未成年　94, 230
未成年後見　184
民法　5, 8
　　社会構成原理としての――　320
　　生活――　4, 8, 12, 313
　　取引――　5, 12, 320
民法94条2項類推法理　24, 110
民法典　9, 22, 27, 28, 35, 71, 93, 99, 104, 108, 137, 174, 214, 218, 286
無過失責任　49, 52, 162

無限責任と有限責任　279
無効・取消　92, 103
　　一部［無効］と全部［無効］　105, 108
　　相対［無効］と絶対［無効］　105
名誉　254

## ヤ　行

約束　71
約款　89, 134
有価証券　159
有償契約と無償契約　286
有責主義・破綻主義　216
有責配偶者の離婚請求　175, 217
養子
　　──縁組の転用　212
　　特別──制度　175, 186
　　普通──　186, 212
養子制度　185
要素　96
預金保険　163
預託金の保全措置　164

予約完結権　75

## ラ　行

利益相反行為　181
履行強制　133
離婚　214
　　──原因　214, 216
　　──届　211, 214
　　──の自由化　214
　　協議──　214
　　裁判──　216
　　調停──・審判──　216
利息　101, 144, 147
利息制限法　147
立証責任　54
留置権・先取特権・質権・抵当権　144
隣地使用権　249
類推（適用）　113, 301

## ワ　行

和解（示談）　57

**著者略歴**
1958 年　千葉県に生まれる
1982 年　東京大学法学部卒業
現　在　東京大学法学部教授

**主要著書**
『公序良俗と契約正義』1995 年，有斐閣
『典型契約と性質決定』1997 年，有斐閣
『契約法から消費者法へ』1999 年，東京大学出版会
『消費者・家族と法』1999 年，東京大学出版会
『民法総論』2001 年，岩波書店
『家族法　第 2 版補訂版』2004 年，有斐閣
『もうひとつの基本民法 I』2005 年，有斐閣
『生活のための制度を創る』2005 年，有斐閣
『基本民法 II　債権各論第 2 版』2005 年，有斐閣
『基本民法 III　債権総論・担保物権第 2 版』2005 年，有斐閣
『父と娘の 法入門』2005 年，岩波書店
『消費者法　第 3 版』2007 年，有斐閣
『基本民法 I　総則・物権総論第 3 版』2007 年，有斐閣
『他者とともに生きる』2008 年，東京大学出版会
『20 世紀フランス民法学から』2009 年，東京大学出版会
『新しい日本の民法学へ』2009 年，東京大学出版会

---

生活民法入門　暮らしを支える法

2003 年 2 月 25 日　初　版
2010 年 2 月 26 日　第 6 刷

［検印廃止］

著　者　大村敦志（おおむらあつし）

発行所　財団法人　東京大学出版会

代表者　長谷川寿一

113-8654 東京都文京区本郷 7-3-1 東大構内
電話 03-3811-8814　Fax 03-3812-6958
振替 00160-6-59964

印刷所　研究社印刷株式会社
製本所　矢嶋製本株式会社

---

© 2003　Atsushi Omura
ISBN 978-4-13-032327-7　Printed in Japan

Ⓡ〈日本複写権センター委託出版物〉
本書の全部または一部を無断で複写複製（コピー）することは，著作権法上での例外を除き，禁じられています．本書からの複写を希望される場合は，日本複写権センター（03-3401-2382）にご連絡ください．

| 大村敦志著 | 消費者・家族と法<br>生活民法研究 II | A5 | 5800円 |
| 大村敦志著 | 他者とともに生きる<br>民法から見た外国人法 | A5 | 2800円 |
| 大村敦志著 | 20世紀フランス民法学から<br>学術としての民法 I | A5 | 7500円 |
| 大村敦志著 | 新しい日本の民法学へ<br>学術としての民法 II | A5 | 8500円 |
| 内田 貴著 | 民法 I 第4版<br>総則・物権総論 | A5 | 3300円 |
| 内田 貴著 | 民法 II 第2版<br>債権各論 | A5 | 3600円 |
| 内田 貴著 | 民法 III 第3版<br>債権総論・担保物権 | A5 | 3500円 |
| 内田 貴著 | 民法 IV 補訂版<br>親族・相続 | A5 | 3500円 |
| 笹倉秀夫著 | 法哲学講義 | A5 | 4200円 |
| 平井宜雄著 | 損害賠償法の理論 | A5 | 7200円 |

ここに表示された価格は本体価格です．御購入の際には消費税が加算されますので御了承下さい．